미중 패권전쟁

현황과 전망

미중 패권전쟁의 현황과 전망

펴 낸 날 2025년 6월 30일

지 은 이 문대근
펴 낸 이 이기성
기획편집 김정훈, 이지희, 서해주, 최인용
표지디자인 김정훈
책임마케팅 강보현, 이수영
펴 낸 곳 도서출판 생각나눔
출판등록 제 2018-000288호
주　　소 경기도 고양시 덕양구 청초로 66, 덕은리버워크 B동 1708, 1709호
전　　화 02-325-5100
팩　　스 02-325-5101
홈페이지 www.생각나눔.kr
이 메 일 bookmain@think-book.com

· 책값은 표지 뒷면에 표기되어 있습니다.
　ISBN　979-11-7048-890-3 (04300)
　ISBN　979-11-7048-873-6 (세트)

Copyright ⓒ 2025 by 문대근 All rights reserved.
· 이 책은 저작권법에 따라 보호받는 저작물이므로 무단전재와 복제를 금지합니다.
· 잘못된 책은 구입하신 곳에서 바꾸어 드립니다.

「미중관계 이해 시리즈 2」

미중 패권전쟁

현황과 전망

문대근 지음

급변하고 있는 미중관계와 국제질서 등을 정밀하게 분석·예측한 책

시간(時)과 대세(勢)는 중국 중심의 아시아 편

생각나눔

글을 열며

　제1~3권으로 구성한 미중 패권전쟁 시리즈는 역사를 읽고 지식을 배가해, 전쟁의 상황과 추세를 정확히 분석·예측한 토대 위에서, 한국의 미래를 준비하자는 것이다.

　제2권인 이 책은 크게 3개의 글로 구성했다. 제1~3부에서는 전쟁이 왜 발발했는지 그 배경과 원인을 살폈다. 제4~6부에서는 각 분야별 전쟁의 현황과 진행 양상 및 추세를 분석하고, 전쟁 당사자인 양국의 국가경쟁력을 점검해 보았다. 마지막 제7~9부에서는 '전쟁에서 누가 이길 것인가?'에 초점을 맞춰 예상 경로를 그려가며 최후의 미래전과 이후 펼쳐질 신세계까지 상상해 보았다.

결론은 시간은 중국 편이고, 중국 중심의 아시아 시대가 다가오고 있다는 것이다.

중국은 미국의 매서운 공격 속에서도 굴복하지 않고 덩치와 맷집, 첨단기술 혁신 능력을 키워 미국을 위협하고 있다. 거의 모든 분야에서 중국이 미국을 추월하고 있다. 중국의 승리가 사실상 시간의 문제라고 판단한 이 책의 결론은 새로운 주장이 아니다.

그동안 내외의 많은 연구기관들은 2030년경 중국이 미국을 추월한다는 조사결과를 발표했었다. 세계가 신뢰하는 미래 보고서인 미국 국가정보위원회(NIC)의 「글로벌 드랜드 2025」는 2025년을 국제정치에서 '중심이 사라진 시대'로 전망했다. 미국이 세계 중심축의 서→동으로의 이동과 다극체제에 직면해 힘을 잃는다는 것이었다.

2025년은 국제정치는 물론 미중관계의 역사에서 변곡점이 될 것이다. NIC의 예측처럼 미국 주도의 국제질서는 이미 붕괴되었다. 미국인들은 자국의 쇠락과 역사의 변화를 실감하고 있다. 미국이 설정한 '위험한 구간'은 2021년부터 2030년까지다. 첨단제조 강국을 목표로 한 중국의 '중국제조 2025'계획은[1] 금년이 마지막 해다.

우리가 미중 패권전쟁을 잘 알아야 하는 이유는 과거의 아픈 역사

---

[1] '중국제조 2025'에는 2025년까지 핵심 소재·부품에서 70%를 자급자족해 글로벌 제조 강국이 되고, 2035년까지는 해양 엔지니어링, 전기차, 반도체 등에서 독일·일본 등을 제쳐 제조업 강국으로 부상하며, 2045년까지 미국을 추월해 세계 최고의 제조 강국이 되겠다는 전략이다. 중국 브랜드를 서구 상품과 동일한 세계적 수준에 올린다는 것이 목표다.

에 있다. 한반도는 동아시아의 권력 변동기마다 전란에 휘말렸다. 임란과 호란, 청일전쟁과 6·25전쟁 직선 한반도 국가는 무지가 지배했다. 우왕좌왕 갈피를 잡지 못한 채 강자의 논리나 거짓 정보를 따랐다. 무지와 사대, 종속의 대가는 지금도 치르고 있다.

100년 만에 다시 맞는 대격변기, 악화일로인 미중 패권전쟁이 임계점에 이르면 한반도는 다시 제2의 6·25전장이 될 수 있다. 그런데도 한국에서 미중 패권전쟁은 중요 연구 주제나 공론화의 대상이 아니다. 이념·진영의 논리에 따라 결론이 정해져 있기 때문이다.

"미국의 각종 규제로 어렵게 된 중국은 곧 굴복(또는 붕괴)할 것이다. 한국은 승자가 될 미국 편에 서야 한다. 그렇지 않으면 퍼팩트 스톰에 직면할 것이다."

한국은 세계에서 미국과 중국, 미중관계의 영향을 가장 많이 받는 나라다. 지난 70년 한반도의 역사는 미중관계의 부침 속에서 쓰여졌다. 잘 알아야 당하지 않을 건데, 오늘날 한국 위정자들의 세계는 주자학적 교리와 소중화(小中華) 사상만 있었던 조선시대와 같다. 한미동맹의 신화와 숭미 사대주의에 스마트한 샤프외교, 허위 선동과 거짓 정보가 지배하고 있다.

한국정부는 벌써 한미동맹을 넘어 북대서양 조약기구인 NATO의 파트너가 돼 탈아입구까지 했다. 80년이 더 된, 상대방인 중국과 북한은 30여 년전에 폐기한 정전협정을 애지중지하고 있다. 그 존재가 애매한 유엔군사령부 회원국을 확대하고, 동북아의 니토(NATO)를 들먹이며, 다시 중국과의 전쟁을 준비하는 모습이다.

저무는 미국과 떠오르는 중국과의 싸움은 시간 문제다. 시간은 날이 갈수록 중국 편으로 기울고 있다. 중국이 미국을 추월할 수밖에 없는 이유는 우선, 전기차·스마트폰 등 모든 것을 생산하는 세계 제조업 1위 국가라는 데 있다. 숙련된 저렴한 노동자의 가용성이 크고, 기술·공학도 더 우수하다. 정부의 적극적인 지원정책과 고속철도, 메가공항, 스마트시티 등 인프라에서도 앞선다. 글로벌 사우스(Global South: 신흥 개도국)에 대한 적극적인 투자·지원은 중국을 세계 중심 파트너 국가로 만들고 있다. 미국의 정치적 불안정과 경제의 불확실성도 중국에 유리한 환경을 제공하고 있다.

놀라운 사실은 AI드론로봇, 양자암호통신, 극초음속미사일, 6세대 스텔스전투기 등 양국 간 최후의 일전(미래전)을 좌우할 첨단기술 혁신에서 중국이 앞서기 시작한 것이다. 2025년 4월 초, 새뮤얼 퍼파로 미군 인도·태평양사령관은 미 의회 청문회에서 이렇게 말했다.

"중국은 공중·해상 및 미사일 능력에서 미국을 능가하고, 우주 및 대우주 능력을 가속화해 우리는 심각한 도전에 직면해 있다."

국제사회에서 미국의 리더쉽 약화 추세는 세계 무역구조와 유력기관의 여론조사 등에서 확인된다. 2025년 6월 현재, 세계 190개 국가 중 약 73%인 140개국이 미국보다 중국과의 교역규모가 더 크다. 2023년 영국 케임브리지대학이 전 세계인을 대상으로 실시한 여론조사 결과와 2024년 미 브루킹스연구소의 여론조사 결과는 세계 인구의 약 70%가 중국을 긍정적으로 인식하는 것으로 나타났다.

외우내환(外憂內患)에 시달리고 있는 미국의 제반 사정은 그 옛날의 미국이 아니다. 트럼프가 토로한 말 그대로 '불구가 된 미국'은 '엉망진창'이다. 2기 트럼프 행정부는 다소 의외의 방식으로 관세폭탄 정책과 정부혁신을 추진하며 'MAGA(미국을 다시 위대하게 재건)'와 '세이브 아메리카(SA)'를 외치고 있다. 트럼프의 무분별한 관세폭탄은 자국은 물론 세계를 혼란으로 내몰고 있다. 중국은 미국에 즉각 반격한 후 "전쟁이 미국이 원하는 것이라면, 그것이 어떤 종류의 전쟁이든, 우리는 끝까지 싸울 준비가 돼 있다"고 경고했다.

2015년부터 시행한 '중국제조 2025'는 미국을 향한 중국의 십년마일검(十年磨一劍: 10년 동안 칼 한 자루를 rka)이었다. 중국의 놀라운 기술혁신들은 미중 패권전쟁의 현주소에서 시(時)와 세(勢)가 미국보다 중국 편에 있음을 말해준다.

이 책이 분석한 미중 패권전쟁 관련 제반 현황과 추세는 미국 중심의 서구 시대가 저물고 있다는 것이다. 2023년 말, 5년 만에 열린 중국 중앙외사공작회의는 미중 패권전쟁에서 자국의 승리를 선언했다. 2025년 4월 중국이 미국의 공격에 즉각 보복하면서 미국과의 "모든 전쟁에 준비돼 있다"는 공언은 빈말이 아니다. 미국의 강력한 중국 제재는 중국의 희토류 수출 통제에 백기를 드는 모습이었다.

2025년은 미국에게는 위기의 데드크로스, 중국에게는 기회의 골든크로스 시간이 될 것이다. 그런데도 한국인들과 한국정부는 미중 패권전쟁 관련 현실을 무시한 채 국제사회의 대다수 국가들과는 다른 길을 걸어왔다. 세계에서 거의 유일하게 70% 이상 국민들이 중국을 혐오하며, 반대하는 이유는 무엇일까?

세상의 모든 변화는 누군가의 작은 목소리에서 시작된다고 한다. 이 책은 1995년부터 중국을 연구하고, 2015년부터 미중관계를 집중 공부하며 준비해 온 나름의 학습·열정의 결과다. 이 책은 미국과 중국이 7년째 전쟁 중인 2025년 상황에서 시와 세는 '중국 편'임을 논증한다. 300년 서구 시대가 저물고 중국 중심의 '아시아 시대'가 다가오고 있음도 알린다.

우리는 지금 중국의 굴기로 인한 세계적인 부와 권력의 이동, 국제질서의 변화를 목도하고 있다. 세계사의 주요 무대와 주도 지역, 패권국의 변환 주기가 큰 틀에서 막바지에 이르고 있다. 하늘에서 우주로, 미국 중심의 서구에서 중국 중심의 아시아로 이동하고 있는 것이다.

  부디 이 작은 책이 거대한 코끼리인 중국을 이해하는 데 도움이 되기를 바란다. 우리의 운명을 좌우할 미중관계에 대한 국민들의 인식이 보다 현실적으로 변하기를 기대한다. 미중 패권전쟁이 일으키고 있는 지각변동은 한반도 문제를 해결할 수 있는 절호의 기회가 될 수 있다. 변화를 정확히 읽고, 그 변화가 주는 의미를 포착, 적확하게 행동하는 것이 중요하다. 미국과 중국의 실체와 우리의 능력, 급변하는 국제정세에 대한 지피지기를 토대로 구상한 한국의 꿈은 제3권에서 보기로 한다.

2025년 6월 21일
저자 문대근 씀

차 례

글을 열며　　　　　　　　　　　　　5

제1부 미중 패권전쟁의 배경
01. 미국의 성쇠 : 패권 균열　　　　16
02. 중국의 부상: 대국 굴기　　　　35

제2부 미중 패권전쟁의 주원인
01. 양국의 국력 격차 감소　　　　50
02. 중국의 국가전략 변화　　　　55
03. '투퀴디데스 함정'　　　　59

제3부 상대방에 대한 인식과 전략
01. 미국의 대 중국 인식·전략　　　　74
02. 중국의 대 미국 인식·전략　　　　88

제4부 분야별 미중 패권전쟁 현황
01. 경제·무역 전쟁　　　　114
02. 첨단 과학기술 전쟁　　　　126
03. 화폐·금융 전쟁　　　　142
04. 외교·안보 전쟁　　　　157

05. 우주·사이버 전쟁   177
06. 국제질서 주도권 경쟁   188

제5부 전쟁의 진행 양상과 추세

01. 경쟁인가? 전쟁인가?   207
02. 전쟁의 양상·추세 전망   211
03. 전쟁의 특징   219

제6부 미국과 중국의 경쟁력 비교

01. 정치·행정의 안정성·효율성   224
02. 첨단 과학기술 혁신 능력   232
03. 국제사회의 신뢰·영향력   252

제7부 예상되는 전쟁의 경로·결과

01. 누가 승리할 것인가?   260
02. 장단기 정세 변화 시나리오   278
03. 최후 승부처는 미래전   283

제8부 미중관계의 조정·대혼란 가능성

01. 미중관계 조정·협력 가능성   288
02. 지구촌 대침체·대공황 가능성   301

제9부 결론: 위기는 신질서 창출의 기회   313

참고 문헌   326

제1부

미중 패권전쟁의 배경

미중 패권전쟁은 G1·G2 간의 서열 다툼이다. 미국이 약해지고 중국이 강해지면서 일어나는 구조적인 현상이다. 강대국의 힘의 변화는 기존 질서를 흔들고, 지각을 변동시킨다. 역사를 반전시키면서 역사의 이동을 촉진한다. 미중 패권전쟁 이해의 첫걸음은 미국의 쇠락과 중국의 굴기를 직시하는 것이다.

01

미국의 성쇠 : 패권 균열

역사를 주도해 온 패권 제국의 흥망성쇠는 역사가들의 중요 관심사였다. 그들이 발견한 이치는 ① 제국의 절대 권력은 절대 부패해 절대 몰락한다. ② 제국의 대외 부정의는 국민의 혼을 타락시켜 국가 파멸을 가져온다. ③ 강대국의 불균형 성장에 따라 신질서를 추구하는 국가가 등장한다는 것이다. 고대 그리스 아테네·로마 제국과 15세기 이후 모든 서구 제국들은 자연의 이치를 벗어날 수 없었다.

강성하면 침략하고 약탈했던 서구 제국의 DNA는 변하지 않았다. 역사의 운율과 패턴은 반복된다. 미국 패권 제국에서도 대외 부정의가 미국의 영광을 더럽히고, 패권의 몰락을 초래했다. 대외 부정의가 낳은 불평등과 양극화, 이로 인한 내부의 국민 혼의 타락과 부패가 미국을 나락으로 내몬 것이다.

미국의 몰락과 국제질서의 붕괴에 따른 역사의 이동은 30년 전 '역사의 종언'을 공언했던 후쿠야마를 무색케 하고 있다. 무소불위(無所不爲)의 '미국 예외주의'는 끝났다. 2016년, 트럼프 미 공화당 대통령 후보는 『불구가 된 미국 – 어떻게 미국을 다시 위대하게 만들 것인가』라는 책을 발간했다. 미국의 어려운 현실을 그대로 인정하고 대안을 제시한 트럼프는 대통령이 될 수 있었다.

2008년 세계금융위기 이후 미국의 대통령들은 모두 무너진 국가를 재건하려 했지만 지난 17년 동안 나아진 것은 없었다. 오바마 대통령 8년(2009~2017)의 정치 슬로건은 대침체 상황에서 '인내'와 '재건', '믿음'이었다. 트럼프 1기 정부(2017~2021)의 '미국 우선주의'와 '미국을 다시 위대하게' 정책은 소기의 성과를 내지 못한 채 정권 재창출에 실패했다.

2020년 8월 20일 바이든은 민주당 대통령 후보 수락 연설에서 미국은 '전염병 대유행, 대공항 이후 최악의 경제위기, 인종 정의의 요구, 기후변화 등 '퍼펙트 스톰[2] 상태에 있다며, 삶을 바꾸는 선거를 강조했다. 그의 4년 임기 중 '더 나은 재건' 정책도 미국병을 치유하지 못했다. 대통령 취임을 앞둔 트럼프는 2025년 1월 3일 SNS에 올린 글에 "지난 4년 그들이 한 짓을 생각해보라. 그것은 완전히 엉망친창이었다"고 썼다. 그의 언어는 정치적 수사만은 아니었다.

---

2 일반적으로 복수의 크고 작은 악재들이 동시에 다발적으로 발생함으로써 직면하게 되는 절체절명의 초대형 경제위기를 말한다. 원래는 엄청난 파괴력을 가진 자연현상을 의미한다.

미국의 영광

미국은 이상주의와 물질주의가 어우러진 천조국(千兆國)이었다. '미국의 세기'는 1945년에 시작되었다.[3] 2차 대전이 끝났을 때 피폐해지지 않은 강대국은 미국뿐이었다. 1960년경 미국은 유럽을 대신해 모든 국가가 열망하는 국제사회의 모범이 되었다. 근대화와 개척정신을 상징하며, 이민자들이 꿈(아메리칸드림)을 펼칠 수 있는 나라였다.

미국은 기회의 땅, 문명과 부의 상징이었다. 세계경제의 엔진이자 민주정치의 모범국으로 오랫동안 국제사회의 방향타였다. 할리우드 영화와 TV 드라마, 코카콜라, 청바지 같은 소비재는 세계인들을 사로잡는 문화적 영향력이었다. 미국 대학들은 세계 최고 수준의 학자와 학생들을 유치해 노벨상을 휩쓸었다. 미국은 세계 최초의 공용어인 영어로 자국의 영향력과 매력을 확산시켰다.

미국의 패권은 압도적 군사력을 바탕으로 유지되었다. 미국은 세계 각 지역에 700개 이상의 미군기지와 84만여 명이 일하는 정보공동체(NSC, CIA, NSA 등)를 운영하고 있다.[4] 패권을 수호하기 위해 끊임없이 전쟁을 지속했다. 미국은 세계 각 지역에서 문화적 매력과 은밀한 공작, 유연한 외교와 노골적 무력행사, 막대한 원조와 집요한

---

3 조지프 S. 나이 지음·이기동 옮김, 『미국의 세기는 끝났는가』, 프리뷰, 2015, pp.13-26.

4 2021.12.31. 현재, 해외 주둔 미군(미 국방부 DMDC): 미군 병력 135만 9천 명 중 12.8% 해외 주둔, 세계 80개국 이상 750개 기지를 두고 있다. 1명 이상 미군 파견국 175개국 중 일본은 1위(56,800명), 한국은 위(25,798명: 73개 기지)다. 평택의 캠프험프리스 기지는 세계 최대 미군기지다.

이익 추구를 조합해 패권의 포부를 실현했다. 냉전 종식 후 세계 유일의 초강대국이 된 미국은 도전을 불히하는, 가장 빛나는 나라였다. 식민지가 아닌 동맹과 미군기지로 해가 지지 않는 역사상 가장 강력한 나라가 되었다.

몰락의 단초: 단극 패권의 오만·예외주의

미국은 자국 패권이 과거 유럽의 제국주의와 다르다고 자부했다. 침략과 약탈 대신 자유 민주주의와 시장이라는 소프트웨어를 통해 세계를 지배하는 '착한 패권'임을 강조했다. 이는 1960년대 초까지만 해도 설득력이 있었다. 하지만 미국의 패권 역시 점차 독선과 오만, 탐욕이 지배하기 시작한다.

미국 패권은 베트남전(1960-1975)에서 고전하고, 세계 경제침체로 달러 가치가 하락하면서 손상을 입었다. 금이 고갈되고, 경기침체에다 베트남전의 비용도 증가해 더 이상 버틸 수 없었다. 1971년 8월, 미국은 달러-금 태환 약속이었던 브레턴우주 체제를 파기했다.

이때부터 미국의 패권은 진정한 의미에서의 패권이 아니었다. 자유와 민주주의가 아니라 탐욕적인 이윤을 추구하며 폭력을 행사하는 제국주의로 변했다. 미국은 선한 패권을 포기하고 자국의 금융시템 안에 모든 인류를 가둬놓는 달러 패권을 행사하기 시작했다.

달러와 금 간의 연동이 파기되자 미국은 마음대로 달러를 찍어낼 수 있었다. 지폐에 불과한 달러가 기축통화가 되자 미국은 수지맞는 장사를 한다. 이러니 피땀 흘리며 열심히 일할 필요가 없게 되었다. 1971년 8월 15일 이후에는 실물경제를 포기하고 가상경제로 옮겨탔다. 미국은 전 세계를 상대로 국채를 발행하고, 필요하면 지역 위기 조성 등을 통해 해외의 달러를 미국으로 불러들이는 금융제국이 되었다. 미국은 세계 금융시스템을 미국 것으로 만들었다.

미국이 쇠퇴하고 있다는 징후는 베트남 전쟁 말기인 1973년부터 나타났다. 1980년대 말 레이건 대통령 시절에는 재정적자와 무역적자, 즉 쌍둥이 적자가 시작되었다. 그럼에도 1989~1991년 동구 공산권과 구소련의 붕괴는 미국이 주도하는 자유주의 국제질서의 승리였다.

소련이 무너졌을 때 미국 전략가들 대부분은 승리의 자축연을 열고 열광했다. 역사를 잊고 망각의 늪에 빠지기 시작했다. 새로운 단극패권 시대에서 '역사의 종언'이 선언되었다. 미국이 주도하는 자유주의 국제질서는 영원히 지속될 인류의 꿈과 희망을 체현할 것으로 간주되었다. 당시 중국의 존재는 진지하게 볼 필요가 없었다.[5]

---

5 그레이엄 앨리슨·정혜윤 역, 『예정된 전쟁』, 세종서적, 2017, p.331.

소련 붕괴 이후 1990년대의 미국 단극패권은 동맹체계와 신자유주의·세계화를 중심으로 진 세계적으로 확장되었다. 초강대국이 된 미국의 환상과 오만·탐욕, 팽창주의는 미국 패권의 일방주의와 예외주의를 낳았다. 미국식 신자유주의·세계화가 민주주의로, 민주주의가 평화를 이끌 것이라는 환상은 각 지역·국가 문제에 대한 미국의 개입을 정당화했다.

세계 유일의 초강대국, 단극 패권국이 된 미국의 영광은 21세기에도 지속될 것으로 보였다. 빌 클린턴과 조지 W. 부시 대통령은 그런 포부를 펼쳤다.

- "… 미국은 21세기 초에 세계에서 가장 중요한 나라로 홀로 서게 될 것이다." (재선 클린턴 대통령 취임사, 1997.1.20.)
- "… 미국은 세계의 본보기가 되도록 신의 선택을 받았다. 역사의 부름을 받았다." (부시 대통령 주장, 2000.8.28.)

미국의 힘과 이념이 예외적으로 보편적이고, 안정적이며, 영속적이라는 사고는 단극 패권이 초래한 오만의 극치였다. 제국주의의 목적을 가지지 않은 최초의 제국이었던 미국은 2001년 9월 11일을 기점으로 모든 것이 바뀌기 시작한다. 9·11 테러 사건 이후 미국은 위험한 군사 제국주의로 변해 갔다. 절대 권력은 절대 부패해 절대 몰락한다는 역사의 법칙을 잊은 것이다.

제국화한 미국의 대외 부정의

미국은 1991년 유일 초강대국이 된 후 새로운 세계에서 새로운 국제질서를 세울 수 있었다. 그러나 견제 세력이 없어진 미국은 자국의 이미지대로 세계를 변화시키고자 했다. 패권적 힘을 바탕으로 세계 곳곳에 자유주의를 확산시키는 정책을 자유롭게 추구했다. 합리성과 정당성, 현실성이 없는 미국의 자유주의 패권 전략은 대부분 실패한다. 미국 마음대로 제3세계 국민들의 마음까지 지배할 수는 없었다.

대내적으로 경제면에서, 실체가 세계의 미국화인 미국의 '신자유주의 세계화'는 세계적인 금융 자유화와 국제금융 질서에 맞는 회계기준과 개방을 요구했다. 세계의 시장화 방식, 즉 미국의 경제패권 행사의 틀은 소위 '워싱턴 컨센서스'였다. 미국은 1990년대에 중남미와 아시아, 동유럽 등에서 발생한 금융위기에서 당사국에게 엄격한 긴축재정과 민영화를 강요했다. 한국의 외환은행 매각과 같이 국공유 재산을 미국과 유럽 투자자에게 싸게 팔라는 것이었다. 보다 세련된 현대식 약탈이었다. 결국 워싱턴컨센서스는 그 이름과 달리 미국 탐욕주의의 상징이 되고 말았다.

정치면에서, 미국은 세상을 자신들의 모습대로 만들고자 했다.[6] 미국 패권의 정치적 단면인 '세계의 민주화'는 1989년 천안문 사건 이후 중국 제재가 시초였다. 2001년 9·11 사태 이후에는 중동의 '독재정권 전복'과 '강제 민주화', 아프가니스탄과 이라크 침공으로 구체화되었다. 2003년에는 이라크의 사담 후세인을 축출하고, 2011년에는 리비아의 카다피를 제거했다. 그러나 그 결과는 모두 실패였다. 점령의 수렁화와 내전화, 수천만 명의 난민 발생, 정세 불안정과 빈곤이 일상이 되었다. 냉전 이후 미국의 패권은 치졸하고 무리하게 운영돼 혐오의 대상이 되었다.

군사면에서, 미국은 문명화나 민주화, 시장화를 핑계로 다른 민족의 삶에 개입하고 수탈한 어두운 역사를 가지고 있다. 군사적 개입이나 무력으로 권위주의 정권을 무너뜨리는 전략을 구사한 것이다. 무력침공이 여의치 않으면 경제제재와 함께 배후를 조종해 쿠데타나 내전을 일으켰다. 이런 부정의도 한국에서의 부분적인 성공과 달리 대부분은 실패했다. 민주주의 증진에 오명을 씌우고, 미국의 신뢰를

---

6 존 J. 미어세이머·이춘근 옮김, 『강대국 정치의 비극』, 김앤김북스, 2018., p.11.

떨어뜨렸다. '불량국가'를 제거하려는 미국의 전쟁은 미국을 '불량 슈퍼파워'로 만들었다. 그럼에도 전쟁은 다시 일어나고 계속되었다. 강고한 군산복합체를 중심으로 군사주의가 지배하는 미국은 긴장과 전쟁 없이 존립할 수 없는 나라다.

대외적으로, 제국의 부정의가 강화될수록 각종 대내 문제도 쌓여 갔다. 21세기 들어 미국은 중국의 WTO 가입을 지원했다. 일하기 싫은 미국인들은 중국을 자국의 하청공장으로 만들려고 했다. 이후 10년(2001~2011) 동안 미국 제조업 일자리 560만 개가 사라졌다. 최상위 계층 10%를 제외한 미국인 대다수의 평균 실질소득은 1972년보다 적어졌다. 서비스업과 금융, 첨단기술, 부동산 중심의 산업 구조 하에서 민주주의의 바탕인 백인 중산층이 무너졌다. 대외적으로 국제정치경제 질서도 불안정해졌다. 패권을 구성하는 두 측면인 국제사회의 동의와 리더십이 약화되고, 지배·강압이 강화되었다. 미국 패권의 토대가 침식되고, 미국이 유엔 등 다자제도를 무시하면서 국제질서의 정치적·제도적 토대도 약화되었다.

특히 미국은 9·11 테러 사건 이후 10년의 중동전쟁에서 전쟁비용을 과다하게 지출했다. 7조 5,000만 달러였다. 2008년 국제금융위기 이후에도 군비는 지속적으로 확장했다. 패권 부담으로 인한 쌍둥이

적자와 국가부채의 누적은 미국을 쇠락과 몰락의 길로 몰고 갔다.

세계의 미국화를 추구한 미국의 자유주의 패권전략은 세계의 민주화·시장화를 통해 미국의 다국적 기업과 억만장자들에게 권력과 특권을 부여하는 것이었다. 신자유주의의 세계화에 특화된 미국의 기업과 자본은 막대한 부를 쌓았다. 그 열매가 고르게 분배될 수 없었다. 미국에 '1:99 사회'라는 불평등 문제가 급부상했다. 정치의 분열과 양극화도 심화되었다. 정치가 아닌 자본과 시장이 지배하는 나라가 되었다.

미국 패권의 실패에는 미국의 예외주의와 미국의 군사주의가 자리하고 있다. 미국은 강력한 군사력으로 자국의 국익과 국민보다는 주로 대기업을 비롯한 파워엘리트의 경제적 이익을 도모해 왔다. 미국의 막강한 군사력은 세계 평화와 민주주의가 아니라 미국의 시장 확장이나 지배 집단의 경제이익을 위해 사용되었다. 혹자들이 미국을 '기업국가', '자본 민주주의' 국가라고 비판하는 이유가 여기에 있다.

1961년 1월 17일, 군 출신으로 전쟁의 비극을 누구보다도 잘 아는 아이젠하워 미국 대통령은 자국 내 군산복합체의 위협에 경종을 울리는 유명한 연설을 했다.

"군산복합체의 부당한 영향력을 배제해야 한다. 잘못된 권력이 비극으로 끝날 가능성은 현재는 물론 미래에도 존재한다."

군산복합체가 미국의 자유 민주주의 절차를 위험에 빠뜨릴 수 있다는 이 경고는 60여 년이 지난 지금도 유효하다. 사실 미국 정치권은 국익이 아닌 자본의 이익을 중심으로 작동한다. 경제 엘리트와 각종 기업 이익단체들은 정치를 통제한다. 네오콘들이 지배하는 딥 스테이트(Deep State)에서[7] '방 안의 코끼리'는 누구도 몰아낼 수 없었다.[8] 트럼프 2기 정부는 1기 정부 때에 자신의 정치적 의제(議題)를 방해해 온 딥 스테이트 척결을 정조준하고 있다.[9]

---

7   '딥 스테이트'는 미국 연방정부와 FBI, CIA 등 정보기관, 언론 등에 포진해 있는 기득권층이 외국과 손잡고 미국민보다 사적 이익을 챙기는 사람들을 일컫는다. 미국 민주당 상원의원인 털시 개버드는 "미국은 선거에서 당선된 이들과 관료, 방산업체, 주류 언론과 빅테크가 상부상조하는 클럽인 Deep State가 미국을 다스린다. 그들에게 국가나 국민은 안중에 없다. 그들은 기득권과 이익을 추구한다. 정치인들은 이 클럽에서 쫓겨나지 않으려고 알아서 복종하는 구조"라고 말한다.

8   '방 안의 코끼리(elephant in the room)'는 딥스테이트와 같이 명확하게 잘못된 문제를 알면서도 그 누구도 얘기하지 않는 현상을 비유한 표현이다. 어떤 사실이 너무 거대하고 무겁고, 말하는 것도 두렵고 무서워 덮어두고 언급하길 꺼리는 상황을 의미한다.

9   트럼프는 취임 직후 존 볼턴 전 백악관 국가안보보좌관, 5명의 전직 CIA 국장을 포함한 51명의 전 고위 정보 관리들에 대한 기밀 접근권을 행정명령으로 박탈했다. '연방정부의 무기화(武器化) 종식'이라는 행정명령으로는 국무부·국방부·교통부 등 연방정부 부처의 감사관 17명을 해임 통보했다. 나아가 존 F 케네디 전 대통령과 그의 동생 로버트 F 케네디, 마틴 루터 킹 주니어 목사 등의 암살 관련 비밀 자료를 공개하라는 행정명령에도 서명했다.

쿠오 바디스 아메리카?

지난 50여 년 동안 미국의 패권 운용 실패는 결국 미국의 쇠락과 미국 패권의 몰락을 가져왔다. 쇠락하는 미국은 어디로 가고 있는가? 그 답은 아래 〈표-1〉과 같은 각종 '미국병'에 있다.

〈표-1〉 각 분야의 미국병 실태

분야	미국병 실태
정치	오만함, 망가진 민주주의, 국민 아닌 자본·시장이 지배, 분열·양극화(기능부전, 배척·증오, 내전 우려), 잘못된 국가정책 수정 불가
경제	금융자본주의, 쌍둥이 적자 누적, 국가채무 증대(디폴트 우려), 인플레이션, 경기침체, 과다한 투입비용으로 낮은 기업 경쟁력, 보호무역
군사 안보	군비 과다 지출, 군산복합체 횡포, 첨단군비 혁신 저조, 동맹의 이완
사회 문화	절망사[10] 급증, 민영 의료보험제도, 세계 제일의 마약 중독자, 수많은 홈리스와 노숙자, 빈번한 총기사고, 청소년 범죄, 대규모 절도 기승 등

* 출처: 필자가 관련 자료 등을 종합 정리함.

---

10 2022년 한 해 미국 젊은층의(18~49세) 사망 원인을 살펴보니 마약성 진통제, 특히 좀비마약인 펜타닐을 오남용한 게 1위를 차지했다. 과도한 약물 복용으로 인한 사망자가 사상 처음 11만 명을 넘겼다. 약물로 인한 사망자는 교통사고·총기사고 사망자를 합친 것보다 더 많았다.

미국병은 미국이 쇠락하면서 나타났다. 미국의 오만과 일방주의, 예외주의로 인한 대외 부정의는 2001년 9·11테러와 2008년 금융위기 등 대내외 문제를 일으킨 가장 큰 원인이었다. 21세기 들어 미국 정부의 부채 누적·중독과 미국인들의 자기만족 및 탈규제의 탐욕은 미국의 쇠퇴를 재촉했다.

모든 '퍼펙트 스톰'이 그렇듯 미국병도 여러 사회구조적인 문제와 정치 리더십, 문화적 토양 등이 복합적으로 중첩돼 빚어졌다. 미국병은 미국 사회를 위협하는 심각한 기저질환이 된 지 오래되었다. 그야말로 엉망진창인 가운데 최근 아래와 같은 총기 사고와 마약·노숙자, 강도·도둑질의 급증은 불안한 미 제국의 말기적 징후들로 인식되고 있다.

끊이질 않는 총기 사망사고

2023년 10월 25일, 미국 메인주 루이스턴의 볼링장·식당에서 한 남성이 총기를 난사해 18명이 사망하고 13명이 다쳤다. 바이든 대통령은 관련 성명에서 "미국인들이 이렇게 살아서는 안 된다"고 외쳤다. 2025년 1월 1일, 루이지애나주 뉴올리언스 한복판에서 차량 운전자가 새해맞이 군중을 향해 돌진 후 차에서 내려 총격을 가해 10명이 사망하고 30여 명이 다쳤다.

고질병인 끊임없는 총기사고는 미국의 역사와 제도, 현실의 문제와 관련돼 있다. 미국인들은 불안한 사회에서 자신의 안전을 위해 총기를 소지해야 한다. 미국인 약 30%가 소유한 총기 수는 총 인구수(약 3억 3,500만)보다 많은 약 4억 정이다. 총기사고 사망자는 2023년 기준 42,151명, 하루 평균 115명이었다. 미국에서 총기폭력 문제는 심각한 이슈이나 총기 범죄가 늘어나면서 '총기를 소유해 스스로 자신을 지켜야 한다'는 인식이 더 확산하고 있다. 트럼프 2기 정부는 총기의 휴대·소지 권리를 침해해서는 안 된다는 입장에서 각종 규제의 완화를 추진하고 있다.

심각한 수준의 마약 남용

2023년 9월 24일, 미국 뉴욕타임스는 대낮부터 마약 거래·투약이 이뤄져 주사기나 피 묻은 솜이 길거리에 널려 있는 실태를 보도했다. '처벌보다 치료가 먼저'인 마약 정책은 처벌의 효과가 적고, 교정 비용이 많이 드는 교도소가 만원이기 때문이다.

마약에 대한 정부의 관용책은 치안을 불안케 했다. 미국의 많은 도시, 특히 뉴욕과 샌프란시스코, 필라델피아의 중심가에는 마약에 취한 사람들과 수만 명의 집 없는 노숙자들이 널러 산다. 거리 질서가 엉망인 샌프란시스코의 스타벅스 커피점 매장에는 의자나 화장실이 별로 없다.

최근 마약으로 인한 미국 내 사망자 수는 2022년 기준 매일 200

명이 넘는다. 약물 과용 사망은 총기문제만큼 풀기 어려운 미국병의 하나다. 마약중독 사망자가 점증하고, 그 연령이 점점 내려가고 있다. 최근에는 유입 루트인 중국과 멕시코, 캐나다와의 외교문제가 되고 있다.

합성 마약이 확산, 거리의 마약중독자들이 증가하면서 도시의 안전에 위협을 주고 있다. 그럼에도 마약 문제는 다양한 요인들이 작용하는 복잡하고 다층적인 문제로 근본 해결책이 쉽지 않다. 100년 전인 19세기 초 영국과 중국 간에는 중국 청나라를 병들게 한 아편전쟁이 있었다.

노숙자 77만 명, 도심 거리질서 악화

현재 미국 사회가 직면한 가장 심각한 문제는 노숙자 문제다. 더 큰 문제는 상당한 치유 노력이 아무런 효과를 보지 못한 채 악화일로에 있는 것이다. 2025년 1월 1일, 미국 주택도시개발부(HUD)는 전국의 노숙자 수가 77만 명으로 전년 대비 18% 급증했다고 밝혔다. 즉 미국인 1만 명 중 23명이 쉼터나 임시주거지, 텐트, 자동차 등에 살며 노숙하고 있다는 것이다. 이는 HUD가 2007년 관련 집계를 시작한 이래 가장 큰 증가 폭이다.

세계 제1의 경제대국 미국에 후진국에도 별로 없는 노숙자 문제가 존재하는 원인에는 미국의 어두운 역사가 있다. 주류인 백인들은 흑인 등 저소득층 비백인들이 자신들의 거주지역에서 살 수 없게 세금이 많은 70평 이상의 집을 짓도록 제한하고 있다. 가난한 사람들은 자신들에게 알맞는 작은 집을 지을 수도, 살 수도 없어 거리로 내몰리고 있다. 근래에 노숙자 급증 원인에는 집값 급등과 정부의 임대보조금 축소, 극심한 경제적 불평등, 불법 이민자 증가 등이 작용하고 있다.

노숙자의 증가는 사회적 불평등을 더욱 심화시키고, 복지시스템에 큰 부담을 준다. 공공장소와 지역 인프라에 대한 부담도 가중되고 있다. 특히 최근 노숙자와 거리 무질서로 인한 다운타운의 공실률 증가는 도시를 파괴하고 있다. 주요 대도시 공실률은 전체적으로는 약 20%, 샌프란시스코는 37%에 이른다.

노숙자 문제 또한 단순히 주거 문제를 넘어 사회적 안전망과 경제적 불평등, 복지시스템 문제와 직결돼 있다. 미국에서 노숙자 급증은 단순한 경제적 문제를 넘어 사회적, 윤리적 과제로 보기 민망한 미국 사회의 치부이고 민낯이다.

미국 전역에 절도·도둑질, 강도 횡행

코로나19 팬데믹 이후 미국에는 마약·노숙자 문제와 함께 절도·도둑질이 급증하고 있다. 천조국인 미국이 도둑 천국이 된 것이다. 2023년 9월 26일 미국 CNN 등에 따르면 미국의 대형 소매유통업체 타깃은 "조직적인 도난 범죄로 인해 사업을 지속하기 어렵다"며 4개 주에 걸쳐 9개 주요 도시의 매장을 폐쇄할 계획이라고 밝혔다. 월마트, 노드스트롬, 월그린 등 다른 소매업체들도 도난 범죄로 인해 일부 매장의 문을 닫았다. 전미소매협회는 다양한 형태의 절도 등으로 손실·비용이(2023년 9월 발표) 연간 약 1000억 달러(약 133조 1천억 원)에 달한 것으로 추산했다.

대상은 백화점·마트 등의 소매점을 넘어 대형 화물까지 확대됐다. 조직적·계획적으로 소매업체의 매장과 창고·트럭 등에서 물건을 훔치는 도적 떼들이 전국에 출몰하고 있다. 전국적으로 차량과 전기차 충전기 구리선 절도도 크게 증가하고 있다. 2022년부터는 전국적으로 철도차량 털이가 증가하고, 대낮에 오픈한 쇼핑몰에서 약 20~30명의 용의자 그룹이 소매 상품을 훔치는 '플래시 강도'가 계속 발생하고 있다. 2025년 1월 초, 미국 LA에서 발생한 대형 산불이 좀처럼 잡히지 않는 가운데 대피령으로 비운 집에 빈집털이가 기승을 부렸다.

도둑질 증가의 원인은 먹고살기 힘든 기층의 증가, 지속적인 인플레이션, 마약, 폭력적인 도둑질에 대한 직원들의 소극적 대응 등이다. 절도가 증가하는 배경에는 방치와 관용주의도 있다. 매장에 근무 중인 보안요원조차 도둑을 제지하지 않는다. 총기 소지나 난동 등으로 사고가 발생하지 않도록 무리하지 말라는 지침 때문이다. 도적

떼도 이를 간파하고 서슴없이 법의 울타리를 넘는다. 경찰 역시 절도범을 잡는 데 비온적이다. 사소한 생계형 범죄라는 이유로 많은 주에서 처벌 수위를 낮췄다. 문제는 범죄가 각 지역경제에 미치는 부정적인 파급효과가 커지고 있는 것이다.

절망 상태의 '죽음에 이르는 미국병'

총기, 마약, 노숙, 절도 등으로 몸살을 앓고 있는 미국은 사실 절망 상태의 죽음에 이르는 병에 걸려 있다. 그런데도 이를 치료해야 하는 주체인 정치는 기능부전 상태다. 이에 따라 미국의 신용등급이 계속 악화하고 있다.

피치, 스탠더드앤드푸어스(S&P)와 함께 3대 국제신용평가사 중 유일하게 미국 신용등급을 최고로 유지해 온 무디스는 2023년 11월 10일, 향후 전망을 '안정적'에서 '부정적'으로 강등했다. 2025년 5월 17일에는 S&P·피치와 같이 Aaa에서 한 단계 아래인 Aa1으로 낮췄다. 무디스는 신용평가 하향의 배경으로 미국의 과도한 국가부채, 즉 재정 건전성 악화 문제를 언급했다.

세계경찰 역할을 해온 미국은 지금 엄청난 빚과 무역적자에 시달리고 있다. 2015년 말 18조 8,000억 달러에서 9년 여 만인 2025년 2월에 36조 2,000억 달러(5경 744조 원)로 불어났다. 이 부채는 세계

경제력 기준 2~6위인 중국, 독일, 일본, 인도, 영국 등 5개국의 연간 국내총생산(GDP)를 합한 것과 맞먹는다.

과도한 군사비, 재정난으로 무너지는 정치·행정 시스템은 로마를 비롯한 모든 패권 제국의 말기 증상이었다. 근래 부쩍 늘어나고 있는 여러 좋지 않은 소식들은 미국이 쇠락하고 지병이 심각하다는 증거다. 미국의 타락한 성공 신화, 디스토피아적인 미래는 불편한 현실이다. 미국 정치는 이 현실(fact)을 거부한다. 과거 예외주의적인 제국주의와 패권주의에 미련을 버리지 못하고 있다. 답이 없는 미국의 시대가 예상보다 빠르게 저물고 있다.

02

중국의 부상: 대국 굴기

2021년 7월 1일, 중국 시진핑 주석이 베이징 톈안먼 광장에서 열린 중국공산당 창당 100주년 기념사의 일부다.

"중화민족은 일어섰다. 부유해지고, 강해졌다. 중화민족의 위대한 부흥은 돌이킬 수 없는 역사의 과정에 들어섰다. 중화민족이 억압·굴욕 당하는 시대는 다시 오지 않을 것이다."

깨어난 사자의 질주

생각해보자. 유구한 역사와 문명을 가진 14억 중국인들이, 오랫동안 검증되고 단련된 유능한 지도자들의 통치하에 일치단결, 자신들의 꿈을 실현하기 위해 움직이면 어떻게 되겠는가? 서방의 황화론이나 잠자는 사자론, 중국위협론이 우려하는 바와 같이 세계가 진동할 수밖에 없다.

예부터 때가 되면 잠자는 사자가 일어나 포효(咆哮)할 것임은 다 알고 있었다. 250여 년 전, 프랑스 아미오 선교사가 번역한 『손자병법(Art de la guerre)』을 읽은 나폴레옹은 중국의 역사와 잠재력을 아래와 같이 평가했다.

"잠자는 사자의 코털을 건드리지 말라. 그들이 깨어나 포효하면 세계는 그들에 의해 좌우될 것이다."

미국 등 서방 세계에서는 1990년대 초부터 '중국위협론'이 소환되었다. 중국이 덩샤오핑의 '남순강화(南巡講話)' 후 시장경제의 첫발을 뗀 1992년, 미국의 중국 전문가 '먼로'의 놀라운 전망과 경고는 구체적이었다.

"중국의 안정된 정치체제와 중국특색의 사회주의 시장경제의 경제적 효율성, 중화 민족주의의 발흥은 미국 주도의 국제질서를 흔들어 현상을 변경시킬 것이다."

1989년 베를린 장벽 붕괴 후 그 유명한 '역사의 종언'을 선언했던 후쿠야마는 2011년 1월 17일 자 파이낸셜타임(FT)지 기고문에서 중국의 상승세와 미국의 쇠락을 거론하며 고개를 숙였다.

"중국인들은 이번 금융위기를 통해 중국식 체제가 우수함을 증명했다. 이는 미국식 자유주의가 더 이상 지배적인 원리가 아닌 새로운 시대의 도래를 의미한다."

* 출처: FT, "Democracy in America has less then ever to teach China", 2011.1.17.

2013년, 싱가포르 수상이자 최고의 중국 전문가로 알려진 리콴유는 다음과 같이 강조했다.

"중국이 세계의 균형을 뒤흔드는 정도를 말하자면, 세계가 새로운 균형을 찾지 않을 수 없을 정도다. 이제 중국이 덩치 큰 행위자에 불과한 척 그냥 지나갈 수 없다. 중국은 역사상 가장 큰 행위자이기 때

문이다."¹¹

위 4명의 인사들은 모두 딱 보고 아는 '고수'들임에 틀림없다. 중국의 미래에 대한 그들의 예측은 모두 적중했다. 45년 전 잠에서 깨어난 사자는 어느새 국제사회의 큰 행위자·결정자가 되었다. 세상을 흔들고 있다. 미국과 중국은 2018년부터 패권을 둘러싸고 전쟁 같은 전략 경쟁을 하고 있다.

일어나, 부유해지고, 강해졌다

100년 동안의 치욕과 혼동의 역사 속에서 건립된 중국공산당 정권, 즉 중화인민공화국은 3단계를 거치며 성장해 왔다. 일어나, 앞으로 나아가, 대국으로 굴기한 후 중화민족의 위대한 부흥을 꿈꾸고 있다.

1단계(일어서기): 마오쩌둥의 사회주의 건설 30년(1950~1980)

1949년 10월 1일, 30년 '대장정'이라는 간고한 투쟁을 통해 신중국을 수립한 마오쩌둥은 천안문에 올라 "중국 인민이 일어섰다"고

---

11 그레이엄 앨리슨·정혜윤 역, 앞의 책, p.31.

선언했다. 하지만 제대로 일어나지 못했다. 사자는 반수면 상태에서 30년을 허비했다. 비범한 천재 전략가였던 마오는 공산주의라는 '이념과 열정'으로 '영원한 혁명'을 추구했다.

마오의 환상은 중국을 극심한 혼란과 위기로 몰았다. 6·25 한국전쟁 후 적이 된 미국·소련과의 협력이 힘들게 되자 대중을 동원한 이상주의적 발전 방식을 추구한 것이다. 마오는 1958년 대약진운동, 1966년 문화대혁명을 통해 중국의 유산을 폭력적으로 해체하고, 군중노선으로 자력갱생코자 했다.

그 과정에서 마오는 소련 공산당으로부터의 독립과 중국적인 혁명노선을 모색하며 고유의 정치체제와 사상을 확립할 수 있었다. 건국 1년 후 한국전쟁에 참전해 미국에 거둔 '무승부의 승리'는 세계에 신중국의 존재를 알렸다. 마오 시기의 중국은 1960~1970년대에 핵폭탄·수소폭탄, 인공위성을 일컫는 '양탄일성(兩彈一星)'을 갖춘 대국으로 일어섰다.

2단계(부유해지기): 덩샤오핑의 개혁·개방 30년(1981~2011)

잠자는 병든 사자를 병상에서 일어나게 한 이는 덩샤오핑이라는 '작은 거인'이었다. 마오쩌둥 시대의 대실패는 역설적으로 덩샤오핑 개혁·개방의 성공을 낳았다. 마오쩌둥이 기적처럼 일궈낸 통일·독립과 그 이후 20년 동안의 비현실적인 실험의 실패는 역설적으로 신중국 성공의 어머니·원동력이 되었다.

덩샤오핑은 마오쩌둥의 대실패를 발판으로 현실적이고 독창적인 '중국특색의 사회주의 시장경제'를 채택·추진했다. 덩은 독재자의 출현을 막고자 '집단지도체제'와 국가주석 임기 10년을 제도화했다. 중국의 '후진성'을 인정하고, 선진국 기술을 습득하려는 열망을 보였다. 머리를 숙이고, 힘을 감추는 '도광양회(韜光養晦)'라는 실용외교를 추진했다.

1992년 1월, 그의 남방지역 방문 시 발표한 '남순강화'는 이후 중국의 국정방향을 이끄는 이정표였다. 그는 이렇게 대전환을 촉구했다.

"개방·개혁을 통해 경제를 발전시키지 않고, 인민생활을 개선시키지 않으면, 공산당의 앞날에는 죽음의 외길밖에 없다", "현실이야말로 진리를 검증할 수 있는 유일한 길이다."

덩샤오핑은 중국의 지도자들이 150년 동안 하지 못했던 일을 해냈다. 덩이 이끈 구조적 변용은 2000여 년 전 중화제국 출현 이래 가장 근본적인 변화였다. 인류 역사상 덩 치하의 중국처럼 전쟁이나 폭력적 혁명 또는 경제적 혼란을 겪지 않고, 철저하고 완벽하게 변화에 성공한 나라는 없었다.

덩의 개방 확대와 개혁의 심화는 '심원한 혁명'이자 '제2의 혁명'이었다. 중국은 경제 자유주의와 국가 자본주의를 결합해 경제 성장과 기술 혁신에서 놀라운 성과를 거두었다. '중국 특색의 사회주의'는 동구권의 체제전환 실패와 달리 '중국 특색의 자본주의'로 순조롭게 전환했다. 역사상 가장 빠르고 성공적인 경제 성장을 이뤘다.

2009년, 유엔은 중국의 세계 경제성장 공헌도가 50%에 달한다는 보고서를 발표했다. '차이메리카'라는 미중 간의 상호 의존·협력 속에서 세계의 공장이 된 중국은 곧 14억 거대 시장으로 변모했다. 세계가 무시할 수 없는 시장은 세계 경제의 막강한 영향력이었다. 2012년 다보스 세계경제포럼(WEF)의 주제는 '거대한 전환: 새로운 모델의 형성'이었다. 중국의 부상을 가져온 경제발전 모델(중국모식: 베이징 컨센서스)이 국제사회의 관심을 받기 시작했다.

중국은 2012년도 말 현재, 경제규모 세계 2위(GDP 8.3억 달러), 외환보유액 세계 1위(3.3조 달러), 무역규모 세계 1위(3.9조 달러), 무역흑자 세계 1위(2,300억 달러)였다. 대표적인 산업생산력 지표인 철강에서는 1996년, 자동차에서는 2009년 미국을 능가해 세계 1위를 차지했다.

3단계(강해지기): 시진핑의 신시대(2012~현재)

부상한 중국이 대국 굴기를 추구하기 시작한 때는 시진핑 정부 출범부터다. 2013년 3월 17일, 국가주석으로 선출된 시진핑은 그의 첫 연설에서 '중국의 꿈(中國夢)'을 제시했다. 중화민족의 위대한 부흥을 실현하기 위한 '중국의 길'과 '중국정신', '중국의 힘'을 강조했다.

2014년 3월 27일, 시진핑 주석은 프랑스 파리 중불수교 50주년 기념 연설에서 중국이 드디어 사자가 잠에서 깨어났다고 선언했다.

"나폴레옹이 말한 중국이라는 사자는 이미 깨어났다. 이 사자는 평화적이고, 온순하고, 문명적이다."

당시 유럽에서 확산 중이던 중국위협론을 불식시키기 위한 신(新)사자론이었다.

21세기 초, 개혁·개방 40년 만에 '세계 최대 아닌 최고'로 성장한 중국시장은 세계 초일류 기업들의 시장이 아니라 중국 업체의 시장으로 변모했다. 중국시장은 세계 최고 제품들 간의 경연장이다. 지금은 중국 시장에서 경쟁력을 확보해야 세계시장에서 최고로 인정받는 시대다.

현재 세계 GDP의 18%를 차지하는 중국경제는 그간 7년마다 2배 성장해 왔다. 그 속도는 미국의 3배였다. 지금 중국은 미국이 4년 걸리는 다리 보수를 40여 시간에 완성한다.[12] 2018년 전기차 상하이 공장 설립을 결정한 테슬라는 중국 정부의 지원으로 딱 1년 만에 공장 준공부터 양산 허가까지 마무리했다. 2022년 테슬라 상하이 공장은 전기차 71만 대를 생산했다. 2023년 말 현재 중국의 자동차 생산량은 3016만 대, 미국은 1061만 대, 일본은 899만 대였다.

중국은 이제 미국을 위협하는 정도가 아니라 기술과 제조업과 소비시장 규모 등 이미 여러 방면에서 미국을 능가했다. 세계 최고를 향한 중국의 혁신과 성장은 건설, 통신, 과학, 기술 혁신 등 모든 분야에서 진행 중이다.

역사상 이렇게 큰 나라, 유럽연합(EU) 27개국을 합친 것보다 더 넓고, 인구도 더 많은 나라가 이렇게 짧은 기간에, 이토록 큰 변화를 가져온 적이 없었다. 중국의 지난 40여 년 현대사는 인류사를 통틀어 보더라도 지극히 예외적인 시간이었다. 이 시간 속에 중국인들의 경험과 그들의 꿈, 그들의 미래가 있다.

2000년 중화제국의 기상은 국제관계의 지각변동과 천하대란을 일으키고 있다. 이제 그 어떤 세계문제도 중국 없이 해결할 수 없다.

---

12 그레이엄 앨리슨·정혜윤 역, 앞의 책, p.43.

중국의 규모와 역사, 이의 세계적 중요성을 무시할 수 없게 되었다.[13] 미국에 실제적인 위협이자 도전하는 강대국이다.

이 같은 중국의 변화·발전의 비결은 과연 무엇일까? 그것은 ① 14억 인구 중에서 선발되고 단련된 유능한 통치엘리트들이 당·국가를 이끌어가고, ② 4회의 정권교체가 혼란·분열 없이 이루어졌으며, ③ 당내 민주화에·따라 활발한 토론을 거친 후 적확한 정책·전략이 결정·집행된다는 데 있다.

④ 국가·관리 자본주의로 이해되는 '중국 특색 사회주의 시장경제'의 경제적 효율성과 사회적 책임성, ⑤ 미국의 오만·실책과 서방의 시장·기술·자본을 역이용하고, 수차례의 위기를 기회로 전환해 도약한 『손자병법』의 지혜도 급부상·굴기의 원동력이었다.

무엇보다도 중국의 놀라운 부상은 중국의 효율적인 정치행정 시스템과 여러 단계의 검증을 거쳐 발탁된 뛰어난 지도부가 국민들과 함께 어우러져 이뤄낸 인위적인 업적이다.[14]

---

13 카롤린 퓌엘 지음·이세진 옮김, 『중국을 읽다』, 푸른숲, 2012, 서문.
14 정덕구, 『한국을 보는 중국의 본심』, 중앙books, 2011, p.7.

강해진 중국이 가는 길은…

중국의 새로운 '대장정'은 세계 1등 국가가 돼 '중국몽(中國夢)'을 실현하는 것이다. 마오쩌둥의 20세기 대장정 후 중국공산당 군은 미국이 지원한 70만 국민당 군과의 국공내전에서 승리해 신중국을 건설했다. 시진핑의 21세기 대장정은 미중 패권전쟁에서 미국의 집요한 제재·포화를 뚫고 '중화민족의 위대한 부흥(G1)'을 달성하는 것이다.

2021년, 인민들의 의식주 문제를 해결한 '소강사회를 완성'해 첫 100년(당 창건 100주년)의 목표를 실현한 시진핑 정부는 중·장기 발전 구상을 제시했다. 2035년에는 '사회주의 현대화를 기본적으로 실현'하고, 두 번째 백 년인 2049년(건국 100주년)에는 '부강하고, 민주적이며, 문명적이고, 아름다운 사회주의 현대화 강국'을 건설한다는 것이 그것이다.

굴기한 중국이 가고자 하는 길은 첫째,
자국의 역사 경험에 기초해 자신만의 현대화를 이루고자 한다.

중국은 5000여 년의 문명사, 공산당 100년의 분투사, 70여 년 집권 경험에 기초해 '중국방안(모델)'을 말한다. 이 방안은 중국의 성공에서 비롯한 자신감에서 출발한다. 당연히 '중국식 현대화'는 서구의 그것과 전혀 다른 중국만의 것이다. 중국의 역사·문화에 뿌리를 둔다. 개도국을 비롯한 각국과 함께 모든 사람을 위한 공동 부유의 현대화, 전쟁이나 식민지를 추구하지 않는 현대화다.

둘째, 중국은 G1이 되어서도 패권을 추구하지 않는 최초의 국가가 되고자 한다.

중국의 길은 패권국이 아니다. 부흥이다. 영원히 패권을 잡지 않고, 확장하지 않으며, 세력권을 형성하지 않고, 군비경쟁을 하지 않는 것이다. 인류 역사상 강성한 국가가 패권적이지 않은 사례는 없었다. 하지만 중국은 그 법칙을 제일 먼저 깨뜨리는 나라가 되고자 한다. 실사구시하는 중국, 침략·약탈의 DNA가 없는 중국에게 패권은 잡을 이유가 없다.

셋째, 외부세력에 괴롭힘을 당한 중국은 외세에 당하지 않는 나라가 되고자 한다.

시 주석은 2021년 당 창건 100주년 연설에서 "중화민족이 당하는 시대는 끝났다. 만약 외부 세력이 괴롭히면 14억 중국인민이 만든 강철 만리장성에 부딪혀 피가 날 것"이라고 말했다. 2025년 4월 미국으로부터 125% 관세폭탄을 맞은 중국은 "미국의 괴롭힘에 강력 대응할 것"임을 천명했다. 미국을 비롯한 서방국가와 정면 대결을 피하지 않고 강력 대응하겠다는 선언이었다. 중국은 패권이 아닌 정의롭고 공정한 국제질서를 세우고자 한다. 국제사회에 국력에 걸맞은 영향력을 행사하면서 중국식 보편과 질서를 형성하고자 한다.

사실 인류가 공존·공영하는 대동 세상을 추구하는 중국은 승자가 독식하는 패권국의 길을 가지 않을 것이다. 그 길은 중국적이지도 않고, 사회주의적이지도 않다.[15] 그러나 지난 2500여 년의 세계사에서 매번 G1의 이상과 현실은 달랐다. 강하고 위선적인 권력일수록 그 어휘는 기만적이었다. 일반화된 디지털 정보화 시대에 세계인들의 정치적 각성은 세상을 크게 변화시키고 있다. 앞으로 명실상부하지 않는 강대국은 국제사회의 존경을 받지 못할 것이다.

---

15 노영민, 『중국에 묻는 네 가지 질문』, 메디치미디어, 2025.1.2, pp.61-62.

제2부

미중 패권전쟁의 주원인

2018년 7월, 미국의 관세폭탄 투하로 시작된 미중 패권전쟁은 전적으로 미국이 먼저 선포하고 주도했다. 그해 미국 사회는 경제난과 미국병 악화, 특히 중국의 급속한 부상으로 두려움과 공포가 증대하고 있었다.

미국의 대 중국 정책 목표는 중국으로부터의 수입의존도 축소, 중국의 기술추격 차단 등을 통해 중국의 더 이상의 부상·도전을 저지하는 것이었다. 궁극적인 목적은 중국의 도전 의지와 능력을 굴복·좌절시켜 자국의 패권을 유지·강화하는 것이었다. 이같은 전쟁의 작동인(作動因)과 목적인(目的因)을 토대로 전쟁 발발의 주원인들을 정리할 수 있다.[16]

---

[16] 작동인(作動因)과 목적인(目的因)은 아리스토텔레스가 말하는 4원인(①질료인, ②형상인, ③작동인, ④목적인)에서 말한다. 가장 중요한 작동인은 결과를 초래하는 직접적인 원인으로 사건이 일어나는 과정의 앞부분에 해당하며, 뒷부분의 사건이 일어나는 데 있어 필수적인 역할을 담당한다.

01

양국의 국력 격차 감소

 미중 전쟁의 가장 중요한 원인은 2008년 세계금융위기 이후 미중 간의 국력의 차이가 크게 감소한 것이다. 미중 간의 힘의 우위를 점하기 위한 이른바 극한적인 '전략경쟁'이 시작되었다. 2009년 G20 정상회의에서 영국의 브라운 총리는 "워싱턴 컨센서스는 끝났다"고 공언했다. 미국은 그때부터 구조적인 힘의 변화와 함께 첨단 기술에서 중국의 추격에 밀리면 죽는다고 생각했다.

덩치가 커진 중국

 중국은 1980년대 이후 미국과의 협력관계 속에서 '불균형 성장'을 지속할 수 있었다. 21세기 들어 미국의 지원에 의한 중국의 세계무역기구(WTO) 가입은 중국의 눈부신 발전에 날개를 달아주는 격이었다.

미국의 패권전략인 '신자유주의 세계화' 속에서 미국의 제조업은 거의 모두 중국 등으로 이전되었다. 미국은 중국 민주화에 대한 기대보다 중국의 저렴한 노동력과 거대 시장을 놓칠 수 없었다. 중국의 시장화·민주화 과정에서 중국공산당 정권의 급변붕괴 가능성도 기대했다. 미국은 20년 동안 중국의 급성장을 좌시하며 테러와의 전쟁에 국력을 쏟아부었다. 중국은 빠르게 세계의 공장·시장이 되어 갔다.

그 과정에서 중국은 인건비만 따먹는 바보가 아니었다. 경제대국으로 성장해 갔다. 중국의 GDP는 2015년에 견제 한계선인 미국의 60%(중 11조/미 18.2조 달러)를 넘어섰다. 미국은 중국을 적극적으로 견제·봉쇄하기 어렵게 되었다. 중국의 덩치가 커져 버렸고, 미국 내 제조업이 공동화돼 중국산 상품 없이 살 수 없게 되었기 때문이다. 미국은 중국에게 국제질서의 일정 지분을 인정할 수밖에 없었다. 대신 '책임 있는 이해상관자'로서의 역할을 요구했다. 1990년대 초 제기된 중국위협론이 중국역할론·중국책임론으로 변한 것이다.

2025년 초 현재 중국의 사정이 여의치 않다. 하지만 중국의 국력은 이미 미국이 저지할 수 없는 수준이다. 2021~2024년 3년 평균 중국 GDP는 미국 GDP의 70% 수준이다. 전쟁이 6년 지났지만 미국이 겨냥한 중국의 타격은 미미했다. 저성장 추세 속에서도 5% 수준의 성장세를 유지하고 있다.

중국은 2021-2025년(5년)을 '전략적 기회의 시기'로 삼고 있다. 반면에 미국은 2021-2030년(10년)을 '가장 위험한 결정적인 시기'로 규정하고 있다. 미국이 말하는 '위험 시기'에는 2030년도에 중국의 첨단 군사력이 미국을 능가할 수도 있다는 우려가 담겨있다.[17] 중국이 '기회', 미국은 '위험'의 시기를 상정하고 있는 것은 향후 짧게는 1년, 길게는 5년 내에 전쟁의 승부가 갈릴 수 있음을 의미한다.

중국의 첨단기술 혁신

21세기 첨단기술의 발전은 안보·패권의 정의를 변화시키고 있다. 과거에는 핵(核)과 같이 군용으로 사용되는 일부 기술이 안보와 연결되었다. 최근에는 거의 모든 분야의 첨단기술 개발이 무기 개발과 직결돼 있다. 4차 산업혁명을 대표하는 5G, AI(인공지능), 빅데이터, 로봇드론, 항공우주, 양자컴퓨터 관련 기술은 모두 민군·경제안보 겸용이다.

2018년 무역전쟁의 시작과 함께 미국은 중국 반도체 기업 '화웨이' 제재에 착수했다. 화웨이 부회장 멍완저우는 캐나다에서 구속되었다. 미국의 두려움은 미중 양국의 국력 차이의 축소보다 안보·패권

---

17 IFFS, 「미중 경쟁 시대의 동북아 정세와 한반도」, 한중국제학술회의 자료집, 2021.7.15, p.33.

을 좌우할 첨단기술에서 비롯되었다. 2017년 미국이 파악한 중국의 첨단기술 혁신 능력은 경악할 수준이었다. 2024년 말 주하이 항공박람회 등에서 중국이 과시한 각종 첨단무기들은 미중 간의 미래전을 예측할 수 있는 것이었다.

그동안 AI·양자기술·우주개발 등 중국의 첨단기술 능력은 폭발적 성장세를 이어왔다. 군사기술의 패러다임을 바꿀 무인전투기술, 극초음속 비행체, 우주기술 등 주요 기술에서는 미국을 이미 추월했거나 대등해졌다. 뒤처지는 몇몇 분야도 앞으로 1년 내, 즉 '중국제조 2025년' 완성의 해인 금년 내에 따라잡을 수 있다는 평가다.

중국은 첨단 과학기술에 기반한 전략산업을 집중적으로 육성해 게임의 규칙을 바꾸고자 한다. 이를 위해 중국은 미래 첨단기술 산업을 선도하기 위한 '고품질 발전'과 '신품질 생산력' 강화를 최우선 과제로 삼고 있다. 중국 경제가 내부 구조적 문제와 외부 환경의 변화 속에서 복잡한 도전에 직면해 있으나 내수 확대와 첨단 기술 자립, 산업 혁신 등을 통해 질적 성장과 경제 안정화를 도모하고 있다.[18]

최근 중국의 경제지표로 볼 때 경제성장률은 주춤하지만 여전히 높고, 국내총생산은 지속 성장 중이다. 특히 첨단기술 관련 R&D 등 학술적 성과는 단연 세계 1위다.

---

18 노영민, 앞의 책, pp.94-95.

지금 미중관계는 미국이 과거 자국을 추격하던 일본을 무릎 꿇게 했던 때와 상황이 다르다. 중국의 덩치와 맷집, 혁신능력은 과거 일본과 비교할 수 없다. 미국은 초조하고, 중국은 긴장한다. 미국은 예리한 창을 겨누고, 중국은 방패를 들고 우회 전략을 모색한다. 트럼프 정부가 대대적인 중국 공격을 가하기 시작한 2025년의 말쯤에는 승부를 가늠할 수 있는 실마리가 보일 것 같다. 현대사에서 쌍방 간에 관세폭탄이 난무하는 무역전쟁은 존재하지 않았다. 대판 싸움 후 판세가 뚜렷해 질 것이다.

02
중국의 국가전략 변화

미국은 왜 다방면에서 쉴 새 없이 중국을 공격하는가? 굴기한 중국의 야심 찬 도전을 더 이상 좌시할 수 없기 때문이다. 그만큼 두려움과 공포가 더해지기 때문이다.

2008년 세계금융위기 발발 직후 중국의 비공개 평가기관 '따공(大公)'은 처음으로 쇠락한 미국의 실태를 파악·보고했다. 당시 파산상태에 이른 미국을 확인한 중국공산당 지도부는 중국이 세계의 초강대국이 될 수 있다고 생각했다.[19] 그로부터 5년 후 국가 부주석에서 주석이 된 시진핑은 '중국의 꿈(中國夢)'을 제시했다.

개인의 능력이 커지면 야망을 가지듯이, 국가도 힘을 가지면 정체성과 목표가 달라진다.[20] 힘이 커진 중국의 대 미국 전략과 외교는 공세적인 방향으로 가기 시작했다. 2013년 6월, 시진핑은 집권 후

---

19 이 보고서는 중국은 세계 10위, 미국은 13위를 차지한 것으로 평가했다. 미국은 사실상 파산국가인데 미국의 신용평가기관들이 등급을 상향 평가하여 세계금융위기가 초래되었다고 밝혔다. 『The Washington Times』, 2 October, 2010.

20 김정섭, 『세 개의 전쟁 – 강대국은 세상을 어떻게 바라보는가』, 프시케의 숲, 2024, p.233.

첫 미국 방문에서 오바마 대통령에게 '신형대국관계론'을 제안했다. 미중 양국이 싸우지 말고, 핵심이익을 존중하면서, 평화적으로 공존하자는 것이었다. 태평양은 넓기 때문에 양국이 동등한 권한과 책임을 갖고 공유하자는 제안도 했다.

이후 중국의 부활을 꿈꾸는 '중국몽'과 대내외 전략의 재정비를 꾀하는 '미국 우선주의'가 충돌하며 파열음을 내기 시작한다. 시진핑 주석은 2013년에 중국몽·강군몽·신형대국관계론을, 2014년에 신실크로드 전략 구상인 '일대일로'를, 2015년에는 제조업 강국을 겨냥한 '중국제조 2025' 프로젝트를 발표했다. 이후 미국에서는 미중 관계가 임계점에 도달했다는 주장이 나왔다.

미중 패권전쟁의 발발 배경에는 미중 간 국력 격차의 축소와 함께 2012년 시진핑 등장 이후 중국이 발표한 아래 〈표-2〉와 같은 대전략들이 있다. 시진핑 시기 중국에서는 크게 3가지 변화가 있었다. ① 중국의 장기 발전목표 수정, ② 국제사회에 중국방안·중국담론 제기, ③ 대외전략 수정이 그것이다.

〈표-2〉 미국을 자극한 중국의 대전략 변화

구 분	계획 요지	비 고
중국몽	- 양 100년 발전계획 구상을 전면 수정·선포 ·2035년 사회주의 현대화의 기본건설 ·2049년 사회주의 현대화 강국 건설	2013 2019
강군몽	- 연 13% 이상의 군사비 지속 증가 - 스텔스기와 항공모함, 극초음속 미사일, 위성요격능력 구비	2013 2019
일대일로	- 철도·항구 등을 이용, 유라시아·아프리카를 하나로 연결	2014
중국 제조 2025	- 10년(2015~2025년) 내 첨단제조업 강국으로 도약	2015
해륙국가로 변신, 해양 적극 진출	- 육해통합국가 견지, 해양국가 건설, A2/AD와 BRI로 뒷받침 - 남·동 중국해로의 영향력 확대 시도, 3번째 항모 진수	2013 2022
중국 특색의 가치·규범 질서	- 중국방안(모델), 신형국제관계, 인류운명공동체론 - 친·성·혜·용(親·誠·惠·容)의 주변이익 외교	2017 2013

* 출처: 관련 자료들을 정리함.

중국이 제시한 일련의 새로운 대전략들은 미국의 경계심에 불을 질렀다. 중국의 '중국제조2025'의 궁극적인 목표는 미국의 경제·기술 패권을 약화시키고, 이를 대체하려는 것이 분명했다. 여기에 2015년 중국의 GDP가 미국의 60% 수준을 넘어서자 미국은 치밀하게 중국과의 일전을 준비한다.

2017년 미국 하버드대의 저명한 관변학자 그레이엄 앨리슨은 용역 프로젝트 결과를 정리해 『예정된 전쟁』으로 발간했다. 그가 이 책에서 제기한 '투퀴디데스 함정'은 사실 미국의 공공외교 및 프레임 전쟁의 일환이었다.

2017년 말부터 2018년 초에 걸쳐 미국의 생각이 최종 정리되었다. 미중 무역전쟁 시작 직전인 2017년 말, 미국의 '대 중국 전략보고서'는 중국을 전략적 경쟁자·수정주의자, 도전자로 표현했다. 미국이 중국을 지역(아시아)·국제 질서와 자국의 이익·가치에 도전하는 국가로 규정한 것이다. 미국의 대 중국 정책의 변화는 '예정된 전쟁'의 선전포고였다.

03

'투퀴디데스 함정'

　강대국 관계에서 불균형 성장에 따른 패권경쟁과 세력전이, 그 과정에서 패권국이 갖는 두려움과 공포는 자연스러운 것이다. 전쟁은 주로 두려움·공포에서 비롯된다. 미국인들은 중국때문에 자국 제조업이 공동화돼 삶이 어렵게 되었다고 생각한다. 나아가 중국 때문에 세계에서 미국의 설 자리가 좁아지고 있다고 본다.

　미중 전쟁에는 이런 미국인들의 조바심과 분노, 불안감과 공포가 자리하고 있다. 그 연장선상에서 미국은 그동안 중국에 베풀었던 경제협력과 특혜를 더 늦기 전에 거둬들여야 한다고 생각한다.

　미국 사회에는 중국이 자국 중심의 국제질서와 패권을 빼앗으려 한다는 두려움이 팽배해 있다. 특히 AI·양자컴퓨터·로보틱스 등과 같은 첨단산업에서 미국이 중국에 주도권을 내주면서 이를 저지하지 못하면 끝장이라고 생각한다. 임박한 중국 위험에 강력히 대응해야 한다는 초당적인 공감대는 한 번도 깨진 적이 없다.

중국의 위협적인 가치·규범 확장

　주목되는 것은 시진핑 주석 등장 후 중국이 자국의 경험과 지혜, 방식을 담은 '중국방안'을 적극 제시하고 있는 것이다. '중국담론'에는 중국이 미국 중심의 국제질서를 재구성하려는 꿈이 담겨있다. 중국 대외전략 핵심인 '인류문명공동체론'과 '중국방안', '신형국제관계'에는 중국적 특색이 있는 가치·규범의 세계화 의지가 담겨있다.

　시진핑의 중국공산당은 서구의 자유주의 가치에 대한 대안으로 유교를 중심으로 한 중국의 전통 철학을 강조한다. 이른바 미국과의 '담론전쟁'에서는 서구의 자유주의 가치와 구별되는 중국의 전통적 가치와 핵심 사회주의 가치를 내세우고 있다. 시진핑 주석이 강조하는 이른바 '중국 특색의 사회주의'는 중국의 역사와 전통적 철학사상이 융합된 사회주의를 의미한다. 이는 서구식 발전모델, 체제와는 다른 중국식 발전 경로와 정치·경제 체제를 의미한다.

　중국의 과감한 전략적 변화에는 미국을 따라잡을 수 있다는 자신감이 작용하고 있다. 중국의 국제적 영향력 확대와 강대국에 대한 열망, 100년 만에 맞는 중국을 둘러싼 국제질서와 환경의 급변도 작용했다.

　중국이 국제사회에 머리와 깃발을 드는 모습은 미국 중심의 국제질서와 근대 이후 서구적 가치에 대한 도전임이 분명하다. 미국 입장에서 중국은 2차 세계대전 후 처음으로 맞게 된 강대국이다. 체제·이념이 다르고, 비서구인 중국이 미국 주도의 '규칙 기반 질서'를 바꾸려는 움직임은 미국 등 서구가 용납할 수 없는 것이다.

빠지기 쉬운 '투키디데스 함정'

오늘날 굴기하는 중국과 쇠락하는 미국 간의 전쟁은 고대 그리스에서 융성한 아테네와 기존의 군사강국 스파르타 간의 패권전쟁과 유사하다. 양국 간의 전쟁을 기록한 투키디데스의 『펠로폰네소스전쟁사(역사)』는 시대를 초월한 '자산'이다. 미국의 저명한 안보·국방 정책분석가인 앨리슨은 투키디데스의 통찰에 착안해 2017년에 발간한 『예정된 전쟁』에서 '투키디데스 함정'론을 제시했다.

그가 미중 패권전쟁을 이해하는 렌즈·프레임으로 제시한 '투키디데스 함정'은 곧 세계적인 화두가 되었다. 중국의 시진핑 주석도 수차례 투키디데스를 인용하며 상호 충돌의 함정에 빠지지 않는 미중관계를 역설했다.

앨리슨이 투키디데스의 성찰을 빌려 제시한 '투키디데스 함정'은 신흥세력이 기존 지배세력의 입지를 넘볼 때 발생하는 불가피한 전쟁의 위험을 지칭했다. 그는 '투퀴디데스 함정'을 말하면서 중국이 미국을 위협하는 구조적인 긴장이 커질수록 사소한 불씨가 대규모 충돌을 가져올 수 있다고 강조했다.

한편, '투퀴디데스 함정'론은 부상한 중국이 미국과 세계질서에 미치는 영향에 관한 것이다. 왜 미중 간의 패권전쟁이 '불가피'한 지를 둘러싼 담론이다. 미국의 탁월한 정책분석가인 앨리슨이 투퀴디데스의 『역사』를 천착해 내놓은 이론의 타당성을 감히 필자가 부정할 수는 없다. 그럼에도 이 이론의 제안 시기, 강조점, 현 시기 미중관계 등을 두고 볼 때 몇 가지 오류 같은 함정이 보인다.

'투퀴디데스 함정'의 함정?: 3가지 오류

'투키디데스 함정'은 미국의 관변학자인 앨리슨의 자의적인 역사 해석의 결과다. 그리스의 패권전쟁 원인을 인용해 중국의 도전과 미국의 두려움을 강조하고, 전쟁의 불가피성을 역설하는 것은 미국의 자기중심적인 역사 해석이다. 시기적으로 중국과의 전쟁을 시작하면서 필요한 정치적 프레임인 것도 분명하다. 그의 논리에 의하면 미국은 중국과 예방적 성격의 전쟁을 시작할 수밖에 없는 것이 된다.

사실 투퀴디데스가 『역사』에서 전하고자 한 교훈은 전쟁의 원인만이 아니다. 그는 인간의 동일한 성정으로 인해 반복될 후세의 역사에서 다시는 그리스와 같은 타락과 잔혹, 파멸의 비극이 재현되지 않기를 바라고, 그리스 세계의 흥망성쇠의 『역사』를 썼다.

이런 역사적 사실들과 당시 그리스 세계의 정황, 현재 미중관계 상황 등을 고려할 때 아래와 같은 '투퀴디데스 함정'의 오류·모순을 지적할 수 있다.

우선, 전쟁 원인으로 패권국의 두려움을 내세우는 것은 일종의 '일반화의 오류'다.

역사의 해석에서 쉽게 범하는 오류는 일면을 확대해 마치 전체인양 부풀리는 '일반화의 오류'다. 부상한 신흥강국의 도전에 따른 패권국의 두려움이 패권전쟁의 가장 큰 원인이라는 데는 무리가 있다는 것이다. 투퀴디데스가 강조한 스파르타의 두려움과 명예, 이해관계는 사실 일반 국제관계를 지배하는 기본적인 동기들이다.

두려움은 정도의 차이가 있을 뿐 스파르타와 아테네 모두에게 다 있었다. 현 미중관계에서도 마찬가지다. 중국의 굴기와 도전적인 전략이 미국에 두려움을 주었다. 미국의 쇠락과 흔들리는 패권이 중국의 도전을 부추긴 점도 없지 않다. 미국은 중국이 자국을 아시아로부터 몰아내 지역·세계의 패권을 잡으려 한다고 생각한다. 중국은 미국이 자국의 발전과 굴기를 저지해 죽이려 한다고 생각한다.

이런 실정에서 패권국의 두려움을 그리스의 패권전쟁과 근·현대 세계사의 분수령이 될 미중 패권전쟁의 주원인으로 설정하는 것은 자기 과장이다. 지난 7년 동안의 미중 패권전쟁 진행 양상에 비춰보면 적실하지 않음도 알 수 있다.

또 중국이 진정 세계 패권을 노리는 국가인가, 중국이 미국 주도의 세계질서를 변화시킬 정도의 강대국인가 하는 의문도 있다. 중국은 미국에 동등한 양국관계와 자국의 발전권을 주장한다. 중국이 패권 도전 의사가 전혀 없음을 강조하는 이유는 전쟁·패권으로 얻게 될 이득이 전혀 없다고 보기 때문이다. 지금은 시간을 벌 때이지 전쟁할 때가 아니다. 요컨대 패권국의 두려움은 전쟁의 배경적이고 보조적인 원인의 하나가 될 수는 있으나 직접적이고 결정적인 동인이 될 수 없다는 것이다.

둘째, 스파르타를 패권국, 아테네를 신흥강국으로 변주한 것은 잘못된 전제 설정이다.

앨리슨의 『예정된 전쟁』은 아테네를 부상한 신흥 중국으로, 스파르타를 기존 패권국 미국으로 변주(變奏)한다. 그런데 이 변주가 당시 정황과 어울리는 것인지는 의문이다. 전쟁 발발 당시 그리스 세계에서는 아테네가 월등한 국력으로 패권적 지위를 차지하고 있었다. 스파르타도 펠로폰네소스 동맹의 맹주였으나 소수의 중무장보병만으로 무장한 일당백의 병영국가일 뿐이었다. 패권국의 기본 조건을 갖추지 못한 가난한 폐쇄국가였다.

또 아테네는 부상한 신흥강국이 아니었다. 스파르타와 함께 페르시아 전쟁을 주도한 그리스 내의 강력한 도시국가였다. 아테네는 두 차례에 걸친 페르시아 전쟁(마라톤 전투, 살라미스 해전)에서 그리스 세계의 승리를 이끈 주역이었다. 펠로폰네소스 전쟁 직전의 시점에서 패권은 델로스 동맹을 통해 에게해 중심의 범 그리스 해상권을 장악한 아테네 제국에 있었다.

끝없는 공방전 끝에 스파르타는 70여 년 전의 적국이었던 페르시아의 이이제이(以夷制夷)식 도움으로 전쟁에서 승리했다. 그러나 스파르타는 제반 역량의 부족으로 곧 패망한다. 스파르타가 기존 그리스 세계를 장악한 패권 강국이었다는 전제는 무리가 있다는 것이다.

셋째, '투키디데스 함정'론은 전쟁의 정당화를 위한 미국의 정치적 프레임이다.

앨리슨이 2017년에 '불가피한 전쟁의 위험'을 지칭하는 '투키디데스의 함정'을 제시한 이유는 무엇이었을까? '투키디데스의 함정'은 미국이 2018년에 시작할 중국과의 패권전쟁의 명분·논리를 정당화하기 위해 만든 정치적 프레임이자 공공외교·샤프외교의 일환으로 볼 수 있다.

이 프레임은 부상한 중국의 추격·도전에 따른 두려움으로 중국과의 충돌이 불가피하다는 미국의 입장을 전제하고 있다. 중국을 '도전', 미국의 대응·공격을 '억지력'으로 묘사해 중국이 '침략자', 미국이 '방어자'로 보이게 하려는 것이다. 그리스 패권전쟁에서 스파르타가 승리한 것처럼 향후 미국의 궁극적인 승리 프레임도 내재돼 있다.

오랫동안 미국의 패권 전략에 관여해 온 앨리슨은 공직(국방부 장관 특보, 차관보 등)에도 몸담은 적이 있다. 지금도 미 국무부와 국방부, CIA의 정책결정 자문역이다. 그의 저서 『예정된 전쟁』은 전쟁을 1년 앞두고 미국의 전쟁 명분과 구실을 정당화하는 사전 준비 과정에서 발간되었다.

앨리슨의 『예정된 전쟁』이 하버드대학교가 지난 500년 동안의 전쟁 기록을 살핀 '투키디데스 함정 프로젝트'의 결과물이라는 것이다. 그의 '투키디데스 함정'론이 다분히 미국 정부의 시각에서 투퀴디데스의 『역사』를 해석한 것일 수밖에 없다는 추론이 가능한 것이다.

'투퀴디데스 함정'은 공공·샤프외교의 일환

전쟁은 쌍방이 모든 수단과 방법을 동원하는 국가의 총력전이다. 사람이 생각하는 기본 틀이나 방식을 의미하는 '프레임'은 국내 정치뿐만 아니라 국가 간의 전쟁에서도 결정적인 역할을 한다.

미국은 1950년 6·25 한국전쟁에서 소련과 중국을 '침략자'로 규정해 전후 냉전시대에서도 전략적 프레임에서 우위에 설 수 있었다. 현재의 미중 패권전쟁은 미국이 프레이밍한 도전자와 방어자, 민주주의 대 권위주의 프레임이 작동되고 있다. 이 프레임은 국제사회가 미국의 전략과 행동을 보다 잘 이해하고, 적극적으로 지지·지원하도록 해준다.

한 국가의 최고 석학들이 참여해 정교하게 구성된 전략적인 프레임은 일반인들이 쉽게 빠지게 돼있다. 국내외 학술회의와 언론 등을 이용한 치밀한 홍보 노력이 함께 간다. 미국이 제기한 '투퀴디데스 함정'에 미국의 가장 충직한 동맹국, 한국인들은 아무 생각 없이 푹 빠졌다.

앨리슨은 한국인들을 향해 "미중 간 군사적인 충돌 가능성이 생각보다 높다. 그 시발점은 한반도나 대만 등 제 3지역이 될 수 있다"

고 주장한다.[21] "미중 간의 갈등이 무력충돌 상황으로 치닫지 않게 한국이 역할을 해야 한다"고 조언한다. 한국의 조야에서 앨리슨의 '투퀴디데스 함정'론은 이론의 여지가 없다. 대부분의 언론·학자들은 이 이론을 예로 들며 미국의 중국에 대한 공격적 전략과 행태를 옹호한다. 나아가 한국의 미국 선택은 자유가 아닌 필연이라고 강조한다.[22]

앨리슨은 『예정된 전쟁』에서 가까운 과거 500년과 먼 고대 그리스의 패권전쟁을 파고 들어가 우리에게 통찰력을 제시한다. 앨리슨이 제기하는 프레임은 오늘날 미국의 행동에 대한 우리의 사고방식을 바꾸어놓는다. 그의 저술과 활발한 대외 활동이 미중 패권전쟁과 관련한 미국의 성공적인 공공외교 또는 스마트한 샤프외교인 이유다.

'투퀴디데스 함정'에는 미국의 3가지 정치적 프레임이 있다. '① 중국의 도전으로 우리는 두렵다. 우리가 주도하는 미중 전쟁은 불가피하다. ② 우리의 전쟁은 자유 민주주의를 지키기 위한 전쟁(신냉전)이다. ③ 이 전쟁에서 우리는 승리한다.'라는 것이 그것이다.

세계 패권을 운용하는 데는 치밀하고 주도면밀한 전략·행동이 필

---

21 앨리슨의 [파워인터뷰], 동아일보, 2222.10.25.
22 박휘락, "미국과 중국 간 '투퀴디데스 함정'과 한국 안보에 대한 함의", 한국통일전략학회 『통일전략』 제20권 제2호, 2020.6.

요하다. 국제사회의 동의와 협력을 얻기 위한 사전의 이론·프레임 작업은 필수적이다. 냉전시기, 미국의 시각을 반영한 패권이론은 주로 민주주의 확산이 세계 평화와 안전을 보장한다는 '민주평화론'과 '패권안정론'이었다.

패권안정론은 1970-1980년대 미국 패권의 쇠퇴라는 중대한 변화에 대응하는 미국의 이론이었다. 미국 패권을 정당화하고, 미국의 쇠퇴를 우려하는 이데올로기, 국제질서 안정을 위해 반드시 미국 패권이 유지돼야 한다는 주장이었다.

21세기 초 오늘날, 미국이 다시 맞은 패권 쇠락의 국면에서 미국은 새로운 패권안정론이 필요했다. 강대국 간의 충돌이 불가피하다는 미어샤이머의 『강대국 국제정치의 비극』론(공세적 현실주의)과 앨리슨의 '투퀴디데스 함정(『예정된 전쟁』)'론이 그것이다. 미국의 패권 유지를 위한 미국적 사고와 전략이 지배하는 '패권안정론'과 '공세적 현실주의'는 '투퀴디데스 함정'의 배경 이론인 셈이다.

전쟁은 미국의 외우내환에서 비롯

현 실정에서 미중 패권전쟁의 원인을 규명하는 일은 난센스일 수 있다. 미국과 중국은 공히 '투퀴디데스 함정'에 빠질 수 없기 때문이다. 또 현재 중국은 패권에 대한 열망이 없다. 미국에 도전하지 않고, 영원히 패권을 추구하지 않는다는 입장이다. 상대방에 의해 지배받기에는 너무 큰 미중 양국의 충돌이 불가피하다는 논리는 파멸로 가는 길이다.

현실적으로 미국과 중국은 전면전을 절대 할 수 없다. 경제적으로 한 몸, 즉 '차이메리카(Chimerica)'인 양국은 '탈동조화(decoupling)'도 실행하기 어렵다. 지난 7년 동안 미국의 탈동조화에도 불구하고 2024년 중국의 대미 수출액(4400억 달러)은 사상 최고였다. 당장 양국 경제가 분리·이탈돼 단절된다면 전 세계적 혼란 상황에서 중국보다 미국이 먼저 몰락할 것이다. 중국은 미국 없이도 살 수 있지만, 미국은 중국 없이 살 수 없다. 미국이 '탈위험(de-risking)'을 강조하고, 미중 정상이 늘 양국이 상호 충돌 방지 및 소통의 필요성을 강조하는 것은 이 때문이다.

결국, 미국이 패권전쟁을 시작한 원인은 두 가지 이유, 즉 외우내환(外憂內患)으로 정리된다. 하나는 중국의 굴기와 첨단기술 혁신, 효율적인 정치경제 시스템을 억제하지 못할 경우 끝이 보였기 때문이다. 미국인들은 자신들과 다른 역사와 문명을 가진 아시아의 중국이 패권을 잡는 것은 절대 용납할 수 없다고 생각한다. 다른 하나는 미국 사회에 대내외 부정의로 인한 두려움과 공포, 절망이 만연한 실정에서 국민들의 정치사회적 불만을 무마·해소하기 위한 정치적 고려와 수요가 있다. 미국 정치권은 시종 자국의 쇠락과 패권 몰락의 책임을 중국에 전가하며 중국을 공격할 필요가 있다. 많은 경우 외교정책은 국제환경에 대한 순수한 전략적 대응이라기보다 내부의 정치적 필요에 따른 선택일 때가 많다.

제3부

상대방에 대한 인식과 전략

미중관계의 역사는 1945년 미국의 국공내전 개입 이후 현재까지 80년에 불과하다. 양국관계는 1950년 한국전쟁에서 직접 대결한 후 30년 동안 적대관계였다. 1979년 미중 수교 이후 양국은 소련에 대항하는 '암묵적 동맹'이었다. 이후 테러와의 전쟁에 협력하는 '전략적 이해상관자'였고, 경제적으로 한 몸이 된 '차이메리카'였다.
중국은 미국의 '규칙 기반 질서' 속에서 급성장할 수 있었다. 그러나 쇠락하는 미국에게 부상하는 중국은 위협일 뿐이었다. 2008년 세계금융위기 이후 미중관계는 미국의 '재균형'전략과 '아시아 회귀' 이후 10년의 긴장·균열을 거쳐 2018년부터 패권전쟁 중이다. 지난 7년 전쟁은 악화일로를 걸으며 충돌로 가는 양상이다.

01

미국의 대 중국 인식·전략

　미국은 중국을 잘 모른다. 알 수가 없다. 지금까지 4회의 싸움에서 이긴 적이 없다.

　① 1940년대 후반 전면적인 국공내전(1945~1949년)에서 미국이 지원한 국민당 군은 중공군에게 패배했다. ② 신중국 수립 1년 후 미중 양국 간의 국제전이 된 6·25 한국전쟁은 무승부로 끝났다. 미국은 중공군이 참전할 리 없다고 압록강까지 밀어붙이다 호된 1·4후퇴를 당했다. ③ 2010년 이후 G1과 G2 간의 15년 체제 경쟁에서도 미국이 이겼다고 볼 수 없다. ④ 2018~2019년 북한을 둘러싼 미중 간의 첨예한 세력 경쟁이고, 현대판 6·25전쟁이었던 3회의 북미정상회담과 5회의 북중정상회담 결과도 무승부였다.

　미국이 중국을 잘 모르고 접근해 실패를 거듭한 것은 정책 당국자들에게 서구적 시각과 오만, 이념·진영의 논리와 예외주의가 지배했기 때문이다. 2001년 중국의 WTO 가입 후 중국이 미국처럼 시장화·민주화될 것이라는 기대는 사실 무지가 낳은 환상이었다. 독재권력일수록 위선적이고 기만적이다. 미국은 무소불위(無所不爲: 하지 못하는 일이 어디에도 없는)의 패권국이다.

과거의 연장인 오늘날의 패권전쟁에서 미국은 중국을 어떻게 보고, 어떤 전략으로 싸우고 있을까? 적확한 전략과 승리는 정확한 정세 판단에서 나올 것인데, 이번에는 다를까?

미국의 관련 정세 인식

중국에 대한 미국의 인식·전략의 대강은 최상위 지침인 '국가안보전략(NSS)'에 담겨 있다. 구체적인 것은 미국 정부가 정기적으로 발표하는 '중국전략보고서'나 대통령·국무장관 등 최고위 인사들의 발언에서 읽을 수 있다. 패권전쟁과 관련 미국은 아래와 같이 정세를 판단하고 있는 것으로 보인다.

세계가 역사의 변곡점에 있다.

미중 패권전쟁으로 인한 지구촌의 지각변동은 역사의 분기점·분수령이다. 이 시점에서 미국에 중국과의 전쟁은 중국식 권위주의 독재와 서구식 민주주의 간의 전쟁이다. 전쟁에서는 민주주의의 가치를 지키는 것이 가장 중요하다. 중국과의 전쟁은 소련과의 '냉전'보다 그 규모가 훨씬 크고 치열한 '신냉전'이다. 미국이 중동에서 테러와 전쟁하느라 때를 놓치고, 군사비를 과다 지출해 쇠락하고 있기 때문이다. 지금은 역사가 300년 만에 서에서 동으로 이동하는 변곡점이다.

시간이 급하다.

2025년 4월 1일, 미 합참의장 후보자 댄 케인을 미 상원 군사위원회 인사청문회 답변에서 이렇게 말했다.

"미국은 특히 인도양·태평양 지역에서 미국의 이익에 대한 중국의 위협이 현실적이며, 더 확대되고 있다고 인식한다. 미국은 인태지역에서 중국의 침략을 억제하기 위해 동맹국 및 파크너들과 협력해야 한다. 그럼에도 미군은 중요한 순간에 장기적인 분쟁에 최적화되지 않았고, 적을 억지하는 데 필요한 제반 능력을 갖추지 못했다."

미국 대내외 여러 유력기관들은 2025년경 미국이 세계에서 힘을 쓰지 못하고, 2030년경 중국에 추월당할 것으로 예상한다. 중국은 2030년경 그들의 목표를 달성할 수 있는 힘을 모두 갖추게 될 것이다. 미국으로서는 그때까지 중국과의 전쟁에서 승리하지 못하면 끝장이다. 미국은 2020년부터 2030년까지 10년의 기간은 중국과의 이념 투쟁 승패를 가를 '결정적인 10년(decisive decade)' 또는 '위험한 구간(danger zone)'으로 설정했다. 군사분야에서조차 추격이 위협적인 중국과 전쟁하며 내부의 구조적 문제들도 해결해야 하는데, 미국 혼자서는 버거운 일이다.

'동맹과 함께'할 수밖에 없는데…

미국은 갈수록 중국과 러시아 등 '저항의 축'이 강해지고, 동맹은 약해지면서 더 직접적인 위협에 직면하고 있다. 이런 실정에서 미국이 중국과의 극한경쟁에서 이길 수 있는 방법은 상대적 장점인 '동맹과 함께'하는 것이다.

미국의 국내총생산(GDP)은 세계의 4분의 1이다. 동맹·우방국들을 합하면 50%가 넘는다. 미국과 동맹·우방이 공조하면 18%에 불과한 중국을 이길 수 있다. 가치에 기반한 동맹을 기술·생산 동맹으로 확장해야 한다.

그런데 지금은 깃발만 들면 모두 모이는 시대가 아니다. 동맹들의 지지·협력을 구하기가 예전 같지 않다. 나토와 쿼드는 정체된 채 분열의 위기인데 중국 중심의 브릭스와 상하이협력기구(SCO)는 성장세를 이어가며 단결하고 있다.

설상가상(雪上加霜)으로 트럼프 2기 행정부는 '동맹과 함께'해 온 기존의 패러다임을 부정한다. 그는 신자유주의적 세계화와 세계주의자들의 '영원한 전쟁' 패러다임은 주요 동맹국들과 함께 중국만 더 부유하게 만들었다. 그뿐만 아니라, 미국의 국력을 약화시키고 일반 국민들의 삶을 악화시켰다고 진단한다.[23] 따라서 적과 동맹 모두에게 관세를 부과하고, 그들이 가져간 제조업을 가져오며, 스스로 방위비를 부담케 해야 미국인들을 '해방'시키고, 미국을 '다시 위대하게(MAGA)' 할 수 있다고 생각한다.

중국에 대한 인식

'배은망덕한 괴물(주적)' 프랑켄슈타인

미국은 괘씸하고, 위험하며, 자국에 도전하는 중국에 새로운 접근이 필요하다고 본다. 2020년 7월, 미중 전쟁이 무역·기술 전쟁에서 신냉전 양상으로 변하고 있을 때였다. 당시 민주당 바이든 정부 국무장관 폼페이오는 닉슨도서관 연설에서 소설 속의 괴물 '프랑켄슈타인'에 빗대어 중국이 배은망덕하다고 비난했다. 1980년 이후 미국의 협력과 서방의 시장·기술·자본으로 커온 중국이 미국을 위협하

---

23 차태서, "다시 만난 세계: 강대국 정치의 귀환과 2기 트럼프 행정부의 대 중국 전략", 성균 차이나브리프 통권 75호, 2025.4.1., p.74.

고 있다는 것이었다.

미국은 극심한 정치적 양극화 시대임에도 민주·공화 양당의 대 중국 인식은 일종의 '배은망덕' 컨센서스가 형성돼 있다. 자비로운 패권국으로서 미국이 '은혜'를 베풀어 중국에게 세계체제 속에서 성장할 기회를 제공했는데, 정치적 자유화의 길을 걷기는커녕 미국의 뒤통수를 치고 기존 국제질서를 전복하려는 야심을 키웠다는 것이다.[24]

이로 인해 중국은 다시 미국이 주도하는 자유세계 질서의 '외부자'로 규정되었다. 수정주의적 권위주의 강대국인 중국과의 이데올로기 투쟁 담론은 중국과의 '신냉전' 양상을 가져왔다. 미국은 서슴지 않고 중국인들에게 파산한 전체주의 신봉자인 시진핑과 공산당 체제의 교체를 주문했다.

가장 중대한 지정학적 도전(敵)

중국은 1978년부터 2018년까지 30년 동안 연평균 10% 가까운 경제 성장을 질주했다. 그 결과 중국 경제력은 현재 미국 국내총생산(GDP)의 70%에 육박한다. 미국 GDP의 7% 정도인 러시아와는 체급(體級) 자체가 다르다.

러시아가 서구(西歐) 근대문명이라는 공통분모를 미국과 일정 부분 공유하고 있는 반면, 중국은 문명권 자체가 다르다. 2022년 10월 백

---

24 차태서, 앞의 글, p.73.

악관 국가안보전략보고서(NSS)의 지적대로, "중국은 미국에 대한 가장 중대한 지정학적 도전"이며 "경제·외교·군사·기술적으로 점점 더 기존 국제 질서를 바꿀 역량과 의지를 갖고 있는 유일한 경쟁자"다.

실제로 중국은 미국을 실존적으로 위협하는 최대 도전국이다. 인구가 4배 많은 중국은 매년 100만 명 넘는 이공계 대졸자를 배출한다. 제조업 생산량 14년 연속 세계 1위다. 최근 중국의 첨단산업과 기술의 미국 추월은 시간문제다. 세계 10대 방산 유사기업에서 1위·2위 등 4개가 중국기업이다. 중국은 2023년 세계 최다인 67회에 걸쳐 우주선을 발사했다. 2035년까지 1만5000개의 저궤도 위성을 쏘아 올릴 계획이다.[25]

중국은 2024년 11월부터 초음속 드론, 세계 최초 전자기식 캐터펄트(EMALS) 장착 강습상륙함, 6세대 스텔스 전투기 등 최첨단 신무기들을 공개했다. 2020년부터 중국의 해군 함정 수는 미국보다 많은 세계 최다(最多) 국가다. 해군 함정 건조 능력은 미국 대비 233대 1 비율로 중국이 압도적이다.

2022년도부터는 중국이 주도하는 협력기구인 브릭스와 상하이협력기구 참여국이 크게 늘고 있다. 아프리카·중동·중남미 지역에서 중국 돈(china money)의 영향력도 심상치 않다. 지구촌에 서구 문명국(30%)과 비서구 문명국(70%)으로 갈리는 추세가 확연해지고 있다.

---

25 미국 CSIS의 세스 G. 존스(Seth G. Jones) 연구원의 2024년 10월 '포린 어페어즈' 기고문.

악화일로인 국내외 사정은 미국의 두려움과 조바심을 더하면서 중국과의 전쟁이 악화되고 있다.

이런 흐름과 추세를 끊지 못하면 미국은 끝이라는 사실은 트럼프 정부도 잘 알고 있다. 재집권한 트럼프의 대 중국 인식은 아래와 같다.

"우리는 중국에 기만당해 왔다. 중국은 우리의 친구가 아니다. 그들은 우리를 적으로 생각한다. 경제력을 이용해 미국의 붕괴를 시도하는 중국에 강하고 거칠게 나가라! 중국은 수많은 우수 인재들을 군사무기 산업에 투입하고 있다."

시진핑 공산당 체제는 격멸의 대상

패권전쟁 시작 1년 전인 2017년, 미국의 '국가안전 전략보고서'는 중국이 4가지 미국 안보·번영·평화·영향력에 도전하고 있다는 결론을 내렸다. 미국이 중국을 자국의 경쟁자·수정주의자·도전자로 규정한 것은 패권전쟁의 '신호탄'이었다. 2020년 '중국전략보고서'는 중국의 굴기를 '우리의 가치에 대한 도전'으로 표현했다. 중국과의 경쟁이 서로 다른 체제·이념 간의 대립, 즉 신냉전임을 확인했다.

바이든 정부 출범 직후인 2021년 1월 말, 미국의 유력 싱크탱크인 '대서양위원회보고서'는 시진핑 체제의 위험성을 적나라하게 지적했다. 이 보고는 "미국이 직면한 가장 중요한 도전은 시진핑 중국 국가

주석 하에서 전체주의로 변해가는 중국의 부상이다", "미국의 대 중국 전략은 시 주석을 집중 겨냥, 중국 최고시도자를 교체하는 방향으로 추진돼야 한다"고 강조했다. 전쟁에서 적장을 죽이는 것이 최선이라는 것이었다.

2022년의 '중국전략보고서'는 바이든 정부가 내놓은 중국 포위 전략의 종합판 비전이었다. 여기서 미국은 중국을 미국의 이익·규칙에 기반한 국제질서에 도전하는, 그 힘을 가진 세계 유일 국가로 규정했다. 중국을 미국의 가장 위험한 경쟁자, 중대한 지정학적 시험이자 도전으로 판단한 것이다.

트럼프 2기 정부의 대 중국 인식은 이전보다 더 악화된 것이다. 트럼프는 "중국의 힘은 우리가 생각하는 것 이상으로 막강하다. 중국의 경제력이 얼마나 대단한 위력을 발휘할지, 그 위력이 미국 경제에 얼마나 큰 손해를 끼칠지 가늠하기 어렵다"며 미국의 최대 위협 세력으로 중국을 꼽았다.

마코 루비오 국무장관을 비롯해 반중국 강경파가 포진한 외교안보 팀은 '마가(MAGA)'를 미국의 패권을 흔들고, 미국 붕괴를 추구하는 중국을 격멸시키려는 대전략으로 인식한다. 트럼프 2기의 국방·교육·불법입국·선거제도 개혁과 스파이·사이버 해킹 대응의 밑바탕에는 모두 반 중국 기조가 자리 잡고 있다. 트럼프 정부가 파나마 운하 반환과 그린란드 구매 요구, 캐나다 병합 구상의 뿌리에는 그곳에 중국이 마수를 뻗치고 있다는 불신이 자리 잡고 있다.

대 중국 목표·전략

미국의 대 중국 전략은 중국의 도전을 강력한 힘으로 억제, 자국이 주도하는 국제질서와 패권을 유지하는 것이다. 중장기적으로는 중국 주변국들과 함께 중국을 봉쇄해 중국이 아시아지역 패권국이 되는 것을 저지하는 것이다. 당면한 '결정적 10년'의 과제는 세력전이를 가져올 첨단 과학·기술 분야에서 중국의 발전을 최대한 저지하는 것이다.

미국의 대 중국 전략의 핵심은 '21세기형 봉쇄전략'이다. 트럼프 2기 행정부의 대 중국 전략은 '봉쇄와 타협'이다. 중국이 기술 혁신의 우월한 고지를 장악하지 못하도록 하고, 자유세계를 위협하지 못하도록 하며, 서태평양을 중국의 내해로 편입하지 못하도록 막는 것이다.

미국은 늘 그랬듯이 군사력 증강을 통해 중국의 수정주의적 팽창을 봉쇄하고, 무역전쟁과 첨단산업 경쟁을 통해 패권의 경제적 토대에서 우위를 유지하고자 한다.

전략적인 큰 그림

2025년 1월 20일 트럼프 대통령은 취임사에서 앞으로 미국이 "위대하고, 강력하며, 특별한 나라가 될 것"임을 강조하며 대내외 정책 목표를 다음과 같이 제시했다.

"미국의 쇠퇴는 끝났다. 우리는 번영할 것이고, 자랑스러울 것이고, 강해질 것이며, 전례 없는 승리를 거둘 것이다. 우리는 정복당하지 않게 겁먹지 않을 것이고, 부서지지 않을 것이며, 실패하지 않을 것이다."

트럼프가 주장하는 '위대한 미국'은 초강대국으로서 국제적 리더십을 유지하는 것이고, 경쟁국인 중국의 영향력을 축소하는 것이다. 트럼프 정부는 중국을 '적'으로 간주하고, 중국과의 대결에서 '승리' 쟁취를 정책목표로 설정하고 있다. 이를 위해 미중관계의 '전략적 분리'를 가속화하고 '군사적 우위'를 유지하고자 한다.[26]

이런 트럼프 대외 정책을 특징짓는 첫 번째 기조는 고립주의다. 두 번째는 미국 우선주의이다. 셋째는 거래적 접근이다. 이는 부동산 사업가로 성공한 트럼프의 특징을 보여주는 것이다. 트럼프는 자신의 예측 불가능성을 레버리지로 삼아 협상 상대를 압박하며, 이 가운데 미국의 힘을 과시함으로써 레버리지를 극대화하는 전술을 구

---

26 박병광, "트럼프 집권 2기 미중관계 전망과 시사점", INSS 전략보고 311호, 2025.1.24.

사한다.

미중 패권전쟁과 관련한 미국 정부의 그림은 ① 국제사회의 규칙은 미국이 만든다. ② 중국의 미래 과학기술·산업 발전을 저지한다. 다만, ③ 세계 차원의 비핵화·기후변화·보건 이슈는 중국과 협력한다는 것이다.

분야별 정책기조

트럼프 2기 행정부의 국가안보전략의 핵심은 중국에 대해 강경한 견제 정책을 추진하는 것이다. 기본 목표는 최대 경쟁자인 중국의 성장을 지연시키고, 미국의 우위를 유지하는 것이다. 두 번째 목표는 군사적 충돌을 피하고 안정성을 유지하는 것이다.

트럼프 2기 행정부의 중국 정책에서 가장 큰 변화는 중국과의 경제적 분리(디커플링) 추진이다. 트럼프 1기 행정부 시기 관세 부과와 공급망 재편을 통해 일정한 경제적 분리를 시도했지만, 트럼프 2기 행정부는 더욱 강경한 무역 정책을 통해 중국과의 광범위한 경제적 분리를 추진할 것이다. 이 정책은 국내 산업과 일자리를 보호하기 위한 목적을 넘어 중국의 성장을 지연시키려는 전략적 목적에 의해 추동되고 있다[27]

---

27 최우선, 앞의 글.

구체적으로 각 분야별 정책을 살펴보면,

(정치 군사적으로) 미국은 중국이 감히 덤비지 못하게 거칠게 대하고 있다. 치열하게 경쟁하되, 중국을 강자의 입장에서 다룬다는 것이다. Quad·AUKS, 한미일 안보공조 등 소다자 안보망을 구축해 중국을 촘촘하게 봉쇄한다. 중국에 부담인 인권·가치 문제를 집요하게 제기하면서 군사적 압박을 병행해 지속적으로 스트레스를 가한다. 특히 신장·홍콩 문제 등으로 중국의 이미지를 최대한 손상(악마화)시켜 중국을 '힘이 커지면 안 될 나라'로 각인시키는 일이 중요하다. 틈이 나면 중국을 정치적으로 불안정하게 흔드는 일도 필요하다.

(경제적으로) 바이든 정부는 칩4(한·미·일·대만 반도체 동맹), IPEF 등 인도·태평양 지역에서 중국을 견제하기 위해 새판을 짜는 데 주력했다. 첨단기술 전쟁에서 중국을 '멀리하기(수출통제)'와 미국을 '더 빨리 뛰게 하기(국가의 기업 지원)' 전략을 강화했다. 핵심 기술은 국가안보의 관점에서 미국의 '마당 안에 있게 하고, 담장은 높인다.' 이 원칙 하에 가치 동맹의 기술·생산 동맹화를 적극 추진해 대 중국 첨단기술 통제 및 국제표준 제정을 주도해 나간다는 전략이다.

트럼프 2기 정부의 대 중국 경제·기술 전쟁 전략은 관세를 통해 중국 물건이 미국에 들어오지 못하게 하고, 중국을 가치사슬에서 배제해 첨단기술 혁신과 발전을 저지하며, 미국에 팔려면 미국에서 생산하라는 원칙으로 자국의 제조업을 활성화하고자 한다.

(대외적으로) 핵심은 차적(次敵)인 러시아가 힘을 쓰지 못하게 발목을 잡고, 러시아와 인도가 중국 편으로 기울지 않도록 관리하는 일이 중요하다. 중국이 야심 차게 추진하고 있는 일대일로에 보다 적극 대응해 글로벌 사우스(Global South: 남반구 신흥 개도국) 국가들을 관리해 나가는 일도 중요해졌다.

02

중국의 대 미국 인식·전략

『손자병법』의 나라, 2023년 말 기준 9천918만5천 명의 공산당 당원들이 빚어내는 중국의 대외 전략·언술은 치밀하고 전략적이다. 미국과 달리 발표하는 '국가안보'나 '대 미국' 전략보고서가 따로 없다. 인치(人治) 전통이 남아있는 중국의 그것은 최고지도자 시진핑의 주요 계기 시의 보고·연설 등을 봐야 한다. 다투지 않고서는 서로를 잘 알 수 없다(不打不相識). 미중 7년 전쟁 중에 중국의 대 미국 인식과 전략은 다 나왔다.

중국의 관련 정세 인식

중국은 현 정세가 엄중한 위기 상황에서도 시간은 자국 편이라고 본다. 전쟁 발발 이후 중요한 5년(2020~2025)의 '전략적 기회'의 시기에 미국의 집중 공세를 잘 방어하면 이길 수 있다고 생각한다. 패권전쟁 관련 중국의 인식·판단은 아래와 같이 정리할 수 있다.

지금은 '세기의 대변화' 시기

우선, 중국은 외부 환경이 위험하다고 본다. 국가안보가 복잡하고 험준한 형세에서 미국 등 서방은 중국을 전방위적으로 억제·포위·압박하고 있다. 미국이 지원하는 우크라이나 전쟁은 결국 중국을 겨냥할 것이다. 중국의 국력이 증가하면 할수록 미중관계는 적대적으로 격화된다. 미국과의 신냉전이 서구·비서구 간의 문명충돌 양상으로 가는 형세도 걱정이다. 모두 중국에 전례가 없었던 위험이고 시련이다.

대내적으로도 위기다. 시진핑은 2023년 12월 6일과 8일, 한 경제좌담회와 당 정치국 회의에서 "중국경제가 결정적 단계에 있다", "① 정세가 복잡하게 뒤엉켜 있고, ② 국제정치경제 환경에 불리한 요소가 증가하고 있으며, ③ 국내적으로는 주기적이고 구조적인 모순이 얽혀있다"고 말했다. 중국경제의 저성장과 청년실업률 급증, 부동산 리스크 등의 심각성을 지적한 것이다.

시 주석은 2022년 말부터 적극 추진한 '공동부유' 전략, 즉 '안정 속 발전'을 주 내용으로 하는 신발전 이념을 '발전 속 안정'으로 재조정했다. 중국 정부의 1년 만의 전략적 거시조정은 전례가 없는

일이었다.[28]

대내외적인 위기 상황에서 중국은 100년 만에 맞는 큰 변화의 시기(百年未有之大變局)에 주목하고 있다. 오늘날 세계와 시대, 역사는 전례 없는 방식으로 변화하고 있다. 중국은 근대 이후 가장 좋은 국운 상승기에 있다. 이런 변화는 지난 백 년 동안 없었던 것이다.

중국은 4차 산업혁명과 국제질서 변화가 동시에 일어나는 오늘날을 '세기의 대변혁' 시대로 규정한다. 4차 산업혁명 시대는 중국의 경제 도약과 국제 지위 상승, 중국 주도의 질서가 가능한 '전략적 기회'이다. 국제질서도 중국을 포함한 개발도상국들이 부상하고, 서구 선진국들이 쇠락하고 있어 유리한 형국이다.

전쟁은 제2의 '대장정'

2019년 5월 20일, 시진핑은 마오쩌둥의 홍군이 대장정을 시작한 장시성 '위두(于都)'의 기념탑 앞에서 출사표(出師表)를 던졌다. 중공의 제2의 대장정을 결심했다. 시진핑의 중국은 국공내전 시 마오쩌뚱의 홍군처럼 미국의 전방위 공격으로 존망의 기로에 섰다. 시진핑은 죽음을 두려워하지 않은 '8400km 대장정의 정신'을 상기했다. 세계 최강의 중국을 만들기 위해 30년 투쟁을 시작하자고 다짐했다.

---

28 이는 2022년에 선부론을 공부론으로 바꾸며 홍색기조를 강화한 거시전략 조정이 성과를 내지 못하자 다시 1992년의 덩샤오핑 말("개방개혁·경제발전·민생안정 없으면 죽음의 길밖에 없다. 이 기본노선을 100년 동안 동요없이 관철돼야 한다.")을 상기한 것이었다.

그는 기회 있을 때마다 아래와 같이 장정 정신을 고취시켰다.

"우리가 맞이한 각종 전쟁은 단기적인 것이 아니라 장기적인 것이다. 중대한 위기의식을 견지하고 투쟁하자. 싸우면 반드시 이긴다. 전략적 자신감을 세우고, 필승의 믿음을 굳게 하며, 자신의 우세와 유리한 조건을 충분히 인식해야 한다. 마지노선과 극한을 고려하는 자세를 견지하고 거친 풍랑과 파도 같은 시련에 대비해야 한다."

미중 패권전쟁은 가치·규범과 질서 지배권을 둘러싼 대결이다. 중국은 서구와 비서구 간에 체제·이념이 대립하는 신냉전의 문명 충돌이다. 서로에게 굴복이 있을 수 없는 미중 패권전쟁은 30년 (2018~2049년)간 지속될 '제2의 대장정'으로 본다.

시간·맷집 게임에서 유리

미국은 사활을 걸고 중국의 부상 저지와 굴복·붕괴를 추구할 것이다. 중국에는 큰 고통·타격이 불가피하다. 미국도 상당한 비용·고통을 지불해야 한다. 국제적 리더십 손상도 불가피하다. 미국의 중국 공격이 미국의 경쟁력을 강화해 주지 않는다. 미국은 덩치가 커진 중국을 힘으로 무너뜨릴 수 없다.

미국이 일방적으로 승리하기 어려운 형국에서 시간은 중국 편이다. 긴 역사를 가진 중국인들은 차원이 다른 시간 개념과 인내력을 갖고 있다. 핵전쟁 걱정 없는 외부 환경은 중국에 유리하고, 중국의 발전 잠재력은 크며, 중국 시스템은 위기에 강하고, 큰일에 힘을 집중할 수 있다. 여기에 중국인들의 고양된 민족주의적 자부심은 반드시 이긴다는 숙명론이 돼 있다.

중국지도자들은 중국이 날로 세계무대의 중심에 가까워지고 있다고 말한다. 역사가 중국 편이라는 것은 시간(時)과 대세(勢)가 중국 쪽에 있다는 것이다. 동승서강(東昇西降: 동방은 상승, 서방은 하강)이라는 역사적 흐름·추세를 되돌리기는 어렵다. 대장정 초입인 2025년은 중국이 '사회주의 현대화 국가의 건설'을 시작하는 제2의 '전략적 시기'이다.

미국에 대한 중국의 인식·판단

중국 지도부에는 ① 미국이 쇠퇴하고 있다. ② 자국의 부상 과정에서 미국과의 충돌은 피할 수 없다. ③ '피할 수 없는 충돌'에 철저하게 대비하자는 공감대가 형성돼 있다.

건곤일척(乾坤一擲) 상대

미국과 중국은 신중국 수립 1년 후 한반도에서 싸웠다. 이후 미국은 30년 동안 자국이 주도하는 세계체제에서 중국을 소외시킨 채 '죽의 장막'에 가두었다. 중국의 40년 경제성장은 중국이 미국의 대소 전략과 테러와의 전쟁에 협력한 대가이기도 했다. 중국이 미국 GDP의 70% 수준으로 굴기한 지금 미국은 중국에게 천하를 걸고 한판 승부를 가려야 할 '건곤일척'의 상대이다.

중국은 처음부터 역사와 문화, 이념이 다른 미국을 신뢰한 적이 없다. 미국도 마찬가지. 중국은 미국 등 서구 세계가 겉으로는 인류 보편의 가치를 추구하는 듯 행동하지만 실제로는 자국 내의 티베트와 신장, 홍콩의 독립운동을 은밀히 지원한다고 우려한다. 중국을 악마화하거나 민족 분열로 치명상을 입게 해 앵글로색슨 민족, '대서양 동맹이 주도하는 국제질서'에 도전하지 못하게 낙오시키려 한다고 본다.

중국이 또다시 서구 제국에 당하지 않으려면 그들과 싸워 이기는 길밖에 없다. 2022년 10월 27일 시진핑은 새로 구성된 제20기 정치국 상무위원회 첫 일정으로 혁명의 성지인 산시성 옌안을 찾았다. 시진핑은 불굴의 '옌안 정신'에 기초한 '자력갱생'과 '고난분투'를 역설했다. 2024년 6월 17일, 다시 혁명의 성지인 예안을 찾아 당중앙군사위 정치회의를 개최한 시진핑은 절체절명의 시기에 군에 대한 당의 절대적 영도를 강조했다.

패권·강권정치를 일삼는 악당

일찍이 중국 개혁·개방의 총 설계자 덩샤오핑은 미국 등 서구의 위선을 이렇게 말했다. "서구인들이 주장하는 인권이나 자유, 민주주의는 강하고 부유한 나라들의 이해를 위해 고안된 것이다. 그들은 자기네들의 힘을 이용해 약한 나라를 괴롭히고, 패권을 추구하며, 힘의 정치를 한다"는 것이었다. 숨은 의도를 갖고 있는 서구를 항상 경계하라는 지침이었다.

2017년 이후 미국은 중국을 자국의 가치·국익에 반하는 방식으로 세계를 재편하려는 무법자로 보고 있다.

중국은 미국이 패권주의적이고 제국주의적인 강권정치, 냉전적 사고로 자국의 내정에 간섭하고 국가 발전권을 침해하는 악당이라고 생각한다. 또 미국은 '민주주의'를 명목으로 소집단을 만들고, 인권을 구실로 타국의 내정에 간섭하며, 다자주의의 깃발을 들고 일방주의를 밀어붙이는 나라로 본다.

미국은 중국에게 독재·민주 이분법으로 매카시즘을 조장하고, 마음에 들지 않으면 제재의 몽둥이를 휘두르면서 국제질서 파괴도 서슴지 않는다. 중국은 미국의 각종 요구와 규제를 결국 사회주의를 포기하라, 주권을 내놓으라는 압력으로 받아들인다. 이 때문에 중국은 45년 동안 개혁·개방을 추진하면서도 '천안문'을 활짝 열어본 적이 없었다.

쇠망의 길에 접어든 미국

절대 권력은 절대 부패하고, 타락해, 절대 몰락한다. 이건 자연의 이치이다. 돌이켜보면 탈냉전 이후 10여 년 동안 극에 달한 미국은 이후 내리막길에서 조심하지 않았다. 오만·탐욕이 지배한 테러와의 10년 전쟁 등에서 출혈이 심해 재기하기 어려운 병자가 되었다.

심각한 기저질환에 걸린 미국이 사실상 파탄상태에서 모든 것이 '엉망진창'이라는 사실은 2025년 1월 20일 재집권한 트럼프의 대통령의 솔직한 취임사에 잘 나타나 있다.

"우리 정부는 신뢰의 위기를 마주하고 있다. 수년간 극단적이고 부패한 기득권이 우리 국민에게서 권력과 부를 뽑아갔다. 우리 사회의 기둥들은 쓰러지고 완전히 황폐해졌다. 지금 우리 정부는 국내에서 간단한 위기조차 관리할 수 없다. 동시에 해외에서는 계속되는 일련의 재앙적인 사건들에 비틀거리고 있다."

중국은 트럼프 2기 행정부를 미국의 국제적 위상이 약화하고 있다는 신호로 보았다.[29] 미국은 현재 구조적인 지병을 제대로 치유하지 못하고 있다. 불평등·양극화로 민주주의가 제대로 작동하지 못한다. 전쟁에서 중국을 때리면 때릴수록 '더 나은 재건'은커녕 중국의 결기를 더해주고 있다. 동맹들과 중국 투자 미국 기업들의 불만도 무시할 수 없다. 세계 각 지역의 옛 친구들이 미국을 떠나 중국 편으로 가는 상황에서 갈수록 내리막이 급해지고 있다.

저물고 있는 미국을 다시 뜨는 해로 만드는 방법은 없다. 미국이 관세폭탄 보호무역, 시장에 대한 국가의 계획과 보조금 지원 강화 등 경제 제도와 정책을 중국식으로 바꾼다고 문제가 해결되지 않는다. 2023년 말 미중 정상회담에서 시진핑은 바이든에게 중국식 민주주의가 미국식 민주주의보다 더 좋다고 자신했다.

"빠르게 변화하는 21세기에서 양당 간의 합의에 도달하기 어려운 미국식 민주주의는 지속가능하지 않다. 중국식 사회주의를 따라갈 수밖에 없을 것"이라고 말했다. 현실을 직시하면 경제적 효율성과 사회적 책임성의 측면에서 중국모델이 미국모델보다 좋다는 말이었다.

---

29 Ryo Sahashi(JETRO), 앞의 글, p.1.

중국의 전쟁 목표·전략

2022년 10월 중국공산당 20차 당대회 '정치보고'에서 시진핑은 3기 체제의 국가대전략을 선보였다. 중국 건국 100년인 2049년 무렵 G1 강국을 달성한다는 로드맵과 2035년까지 이를 실현하기 위한 행동계획을 제시했다. 폐막 기자회견에서 제시한 국가정책의 기본방향은 ① 중국 특색의 '정체성의 정치'를 강화하고, ② 중국식 현대화를 통해 중화민족의 위대한 부흥을 실현하며, ③ 산업과 핵심기술의 자주화를 실현한다는 것이었다.

이를 위한 전략의 대강은 ① 강한 나라를 만들어, ② 미국의 포화를 뚫고, ③ 중국식 현대화와 전쟁에서 부전승(不戰勝)을 거두는 것이다. 당면해서는 미국이 중국을 규제해도 소용없도록 과학기술의 자립자강 능력을 갖는 것이다.

중국의 대응전략 방향

트럼프 2기 행정부의 대 중국 강경책에 대응하는 중국의 대응전략은 새로운 다극화된 국제질서를 강조하며, 미국 중심의 규칙 기반 국제질서의 변화를 강조하고 있다. 이를 위해 일대일로(BRI) 및 AIIB(아시아인프라투자은행)를 통해 경제적 영향력을 강화하고, 브릭스와 글로벌 사우스 등 개발도상국 및 신흥국가와의 협력을 확대하며, 탈

달러 차원에서 브릭스 화폐 구축 등을 통한 새로운 금융질서를 모색하는 중이다.

특히 군사·안보 분야에서는 중러 간의 협력을 토대로 새로운 국제질서 구축을 시도하며, 미국 주도의 인도·태평양 전략 대응 차원에서는 상하이협력기구 등을 확대하고 있다. 이와 함께 민군 및 AI·양자기술 융합 등을 통한 지속적인 첨단무기 개발과 군사력 강화에 주력하고 있다. 미국 주도의 민주주의 국제 연대에 맞서는 중국식 사회주의 현대화를 강조하고, 대안적 담론력을 강화하며, 신형 국제질서도 제시하고 있다.[30]

2025년 '양회' 보고에 나타난 대응전략

2025년 3월 초 중국 양회(전협과 전인대) 보고 등에서 나타난 중국의 대응 전략은 크게 3가지다.

첫째, 미국의 정책을 비판하는 것이다.

왕이 외교부장은 미국의 무역정책을 비판하며, 자의적 관세가 신뢰를 저하시켜 글로벌 공급망의 불안정을 초래한다고 비판했다. 그는 또 "미국의 행동은 선악을 뒤집는 패턴을 반영하고 있다. 이는 무역·

---

30 정재흥, 앞의 글, pp.90-94. 신형국제질서는 국제체제의 기본 특징을 개방과 포용으로 간주하고, 협력공영과 다극화, 동반자관계 구축 등을 새로운 대안으로 제시하고 있다.

기술·외교에서 미중관계를 해치고 긴장을 심화시킨다"고 비판하며, 미국이 국가안보를 명분으로 시행하는 중국 기업에 대한 경제적 강압조치를 규탄하면서 일방적이고 부당한 제재의 종식을 촉구했다.

둘째, 미국의 괴롭힘에 대한 강경 입장이다.

왕이 외교부장은 미국의 '괴롭힘(霸凌: bullying)' 전술을 강력 비판하며, 워싱턴이 글로벌 무역 규범을 저해하고 중국의 내정에 간섭한다고 주장했다. 그는 또 "중국은 기술과 안보 등의 분야에서 외부 간섭이나 자국의 발전을 제한하려는 시도를 용납하지 않을 것이다. 미국이 중국의 주권이나 국가 이익을 위협하는 어떤 조치든 제재나 군사적 도발을 포함한 단호한 대응을 할 것"이라고 경고했다.

셋째, 동시에 미중관계 안정화와 협력을 촉구한다.

왕이 외교부장은 미중 관계에서 상호 존중과 안정의 중요성을 강조하며, 협력이 실행 가능한 유일한 경로라고 말했다. 기후 변화, 글로벌 경제안정, 공공보건 등의 문제에서 미국과 협력할 의지를 재확인하며, 워싱턴에 글로벌 문제를 정치화하지 말 것을 촉구했다.[31]

---

31 성균관대 성균중국연구소(SICS), "2025 양회 분석 특별리포트: 소비와 과학기술을 통한 위기관리와 미래전략", 연구보고서(25-01), 2025.3.10, p.16.

넷째, 글로벌 사우스와의 전략적 파트너쉽 강화다.

왕이 외교부장은 국제기구에서 서방의 패권적 영향을 비판하며, 개발도상국에 더 많은 목소리를 부여하는 보다 균형 잡힌 글로벌 질서를 촉구했다. 그는 중국은 유엔 및 국제금융기구 개혁에서 더 큰 역할을 할 것이라고 약속하며, 글로벌 사우스의 더욱 큰 대표성을 지지한다고 밝혔다. 그는 브릭스와 상하이협력기구가 서방이 지배하는 글로벌 거버넌스 구조의 대안이 될 것이라고 강조했다. 나아가 글로벌 사우스 국가들의 경제 개발과 인프라 지원에 대한 중국의 의지를 강조하고, 150개 이상의 국가가 참여한 일대일로 구상(BRI)의 중요성을 재확인했다.[32]

중국 학계가 제시하는 미국의 대 중국 관세폭탄 대응 방안은 내수 진작, 수출 다변화, 피해국들과 공동 대응, 희토류 등 전략자원 수출 통제와 함께 최후 수단인 위안화 평가절하 검토 등이다.[33]

---

32 성균관대 성균중국연구소(SICS), 위의 보고서, p.18.
33 성균관대 성균중국연구소(SICS), 위의 보고서, p.85.

중국의 3대 전략적 방침

① 당하지 않는 강한 나라

중국은 과거 100년의 치욕과 2018년 이후 미국의 위협적인 공세, 지구촌의 반중정서 등이 자국의 '힘 부족' 때문이라고 본다. 서방의 중국에 대해 편견의 원인을 자국의 민주화나 인권의 문제가 아니라 아직 힘이 부족하기 때문이라는 것이다. 중국은 서방으로부터 응당한 존중을 받고, 자국에 대한 편견을 버리게 하는 첩경은 힘으로 서방을 압도하는 것뿐이라고 생각한다.

이제 미국이 제압할 수 없을 정도로 힘이 커진 중국은 더 이상 자국을 건들지 말라고 경고한다. 2021년 창당 100주년 행사에서 시진핑 총서기는 미국을 겨냥, 중화민족이 당하는 시대는 끝났다고 선언했다. "외부 세력(미국)의 내정 간섭은 어떤 명분을 내세우든 절대 허용할 수 없다"면서, 이제 "선생처럼 기고만장한 설교를 거부한다"고 밝혔다.

전쟁에서도 더 이상 물러서지 않고, 즉각 보복하는 맞짱의 자세로 전환했다. 중국은 미국과 평등하고 상호 이익이 되는 진정성 있는 협상을 원한다. 하지만 미국의 일방적이고 불합리한 압박에는 결코 굴복하지 않는다는 입장이다. 양국 관계에서 미국이 우월적 입장을 취하는 것도 용인하지 않는다. 나아가 어떤 경우에도 미국의 압력에 굴복해 중국의 길을 결코 포기하는 일은 없을 것임을 강조한다.

2025년 3월 초, 왕이 외교부장은 양회 계기 내외신 기자회견에서 미국 트럼프 정부의 "중국에 대한 압박이 계속되면 중국은 단호하게 반격하겠다"고 밝혔다. 중국 정부는 "중국은 미국이 원하는 관세·무역전쟁 등 그 어떤 형태의 전쟁도 끝까지 싸울 준비가 돼있다"고 경고했다.

② '중국식 현대화' 달성

'중국몽', 즉 '중국식 현대화'는 2022년 20차 당대회에서 천명한 향후 수십 년의 국가 청사진이다. 공산당이 중국을 이끌고 단결시켜 성취해야 할 지상목표이다. 시진핑의 '신시대 사상'의 핵심은 중국몽 실현이다. 당을 중심으로 단결, 국내외 도전 과제들을 극복해 건국 100년이 되는 2049년에 미국을 능가하는 초강대국이 되는 것이다.[34]

'전면적인 사회주의 현대화 국가'는 모든 면에서 미국을 뛰어넘는 세계 최강을 의미한다. 이를 위해 중국은 위기를 기회로 바꾸며, 독립적 혁신에 바탕을 둔 자립자강의 길을 가고 있다. 2035년까지 현대화를 실현하고, 금세기 중엽 1949년경에 이를 완성한다는 계획이다.

중국은 2025년부터 경제 발전과 사회 진보의 핵심 역량인 과학기술 혁신에 올인해 왔다. 2024년 말부터 지난 수년간의 첨단 과학기술 투자와 혁신이 일정한 성과를 내기 시작했다. 이를 바탕으로 중

---

34 이희옥·백승욱 편, 『중국공산당 100년의 변천 – 혁명에서 '신시대'로』, 책과함께, 2021 참조.

국은 '신질생산력(新質生産力: 세계 최고)'을 강조하며 AI·양자 과학기술 혁신을 통한 돌파구 마련에 주력하고 있다. 미국 등 서방의 압박과 내부 경제침체에 직면한 중국은 과학기술과 4차산업 혁신 간의 융합을 강화해 새로운 산업과 패러다임으로 새로운 발전의 공간과 신성장 동력을 육성하고자 한다.

③ 미국과의 장기전에서 부전승

중국의 대 미국 전략은 우선 '적극적인 방어'다. 즉 미국의 중국 때리기에 응전하면서 국제사회의 발전에 기여하고, 미국의 동맹·파트너 규합 노력을 약화시키며, 자국에 우호적인 파트너 국가들을 확대해 글로벌 영향력을 강화하는 것이다.

중국은 30년 '대장정'에서 장기적 안목을 갖고, 눈앞의 고통을 감내하며, 자신의 갈 길을 가고 있다. 중국은 미국을 먼저 도발하지 않겠지만, 착실히 국력을 키워, 미국이 자국의 핵심이익에 도전하면 강력 대응한다는 것이다.[35]

2025년 1월 14일, 독일 뮌헨안보회의에 참석한 왕이(王毅) 외교부

---

35 중국의 국가핵심이익은 지속 기간이 항구적인 '영구이익'이자 정치·안보·경제·문화 전 분야 이익을 포괄하고 적용되는 최상위급 '보편이익'이다. 여기에는 국가주권(영토완정, 국가통일, 중국헌법이 확립한 국가정치제도와 사회의 전반적 안정)과 국가안보, 국가발전이익이 포함돼 있다. 중국은 원칙적으로 국가핵심이익을 양보나 타협이 불가능한 마지노선(底線)으로 간주하며 끝까지 수호한다는 입장이다. 중국은 국가핵심이익 수호를 위해 '이유가 있고 근거가 있으며 절제가 있는(有理有据有節)'투쟁을 전개하고, 군사적 투쟁을 정치·경제·외교적 투쟁과 긴밀히 연계해야 함을 강조한다. 이민규, "국가핵심이익: 한중간 '중국몽' 갈등의 본질", 성균차이나브리프 통권 75호, 2025.4.1., pp.142-144.

장은 미중관계 전망을 묻는 사회자 질문에 진융(金庸)의 작품 『의천도룡기』의 20자 시로 말했다.

"상대방이 강하게 나오면 강하게 나오도록 내버려 두어라. 맑은 바람은 저절로 산마루에 스쳐 지나가리니. 상대가 횡포를 부리거든 횡포를 부리도록 내버려 두어라. 밝은 달 저 혼자 강물에 비치리니(他强由他强/淸風拂山岡/他橫由他橫/明月照大江)"

이는 미중 패권전쟁 7년 차 중국의 입장이 "바람이 어느 방향으로 불 건, 태연자약하게 높은 산처럼 흔들리지 않을 것", 즉 이정제동(以靜制動: 고요함으로써 상대방의 움직임을 제어)해야 한다는 것이었다.

중국이 미국의 포화를 뚫고 이루고자 하는 목표는 『손자병법』상의 '부전승'이다. 할 말과 할 일을 하고 갈등을 최소화하며, 충돌을 피하는 것이 상수다. 중국은 시종 패권과 확장을 추구하지 않는다는 입장이다. 중국에 대한 미국의 지나친 두려움·공포를 완화하기 위한 방편이다. 중국의 최종 목표는 크게 싸우지 않고 '중국식 현대화'를 달성하는 것이다.

대외: 우방·협력국 확대

이상의 대 미국 전략과 함께 중국에는 자국에 유리한 국제환경, 우군을 확보하는 일이 중요하다. 어떤 강대국도 전 세계를 지배할 수는 없다. 모든 나라와 다 우호적인 관계를 유지할 수도 없다. 패권전쟁의 핵심은 누가 양질의 우방국을 더 많이 확보하느냐는 것이다.[36]

중국은 대외정책 방침은 우선 유엔과 브릭스, 상하이협력기구(SCO) 등 중요한 국제·지역 조직과 소통을 강화하는 것이다. 신흥시장국 및 개발도상국과 협력해 국제질서와 글로벌 거버넌스가 더 공정하고 합리적인 방향으로 발전하도록 하는 것이다. 중국은 국제사회에서 자국의 고립을 최소화하고 우군 확보를 위한 노력을 배가하고 있다. 러시아와 협력을 강화하고, 유럽이 자국 견제에 적극 개입하지 않도록 중화시키며, 아시아를 근거지로 삼아 성장을 지속하면서 미국에 대응하는 것이다.

동맹이 없는 중국에 다자주의적 협력은 중요하다. 중국은 브릭스와 SCO 등 자국이 주도하는 협의체의 세력 확장으로 미국의 나토 확장과 IPEF 등을 통한 대 중국 포위망에 맞서고자 한다. 변화의 바람이 불고 있는 중동과 중남미, 아프리카 국가들과의 협력도 강화

---

36 조지프 S. 나이 지음·이기동 옮김, 『미국의 세기는 끝났는가』, 프리뷰, 2015, p.104.

하고 있다.

개도국들과는 '중국방안'과 민생과 직결되는 '작지만 아름다운 일대일로' 정책 등으로 자국의 경험과 지혜를 나누고 있다. 자국의 경제·사회 활력을 한층 더 발산하며 자국과 협력을 원하는 나라들과 함께하고자 한다. 발전을 명분으로 세력을 규합하고, 자국의 목소리와 영향력을 확대해 미국 중심의 대 중국 포위망에 대항한다.

장점인 차이나 머니와 디지털 기술 이익도 최대한 활용한다. 중국은 개도국들에게 "경제가 엉망인 미국이 네게 뭘 줄 수 있느냐? 중국은 발전의 기회를 준다. 우리는 운명을 같이할 것"이라고 설득한다. 중국은 덕이 있으면 떠들지 않아도 길이 열린다고 생각한다.

지금 미국의 '규칙 기반 국제질서'는 그 힘과 정당성을 의심받고 있다. 중국과 러시아는 브릭스를 앞세워 미국의 패권 질서에 반기를 들고 있다. 세계는 국익을 쫓아 각자도생하며 헤쳐 모이고 있다. 미국에서 중국으로의 세력전이도 그 형태와 폭, 시기에 대한 의견이 다를 뿐이다.

대내: 체제 정비, 경쟁력 강화

여전히 세계 최강인 미국과 전쟁 중인 중국에 국가안보는 민족 중흥의 근간이다. 사회안정은 국력의 전제조건이다. 미국과의 전쟁에서 승부는 누가 내실을 더 단단하게 다지느냐, 누가 흔들리지 않고 전열을 유지·강화하느냐에 달려있다.

중국은 미국과의 전쟁에서 승리하고, 사회주의 현대화 강국을 건설하기 위해 2개 과제에 집중하고 있다. ① 내재적 역량을 고도화하고, ② 대체할 수 없는 과학기술 역량을 확보하는 것이 그것이다. 이는 국가안전을 보장하는 중대한 요소다.

국가체제 재정비·강화

2023년 시작한 시진핑 집권 3기의 중국은 권력 집중을 통해 더 일사불란한 정책 결정·집행이 가능해졌다. 중국은 '중국몽'을 실현함에 있어 공산당의 굳건한 영도를 견지하고, 역사를 거울로 삼아, 미래를 개창한다는 방침이다. 내부 체제의 재정비·강화를 위한 기초 작업은 이미 끝났다.

통일 영도체제를 수립했다.

시 주석은 지난 2017년 2번째 임기를 시작할 때부터 자신을 핵심으로 하는 당 중앙 '집중통일영도' 체제를 구축해 왔다. 첫해에는 후계자를 지목하는 이른바 '격대지정'을 하지 않았다. 2018년에는 헌법

개정을 통해 국가주석 연임 제한 규정을 삭제하고, 2022년 20차 당대회에서는 시진핑 총서기의 3연임을 확정했다. 미국과의 패권전쟁에서 승리하려면 강력하고 지속적인 리더십이 필요하기 때문이란다.

사실 마오쩌둥은 25년(1949~1976), 덩샤오핑은 30년(1981~2012) 동안 통치했다. 중화제국 역사에서 황제의 재위 기간이 길수록 제국은 위세를 떨치고 태평성세를 구가한 경우가 많았다.[37] 중국은 미국의 '중국 때리기'를 역이용해 중국 인민들의 애국심을 자극, 내부 결집과 통합을 도모하며 시진핑 중심의 통일된 영도체계를 확립할 수 있었다.

신형 거국체제를 구축했다.

2023년 3월, 시진핑 집권 3기 체제가 출범한 양회(전인대·정협 회의)에서는 '당·국가기구 개혁 방안'을 결정했다. 미국의 견제에 정면으로 승부하고, 국내의 '발전 속 안정'을 기하기 위해 '신형거국체제'를 구축한 것이다. 요지는 국가안보의 핵심인 과학기술·금융 분야 국가기구의 직능을 당 직속체제로 조정한 것이었다.

먼저, 국무원 산하 금융 조직을 해체해 당 중앙금융위원회로 이관

---

[37] 진시황은 37년, 한 무제는 54년, 당태종은 24년이었다. 청나라 강희제와 건륭제 재위 기간은 각각 61년, 60년으로 두 황제가 120년 동안 통치하면서 강건성세(康乾盛世)를 열었다. 소준섭, 『제국의 부활 – 수퍼파워 중국과 21세기 패권』, 한울아카데미, 2012, p.57. 한반도의 경우도 고구려 장수왕이 79년을 통치하며 전성시대를 구가했다. 조선시대의 경우 영조는 52년, 세종은 33년, 정조는 24년을 통치했다.

하고, 과학기술 자립을 촉진하기 위해 중앙기술위원회를 신설했다. 중국의 부상을 억제하기 위해 미국이 집중하고 있는 기술·금융 분야에 대한 당의 통제를 강화하는 조치였다. 통합된 국가전략 체계와 능력을 제고하기 위한 일체화의 일환이었다. 특히 과학기술 자립자강 과정에서 기술적 난관을 돌파하기 위해 정부가 조직적 역량을 총동원, 기업들이 혁신 주체로 거듭나도록 한 것이다.

국가 안전능력을 강화했다.

미중 패권전쟁이 악화되면서 새로 출범한 시진핑 제3기 정부는 국가안전 문제를 보다 깊이 검토했다. 경제를 안보적 관점에서 들여다보기 시작했다. 다소 여유가 생긴 에너지보다 식량을 국가안전 차원에서 인식·접근하고, 사회안정을 국가안보 차원에서 관리해 나가고 있다. 미국의 공격에 버틸 수 있도록 특히 무역·화폐금융 분야에서 미국 의존도를 낮추고 있다. 동시에 홍색 공급망과 국내시장을 키워가고 있다. 무엇보다 미국이 중국을 규제할 수 없도록 과학기술 자립자강 능력을 확보하는 일은 사활이 걸린 생존의 문제다.

국가의 경쟁력 제고

중국 굴기의 동력은 디지털 시대를 주도할 첨단 과학기술 역량이다. 미국의 대 중국 견제가 반도체 등 핵심기술 영역에서 일정한 효과를 거두고 있는 악조건에서 핵심은 과학기술 자립자강이다. 30년 대장정의 지구전·진지전에서 미국과 맞짱을 뜨기 위해서는 내수를 키우고, 자립적인 공급망도 완성해야 한다. 미국이 만든 기술과 플랫폼, 규칙의 규제를 받지 않아도 살 수 있도록 '중국 고유의 것들'을 만들어야 한다.

이를 위해 중국은 최근 경제발전 이념을 기존의 '안정 속 발전'에서 '안정 속에서 발전하되, 발전으로 안정을 촉진한다(以進促穩)'는 방침으로 전환했다. 위기관리 차원에서 '신형거국체제'를 가동하고, 민간부문에서 개발한 신기술과 군부의 연구를 결합하는 '군민 융합' 등 기술 자립을 위해 국가역량을 총동원하고 있다.

시진핑의 중국은 2000년의 자국 역사에서 가장 강력한 나라로 성장했다. '중국몽'과 '중국식 현대화'는 국가 차원뿐만 아니라 시진핑 자신에게도 기필코 달성해야 할 꿈이다. 꿈이 실현되는 순간 시진핑은 신중국 거인들인 마오쩌둥과 덩샤오핑을 넘을 수 있다.

만약 미국의 견제를 뚫고 2049년 세계 최강의 G1이 된다면 시진핑은 역사상 제1 성군으로 평가받는 당 태종도 넘어설 수 있다. 현대의 G1은 당 태종이 이룬 중화세계의 태평성대인 '정관의 치'와 비교할 수 없는 전 세계적 차원의 강대국이기 때문이다. 점점 절대 권력이 되고 있는 혁명 1세대 시중쉰의 아들 시진핑의 원대한 포부와 꿈은 과연 이루어질 수 있을까?

제4부

분야별 미중 패권전쟁 현황

01

경제·무역 전쟁

19세기, 중국의 운명을 결정한 전쟁은 영국과의 아편전쟁이었다.

21세기, 미국은 관세폭탄을 시발로 중국과 패권전쟁 중이다. 아편전쟁 시 영국은 패권국이었다. 중국 청나라는 쇠망하고 있었다. 미중 패권전쟁은 미국이 쇠락하고, 중국이 굴기하면서 시작되었다.

역사상 국가 간의 무역전쟁에서 승자는 없었다. 21세기는 각 국의 생산·소비 활동이 글로벌 가치사슬로 촘촘히 연결돼 둘만의 전쟁이 될 수도 없다. 양국 간의 경제·기술 전쟁이 추구하는 탈동조화와 탈세계화는 모든 산업, 모든 나라에 중대한 영향을 미치고 있다. 70년 자유주의와 시장경제에 반하는 역사의 반동이다.

미국의 공격

2018년 7월, 미국은 중국산 800개 품목에 25% 관세 폭탄을 터뜨렸다. 자국의 무역적자와 중국의 불공정 무역의 변화를 겨냥한 것이었다. 무지가 지배했다기보다 그럴 수밖에 없는 한국적 상황이 있었다. 국내 절대 다수의 전문가들은 중국의 조기 굴복을 예상했다. 중국이 미국에 가장 많이 수출하고, 가장 많은 흑자를 내는 무역구조였기 때문이기도 했다. 오판이었다.

2021년 1월, 무역전쟁 1단계 합의는 사실상 미국의 패배를 의미했다. 문제 해결의 답은 중국에 있지 않았다. 약 1년 반 동안 미국의 중국 상품 수입은 줄었다. 미국의 생산력과 일자리는 늘어나지 않았다. 탈 중국을 외쳤지만 양국 교역량과 중국의 무역흑자는 사상 최대였다. 중국이 웃었다.

높은 관세는 미중 양국의 기업·소비자에게 큰 부담·손실이었다. 특히 미국 기업의 부담이 컸다. 수입품 가격 상승으로 가계의 가처분 소득이 감소했다. 코로나19 사태가 겹치자 미국은 40년 만의 최악의 인플레이션과 공급난을 겪었다. 중국 국경 봉쇄 상황에서 미국에는 중국산 제품을 대체할 생산기지가 없었기 때문이다.

미국의 무역전쟁과 탈동조화는 그동안 중국 성장의 국제환경이었던 세계화의 후퇴이고 역전이었다. 그럼에도 중국은 미국의 압박에 굴복하지 않았다. 소극적인 대처보다 대 미국 경쟁력 우위를 확보하는 적극적인 전략을 채택했다. 중국은 오래전부터 미국의 공세에 대비해 왔다. 무역구조를 다변화했다.[38] 자체의 홍색공급망 구축을 서둘렀다. '중국제조 2025', 글로벌 공급망 확장을 위한 '일대일로', 대내외 경제 선순환을 위한 '쌍순환' 전략 등이 그것이다.

미국의 총공세는 오히려 중국의 맷집을 키우고, 자립자강 의지·역량을 배가해 주었다. 중국은 내수 확대와 독자적 공급망 확립, 기술경쟁력 제고 노력을 배가했다. 무역전쟁 결과는 미국의 부진·침체와 중국의 선전·성장 추세를 재확인해 주었다. 미국 혼자서는 중국을 당해낼 수 없다는 사실도 확인했다. 미국은 2021년 말부터 모든 것을 '동맹들과 함께'하고 있다.

무역전쟁과 함께 시작한 미국의 중국 화웨이 공격에는 첨단 선도 기술 경쟁이 깔려있었다. 무역전쟁은 미국의 중국 죽이기였다. 적대감의 발로인 신냉전의 전초전이었다. 그 본질은 체제·이념전쟁, 문명충돌과 연계된 패권전쟁이었다. 무역전쟁은 곧바로 미중 간의 기술패권·체제이념·화폐금융 전쟁으로 비화돼 갔다.

---

38 2024년 말 현재 중국의 대미 수출은 전체 수출에서 17%를 차지하고, 대미 의존도도 12%에 불과하다. 무역 대상국을 세계 최대 자유무역협정인 RECP(환태평양포괄적경제동반자협정)와 아세안, 유럽, 중남미 등으로 다변화해 미국의 공격에도 버틸 수 있게 되었다.

트럼프가 집권 1기에 고율 관세 부과로 불붙인 대 중국 압박·고사 작전은 바이든 정부로 계승됐다. 2기 트럼프 정부에는 미국의 역대 어느 정권 때보다 순도 높은 반중(反中) 강경파들이 포진해 있다. 더 전면적이고 강압적인 대 중국 공세를 펼치고 있다.

미국은 대 중국 관세부과 조치를 실행에 옮겼다. 트럼프가 대 중국 압박용으로 관세를 내세운 것은 첫째, 미국의 무역적자 해소와 중국의 불공정 무역 관행에 대한 압박을 통해 미국 경제를 보호하려는 의도가 있다. 둘째, 트럼프는 관세 부과를 이용해 중국과의 더 큰 협상에서 자신이 원하는 바를 얻어내는 수단으로 활용하고자 한다. 셋째, 트럼프는 자신의 정치적 목적을 달성하기 위해 중국에 관세 부과를 강행했다.[39] 미국이 의도적으로 전 세계에 '충격과 공포'를 조성한 뒤 중국을 고립시켜 미국에 유리한 방향으로 세계 무역·경제 질서와 구조를 바꾸려 한다는 의견도 있다.

중국을 향한 관세폭탄

트럼프 2기의 미국은 관세장벽을 높이며 각국에 압박을 가하고 있다. 이웃 나라, 우방국, 동맹국, 자유무역협정(FTA) 체결국 등을 가리지 않고 있다. 중국이 그 리스트의 최상단에 있다. 트럼프에게는 미국의 국익 우선만 있지 세계 경제학의 원리나 상식은 없다.

---

39 박병광, "미·중 관세전쟁의 함의와 전망", INSS 이슈브리프 656호, 2025.2.12.

트럼프 정부의 관세전쟁은 국가 쇠락 과정에서 불안하고 불확실한 나라가 세계와 싸우는 전쟁이다. 관세를 높여 자국 경제를 재건하려는 것이다. 본질적으로는 공동화한 제조업의 활성화를 통해 다시 세계의 공급망을 장악하기 위한 것이다. 관세를 경상수지 적자(국채 부담)를 완화하는 수단으로 삼고자 한다.

트럼프 관세 정책의 최종 목표는 중국이다. 첨단기술 혁신이 중국보다 더딘 실정에서 중국의 급속한 제조업 선진화에 대한 미국의 고육지책이다. 트럼프 대통령은 무역전쟁을 개시한 날, "교역 상대국들이 미국을 갈취했다. 오늘은 미국 해방의 날"이라고 환호했다.

미국은 2025년 4월 10일, 중국의 펜타닐 단속 미흡, 중국의 보복관세 등을 이유로 중국산 제품에 대한 상호관세율을 34%에서 84% 올린 뒤 다시 125%로 올려 총 145%를 부과했다. 트럼프는 중국 협상하고 싶다는 의사를 밝혔다.

트럼프 정부의 관세폭탄으로 국내외 혼란이 가중되자 아래와 같이 저명인사들의 강도 높은 비판과 우려가 봇물을 이뤘다.

- 워런 버핏: 관세는 전쟁행위다. 시간이 가면 상품에 매기는 세금이 된다. 징벌적 관세는 인플레이션을 야기, 소비자에게 피해를 줄 것이다.
- 엘론 머스크: 관세는 2025년 하반기 미국의 경기침체를 초래할 수

있는 매우 어리석은 조치다.
- 폴 크루그먼, 마틴 울프: 관세정책이 미국의 신뢰성과 예측 가능성을 훼손해 국제무역질서를 위협하고, 미국의 글로벌 리더십 신뢰도 약화시킨다.
- 조 브루수엘라스: 관세정책이 미국 가계에 연간 약 1500달러의 추가 세금 부담을 주고, 시장의 신뢰를 떨어뜨려 금융시장 혼란을 초래할 수 있다.[40]

트럼프의 관세폭탄은 부메랑이 돼 미국이 가장 피해를 보는 나라가 되었다. 무지한 트럼프의 전략도 없는 주먹구구식 정책 남발은 세계는 물론 미국의 신뢰와 달러 패권, 국민들을 흔들고 있다. 정치로 만든 관세는 경제에 흉터만 남긴다. 관세가 가격을 올리자 소비는 얼어붙었다. 기업은 예측을 포기했고, 시장은 흔들린다. 보호무역은 미국을 살리지 않고 거꾸로 움직인다.

중국 대응·보복

중국은 시종 미국을 향해 절대로 물러서지 않겠다는 뜻을 유지하

---

40 https://chatgpt.com/c/68438f27-4860-8009-9192-22aafdf0d7f9 (검색일 2025.6.7.)

고 강성 대응에 나섰다.[41] 미국과 헤어질 결심으로 협상 대신 벼랑 끝 대결을 택했다. 보복관세로 미국에 총 125% 관세를 부과하고, 대미 희토류 수출도 통제했다.[42] 미 군수기업 16곳 및 수수·가금육 기업 6곳도 제재하는 등 전방위 무역보복을 단행했다.

중국은 미국을 향해 말폭탄도 퍼부었다.

- 미국의 관세폭탄은 다자 무역체제와 기존 질서를 무시하는 것이다.
- 제멋대로 행동하지 말라. 국제사회가 내버려둘 수 없다.
- 패권과의 타협은 없다. 역사의 수레바퀴가 후퇴해서는 안 된다.
- 세계 각국의 패배를 강요하는 야만인들은 전화를 기다리지 말라.
- 미국의 행동은 미국을 21세기의 야만인들로 만들 것이다.
- 미국의 전형적 일방주의이자 보호주의, 경제적 괴롭힘에 중국은 끝까지 맞설 것이다. 우리는 투쟁을 통해 협력을 추구하면 살고, 타협을 통해 협력을 구하면 망한다는 것을 잘 알고 있다.

중국은 보복관세 외에 맞춤형 농산물 수입 통제와 미국 여행·유학 자제령을 내렸다. 할리우드 영화 수입 축소, 1700억 달러 보잉기

---

41 미국 전략국제연구센터(CSIS), "트럼프 2기 시대의 미중 관계: 협상 가능성과 구조적 갈등", 인천연구원 『최신중국동향』, 2025.3.26.
42 희토류는 스마트폰과 전기차 등 첨단 기술 분야와 친환경 산업의 필수 광물 원자재다. 중국은 2024년 말 전 세계에서 희토류 생산의 약 60%를 점유하고 있으며, 가공 분야에서는 90%에 달하는 점유율을 보이고 있다.

인도 무기한 연기 방침을 발표했다. 민간 차원의 반미(反美) 움직임도 전개되었다. 미국을 꼼짝 못 하게 한 중국의 조치(=한방)는 미국의 자동차, 전투기 등 각종 무기 생산에 필수적인 회토류 광물 7종과 이를 활용한 영구자석의 대미 수출 제한한 것이었다.

중국은 미국의 부당하고 과도한 관세부과에 대해 아래와 같은 내용으로 EU와 아세안 등 우방 확보를 위한 여론전에 주력하고 있다.

- 중국의 태도는 일관되고 명확하다. 싸운다면 끝까지 맞서 싸우되 대화의 문은 열려있다. 대화와 협상은 평등과 존중, 호혜를 바탕으로 해야 한다.
- 과도한 관세 부과는 기본 경제·시장 법칙에 위배되고, 국제 경제·무역 질서를 훼손하며, 기업의 정상적 생산·경영과 국민생활 소비를 방해한다.
- 일방적 괴롭힘과 강압적인 미국 방식은 중국의 정당하고 합법적인 권익을 훼손하는 것으로, 이는 미국은 물론 글로벌 경제발전과 산업공급망 안전을 위협한다.

2차 경제·무역전쟁 승자는?

트럼프의 무분별한 관세전쟁은 세계와 미국의 무역 구조에 대한 본질적인 무지를 바탕으로 한 전략 없는 정책과 전쟁이다. 세계경제의 대침체와 세계의 대혼란을 획책하는 것이 아니라면 설명이 안 된다. 관세전쟁은 승자가 없다.

과도한 대중 추가관세는 가뜩이나 불안한 미국 내 물가를 더 불안하게 만든다. 무역 다변화 등으로 대응하고 있는 중국경제보다 미국 경제에 더 부정적일 수밖에 없다. 대중 기술 봉쇄도 딥시크 충격 등으로 그 효과에 대한 의구심이 증가했다. 중국의 강력한 반발과 보복에 따른 리스크까지 고려하면 선택지는 더 줄어든다.

중국으로서는 예상된 일로 1차 전쟁에서 키운 맷집에 자신감도 있다. 특히 첨단산업에서 미국이 뒤지지 않으니 아쉬울 것도, 협상할 필요도 없다. 중국은 미국과 대등한 G2로 자리매김하려 하며, 이번 전쟁을 그 과정의 시련으로 여긴다. 관세전쟁은 트럼프 대통령보다 시진핑 주석에게 더 유리하다. 전쟁의 승자는 중국이 될 것이다.

그 이유를 정리하자면,

첫째, 시장에서는 트럼프 행정부의 관세가 미국 기업과 소비자의 비용 부담을 키워 사실상 세금 부과나 다름없다는 게 중론이다. 중국 기업들도 수출길이 막혀 피해를 입게 되지만, 미국 주식 시장이 중국보다 먼저 반응한다. 주식이 계속 떨어지면 트럼프는 협상력을 잃게 된다. 트럼프가 시장 반응에 민감하다는 점을 중국은 지렛대로 활용할 것이다.

둘째, 세계 최고 안전자산으로 꼽히는 미국 국채는 일반적으로 주식 시장이 급락할 때 피난처 역할을 하며 매수가 몰려 가격이 오르고, 금리는 내리는 게 일반적이다. 그런데 이제 투자자들은 중국이나 다른 국가들이 미국 국채를 대량 매도해 미국 금리를 인위적으로 상승시키고 신용 경색을 유발할 가능성까지 염두에 두고 있다. 신용 경색은 단순한 주가 하락보다 훨씬 심각한 사태로, 기업의 운전자금 흐름 자체를 끊어버릴 수 있다. 미국의 막대한 부채 규모와 트럼프 행정부의 감세와 재정적자 확대는 미국 금융 시스템의 약점이다. 트럼프의 관세 발표로 국채 가격이 흔들리자 이자율이 오르고, 국채 금리가 급등해 시장의 연쇄적 반응·반발로 위기감이 번지자 트럼프는 '상호관세' 유예를 전격 선언한 적이 있다. 시장의 신뢰가 급격히 추락하자 국채와 달러가 동시에 하락해 달러 패권까지 흔든 것이다.

셋째, 많은 전문가들은 트럼프의 관세는 "미국의 경제와 리더십,

브랜드 파워를 해치는 자충수로 최종적으로는 실패할 것"이라고 말한다. 트럼프의 관세 정책이 시장의 강한 반발을 불러온 이유는 이게 미국 경제무역 구조에 대한 본질적인 무지를 바탕으로 한 정책이기 때문이다. 우선 서비스 부문에 비해 제조업 경쟁력이 아주 낮은 미국의 현실을 무시한 채, 관세를 올린다고 제조업이 살아나고 일자리가 급증할 것이라는 발상은 환상이다. 중국, 독일, 한국과 경쟁하려면 제조업 생산성을 높여야지 가격 장벽으로 해결될 문제가 아니다. 미국은 제조업 활성화의 기본 조건인 인력과 투입 비용이 여전히 세계 최고다. 제조업 공동화 상태인 미국은 대체국가가 없다. 2030년까지도 중국 물건을 쓰지 않을 수 없다.

더 심각한 것은 트럼프가 "관세는 외국이 낸다"고 주장하는데 현실은 정반대다. 관세는 미국의 수입업체가 부담하고, 그 부담은 고스란히 미국 소비자에게 전가된다. 또 트럼프는 미국 무역 구조의 이 정교한 균형을 무시한 채 상품수지 적자만 줄이겠다며 관세 정책을 밀어붙였다. 그 결과는 금융시장이 즉각적으로 반응했다. 글로벌 투자자들의 신뢰가 흔들리면서 미국 국채 시장은 요동쳤고, 달러화 가치는 급락했다.

무엇보다, 중요한 것은 전쟁 중인 당사국 최고지도자의 능력과 이에 대한 국민들의 신뢰다. 미국은 톱다운 방식으로 트럼프가 모든 것을 결정한다. 중국의 역사에서 제1 성군인 당태종은 이런 방식의 정책은 실패할 위험이 100%라고 믿고, 사사건건 양신인 위징의 충언을 구했다. 트럼프는 동맹국들과 협상을 한 후 중국과의 전쟁에 집중하며 정상들 간의 일괄타격식 톱다운 협상을 선호하나 시진핑은 느긋하다. 현란한 트럼프의 전략에 시진핑은 맞춤형 비례대응 보복으로 미국을 아프게 했다. 즉각적이고 전면적인 반격과 희토류와 군수기업, 미국 국채 등을 정조준한 보복공격은 미국을 당황케 했다. 2025년 6월 현재, 승부는 벌써 트럼프의 판정패라고 볼 수 있다. 중국은 트럼프 1기 정부 때의 경험을 토대로 2기에 대비한 만반의 준비를 했다. 중국은 단련되고 준비돼 있으나 미국은 의문이다. 트럼프 대통령 임기 4년은 전쟁 승부를 걸기에 너무 짧은 시간이다. 미국 우월주의와 예외주의에 젖은 강경 보수 충성파들로 구성된 지도부에 선거 자금을 지원한 많은 백만장자들은 더 심화되고 있는 기업국가에서 탐욕을 드러내고 있다. 아버지 트럼프가 '매수할 타임'을 외친 후 그의 장남 소유 트럼프미디어의 주가는 전 거래일 대비 21.67% 급등해 6천억 달러를 벌었다. 자국민들은 물론 지구촌 사람들의 신뢰를 잃고, 분노케하면서 미국이 다시 위대해질 수는 없을 것이다.

02

첨단 과학기술 전쟁

역사를 돌이켜보면 과학기술의 발전은 강대국의 부상과 군사 및 전쟁 양식을 변화시켰다. 과학기술은 국제정치 구조의 변화를 추동하고, 강대국 간의 경쟁과 전쟁은 과학기술 발전을 촉진하기도 했다. 21세기 초, 역사의 변곡점에서 첨단기술 혁신은 그 어느 때보다 활발하다. 첨단기술 혁신과 산업구조 변화는 세계경제 구조를 재편하고, 강대국의 군사력을 결정한다. 미국과 중국 등 강대국들은 첨단기술 혁신이 자국의 안보에 미치는 영향을 중시해 사활을 건 기술혁신 전쟁이 벌어지고 있다.[43]

21세기는 4차 산업혁명 시대다. 국가의 생존·번영은 첨단 과학기술에 달렸다. 첨단기술은 경제발전과 군비경쟁의 요체다. 선도 기술을

---

43 자오밍하오, "지정학적 기술 경쟁과 미중 경쟁", Sungkyun China Brief 통권-74호, 2024.12.27., p.108.

지배하는 자가 세계를 지배한다. 기술 문제는 안보·경제·인권 등의 도전 과제들과 맞물리면서 미중 패권전쟁의 핵심이 되고 있다. 미국은 1945년부터 핵무기를 개발·사용하면서 패권을 장악했다. 미중 간의 반도체 개발 경쟁은 냉전 시대 핵 개발 경쟁보다 더 치열하다.

오늘날 빅데이터와 인공지능, 반도체는 4차 산업의 석유이고, 전력이며, 쌀이다. 특히 반도체는 '산업·무기의 쌀'을 넘어 인류의 삶을 지배하는 중요한 요소다. 내연자동차 제조 비용의 절반은 전자장비가 차지한다. 전기차는 약 70%. 인공위성·드론·미사일 같은 첨단무기의 성능은 두뇌 역할을 하는 반도체가 결정한다.

중국의 반도체와 우주항공, 양자컴퓨터와 인공지능 기술은 미국을 바짝 추격·추월하고 있다. 이 때문에 미국은 자국 고유의 이념인 자유시장경제 원칙을 수정하면서까지 반도체 전쟁에 임하고 있다. 보호무역과 국가의 기업 보조금 지원, 신워싱턴컨센서스 등이 그것이다. 미국의 전방위적 공격에 중국도 사활을 걸고 자립자강의 길로 가고 있다.

미국의 공격

미국은 경제무역 전쟁을 통해 중국의 공급망을 허물 수 없었다.

미국이 중국의 굴기를 저지할 수 있는 효과적인 수단은 원천기술을 가지고 있는 과학기술이었다. 미국은 곧바로 첨단 과학기술 통제를 국가안보 전략의 핵심 과제로 설정했다. 첨단기술이 경제를 재편하고, 군대를 전환하며, 세계를 개조할 것이기 때문이다. 2017년에 미국은 자국 GDP의 65%에 근접한 중국이 이미 첨단 신기술에서도 미국을 추월할 힘과 능력, 야심을 갖고 있다고 판단했다. 그대로 두면 안 될 일이었다. 2018년 미국은 대 중국 무역전쟁 선포와 함께 중국 기술 굴기의 상징인 화웨이 공격에 나섰다. 이후 미중 패권전쟁은 점차 첨단 과학기술 전쟁 중심으로 전개되었다.

대 중국 목표·전략

바이든 정부 시절 미국은 내내 엄격한 수출 통제, 2차 제재, 투자 심사 등의 수단을 활용해 중국에 대한 '기술 냉전'을 가속화했다. '좁은 마당, 높은 울타리(small yard, high fence)'와 '디리스킹(de-risking)'과 같은 정책 개념이 나왔다. 첨단반도체, 인공지능, 양자컴퓨팅, 바이오 기술 등의 분야는 미중 기술 경쟁의 주요 전장이었다.

미국의 최우선 전략 목표는 국가안보다. 기술이 군사력을 이끄는 시대, 중국의 군사적 위협을 제어하기 위해서는 과학기술 발전을 저지해야 한다. 미국은 국가안보를 국내 반도체 산업의 경제적 피해보다 우선시했다. 안보와 패권을 위협하는 중국 반도체 산업 발전을 저지하는 일이 급선무다.

미국은 2021년부터 「미국혁신경쟁법」 등을 제정했다. ① 과학기술 투자 확대, ② 자국 중심의 글로벌 공급망 구축, ③ 동맹국과의 연대 강화를 통해 중국을 견제해 왔다. 미국의 전략 목표는 중국 반도체 산업의 싹을 잘라 군사적 위협을 최소화하고, 자국 내 공급망을 구축해, 잃어버린 반도체 패권을 되찾는 것이다.[44]

각종 대 중국 규제

바이든 정부는 "중국이 기술력을 통해 미국 국가 안보에 점점 더 큰 위협을 가하고 있다. 전례 없는 기술 변화와 경쟁의 시대에서 미국은 반드시 글로벌 혁신의 최전선에 서야 한다"는 입장을 유지했다. 미국의 전략은 단순히 기술적 우위를 유지하는 것으로는 부족하며, 중국과의 기술 격차를 최대한 확대하는 것이었다.

중국의 반도체 생산·제조·연구개발 역량을 억제하기 위한 미국의 조치는 전방위적이었다. 촘촘하게 중국의 치부를 찌르는 것들이었다. 중국의 첨단기술 굴기를 저지해야 하는 미국은 바이든 대통령 재임 마지막 주간(2025.2.13.~2.20.)에도 AI용 반도체칩 및 AI 모델(1.13.), 대 중국 파운드리(1.14.), 생명공학 장비(1.14.) 등에 대한 강력

---

44 미국의 반도체 산업은 과거 매출 기준 세계 반도체 시장의 47%를 점유했다.

한 수출통제 조치를 쏟아냈다. 140개 중국 기업에 대해 AI 관련 첨단 메모리(HBM) 칩과 반도체 제조·장비에 대한 포괄적인 규제에 더해 미국 부품이 포함된 모든 제품의 대 중국 수출도 통제했다.

미국의 대 중국 제재의 특징은 미국이 중국에 대한 절대적 우위(초격차)를 추구하는 것이다. 규범적 차원에서 접근하고, 경제 이익보다 국가안보를 우선시한다는 점도 특이하다. 미국의 규제는 중국의 군사력 강화에 사용되는 기술인 첨단반도체·양자컴퓨터·인공지능(AI) 분야에서 전투력을 집중하고 있다.

중국으로부터 오는 더 복잡해지고 강력한 위험해 직면한 트럼프 2기 정부의 대 중국 수출통제는 더욱 강화될 수밖에 없다.[45]

도널드 트럼프 대통령이 2025년 1월 20일 미국 제47대 대통령으로 취임해 2기 정부를 출범한 지 불과 사흘 만에 백악관 기자회견에서 발표한 스타게이트(Stargate) 프로젝트는 첨단기술의 핵심인 미국의 AI 주도 전략과 구도 재편의 신호탄이었다. 약 5000억 달러 규모의 민관 합동 투자가 예상되는 이 프로젝트의 핵심은 AI와 AI 공급망 및 주도권을 미국이 계속해서 장악하겠다는 전략이다.

미국은 산업 혁신의 주도권을 지키면서, 중국을 견제하기 위한 수단으로 AI를 활용하려 한다. AI의 안보적 가치의 확장을 고려하면 AI가 앞으로 미국의 국가 안보 가치에서 가장 중요한 영역이 될 것

---

45 무역안보관리원, "2025년 무역안보 아웃룩(Outlook)", 「무역안보」Brief, 2025 Vol.1, 2025.1.28.

임을 알 수 있다.[46] 인공지능이 갖는 안보적 가치는 미국뿐만 아니라 미국의 동맹국들로까지 확장된다. 미국은 2025년 1월부터 자국산 GPU 수출 대상국을 세 등급으로 구분하는 수출 통제 정책을 시행하기 시작했다.

미국이 구축하고 있는 인공지능 기반의 안보 가치 재정립은 좁은 영역에서만 진행되는 것이 아니다. 그 영역은 인공지능의 전후방 산업의 밸류체인으로 확장되어 연계됨을 주목해야 한다. 기술 안보 관점에서 인공지능이 갖는 후방 산업으로의 영향력은 더욱 다양한 산업으로 확산된다. 2025년 초에 개최된 CES에서 엔비디아 CEO 젠슨 황은 인공지능이 소프트웨어를 넘어 물리적 세계로 더 많이 확산될 것이라는 뜻에서 물리적 인공지능(Physical AI) 개념을 제시했다.[47] 새로운 21세기의 AI 시대를 미국이 열어간다는 것이다.

중국의 대응

중국이 인식하는 '세기의 대변화'에는 21세기 초가 기술 전환의 시대라는 의미도 있다. 신기술이 부상해 새로운 성장동력을 창출하며

---

46 권석준, "미중 인공지능-반도체 기정학 경쟁의 함의", 성균차이나브리프 통권 75호, 2025.4.1., p.98.
47 권석준, 위의 글, p.100.

국제질서가 변하고 있다는 것이다. 미중 패권전쟁은 선도기술을 주도하기 위한 기술혁신 경쟁이 핵심이다. 이 상황에서 중국에 기술 혁신은 성장의 문제가 아니다. 생존의 문제다. 중국은 대 미국 관계에서 결정적인 '한 방'이 될 수 있는 민군(民軍) 겸용 첨단기술 개발·투자에 국운을 걸고 있다.

목표·전략

중국은 과학기술의 높은 수준의 자립과 강화를 실현하고, 국가 전략 과학기술 역량을 구축하며, 혁신 생태계를 최적화하고 국제 협력 네트워크를 적극적으로 유지하겠다는 목표를 내세웠다. 중국은 2035년까지 '과학기술 강국'을 구축하겠다는 계획을 제시했다.[48]

중국은 '중국몽' 실현의 주 동력을 과학기술 혁신으로 삼고 있다. 과학기술 자립자강이 발전의 핵심 기반이다. 시진핑 정부는 인공지능·양자정보 등을 전략적 기술로 하는 '과학기술강국' 비전을 제시했다. 2050년까지 '과학기술 혁신 강국'으로 도약해 4차 산업혁명을 선도하는 국제 기술·표준을 장악해 패권전쟁에서 승리한다는 것이다.

중국은 점차 미국의 전방위적인 제재에 단호하게 대처한다. 기본전략은 다음과 같다.

---

48 자오밍하오, 위의 글, p.106.

"① 높은 수준의 과학기술과 자립자강 실현을 가속화하고, ② 국가전략상의 요구를 지향점으로 삼아, ③ 원천적이고 선도적인 과학기술의 난관을 돌파하는 데 역량을 결집, ④ 미국과의 관건적 핵심 기술 공방전에서 승리한다."

후발주자인 중국은 AI·5G·드론 등 아직 글로벌 기술 표준이 정착되지 않은 무주공산 분야에서 주도권을 장악하고자 한다. 특히 집중 개발 중인 제3세대 반도체와 6세대 이동통신(6G) 기술에 승부를 건다는 전략이다.

역사를 중시하는 중국인들은 우공이산(愚公移山)의 정신을 말한다. 10년간 칼 한 자루 가는 심정으로 반도체 자력갱생에 매진하고 있다. 자국의 장점인 고급 인력과 돈, 혁신 동력을 계속 주입하다 보면 반드시 성공할 것으로 믿는다.

대응 현황과 과제

시진핑 정부 출범 이후 중국은 중국몽 실현을 위해 '중국제조 2025'와 '인터넷·AI 플러스'에 총력을 다해 왔다. 2024년 중국 양회는 우선 과제로 현대화한 산업체계를 구축하고, 생산력의 질적 고도화를 의미하는 새로운 질적 생산력을 제시한 가운데 AI 플러스 이니셔티브(AI+)를 새로운 생산력을 발전시키는 방법으로 강조했다.

중국은 여전히 글로벌 반도체 제조·교역의 허브다. 중국의 반도체 산업은 미국의 지속적인 규제에도 불구하고 지난 10년간 연평균 20%의 성장률을 기록했다. 민군융합과 해외 과학기술 인재 1천 명 영입을 위한 천인계획 등 공격적인 산업·과학기술 정책을 추진해 왔다. 이에 힘입어 중국의 4차 산업혁명 기술은 일정한 성과를 내고 있다.

나날이 발전하는 중국의 과학기술 역량은 세계를 놀라게 하고 있다. 앞서가는 AI·자율자동차·전자상거래 등의 4차 산업혁명은 위력적이다. 중국은 전기차·배터리, 로봇드론 등 신산업을 주도하고 있다. 혁신의 아이콘 미국의 일론 머스크와 젠슨 황이 중국에 투자하고, 중국의 기술혁신에 놀라는 데는 이유가 있다. 중국의 뛰어난 인재들에 의한 기술혁신 속도는 그 의지·자원 면에서 미국과 비교가 안 된다. 미국의 대 중국 규제와 통제의 강도는 곧 중국에 대한 두려움의 강도다.

2021년, 중국의 화성탐사선 톈원은 세계 최초로 화성궤도의 비행과 착륙, 탐사에 성공했다. 2022년에는 미국 GPS보다 더 성능이 우수한 베이더우 초정밀 위치정보 서비스를 시작했다. 세계 최대의 우주정거장인 톈궁도 운영 중이다. 고성능 양자컴퓨터 개발, 극초음속

미사일, 고에너지 레이저대포 개발도 미국을 앞서는 것이다.

중국은 전통적으로 자연과학계에서 영향력이 있는 나라다. 특허 출원 건수와 과학기술 R&D 역량, 과학논문 인용 지표 분야에서 단연 세계 1위다. 과학기술 분야 논문의 영향력을 점수화한 '네이처 인덱스(2023.11~2024.10 연구 기준)'에서 상위 10위에 든 대학은 미국 하버드대(1위)를 빼고는 모두 중국 대학(대만 1곳 포함)이었다.

학술 연구에서 우위를 점하게 되면 곧 산업 경쟁력이 역전된다. 최근 중국의 과학기술 시스템과 특히 R&D 역량의 급속한 굴기에는 중국의 독심·결기가 있다. 튼튼한 기초과학을 토대로 한 재료과학·물리학·화학 분야의 약진도 눈부시다. 공학·수학 역시 어느새 세계 톱클래스가 되었다. 물리학·지구환경 쪽 역시 최고 수준이다.

기초과학 분야의 성과들이 첨단기술 발전에 기여하며 중국의 첨단 무기들이 주(週) 단위로 변화·발전한다는 소식이다. 제조업의 질적 성장을 통한 산업고도화 전략인 '중국제조2025'와 기술 혁신·자립 해법인 'AI 플러스(+) 이니셔티브'가 성과를 내기 시작한 2024년 말부터 중국의 첨단기술 혁신은 가속도가 붙었다.[49] 중국의 첨단기술 혁신 성과는 미국에 전례 없는 두려움과 공포, 조바심을 안겨주고 있다.

2025년 초, 생성형 AI 딥시크(Deep Seek)와 세계 최고 수준의 양

---

49 'AI 플러스(+) 이니셔티브'는 2024는 3월 중국 정부가 챗GPT를 비롯한 미국의 생성형 AI서비스에 대한 대응책으로 제시한 것이다. 구체적으로는 '중국제조 2025'의 연장선상에서 빅데이터에 기반한 AI(인공지능) 연구 개발과 응용을 심화시키기 위한 것이다.

자컴퓨터 주충즈(祖沖之) 3호 개발 성공에 고무된 중국은 민간기업 주도 혁신 및 '고품질 생산력' 강화에 박차를 가하고 있다. 시진핑 주석은 2월 17일 민간 하이테크 기업(BYD, 화웨이, 알리바바, 텐센트, DeepSeek 등) 대표들을 만나 정부 지원을 약속했다. 이례적으로 민간 기업의 혁신 역량을 미래 성장 동력으로 지목했다. 이는 최근 몇 년간 규제 강화로 흔들린 민간 투자에 대한 신뢰를 회복하고, 민간 부문이 새로운 기술과 시장을 개척해 경제 구조 고도화를 선도할 역할을 강조하는 조치였다.[50]

2025년 초, 중국의 양회「보고」는 '신품질 생산력'을 강조하며 AI, 바이오, 양자 기술, 6세대 이동통신(6G) 등 산업 육성 방침을 분명히 했다. 중국은 다방면의 위기 국면에서 소비와 과학기술을 통한 위기관리와 미래전략을 추진하고 있다. 과학기술을 연구·개발에 800조 원이 넘는 예산을 투입, 특히 체화형 인공지능, 6세대 이동통신, 휴머노이드 로봇, 인공지능형 휴대전화, 지속적 고성장을 추구하는 가젤기업(GazellesCompany)을[51] 육성한다는 전략이다. 이는 향후 미·중간 게임 체인저가 여기서 나올 것으로 보고, 후발 산업은 필사적으로 추격하고, 선도산업은 초격차를 유지하는데 정책 역량

---

50 성균관대 성균중국연구소(SICS), 앞의 보고서, p.10.
51 가젤형 기업은 매출액 또는 고용자 수가 3년 연속, 평균 20% 이상인 기업, 즉 가젤과 같이 빠르고 높게 뛰어가는 가젤과 닮은 기업을 말한다. 그 중에서도 매출 1000억 원 이상의 기업은 수퍼 가젤형 기업이라고 한다.

을 집중한다는 것이다.[52]

중국은 기술 산업 육성책의 일환으로 전통산업을 업그레이드하고, 전략적 신흥산업과 미래산업인 첨단 기술 분야에 대한 지원을 확대하고 있다. 특히 양자기술의 경우 컴퓨팅·통신·암호화 등 다양한 기술 및 상용화에 대한 체계적 지원과 함께 'AI 플러스'(융합)에 주력하고 있다.[53]

기술 전쟁의 변화 양상

미중 간 첨단기술 패권 경쟁 초기 미국의 대 중국 제재의 주목표는 반도체, 특히 10나노 이하급 시스템반도체 생산 저지였다. 2025년 초 미중 경쟁의 초점은 AI모델 성능이고, 주전장은 AI와 연계된 후방산업 전체다.

이런 실정에서 결국 미중 첨단기술 패권 전쟁의 핵심은 인공지능과 반도체를 둘러싼 산업 파급력의 주도권을 놓고 벌이는 기정학(기술 지정학) 전략이 되고 있다.[54] 양국의 기술 전쟁은 투자, 기술 생태

---

52 성균관대 성균중국연구소(SICS), 위의 보고서, pp.3-14.
53 성균관대 성균중국연구소(SICS), 위의 보고서, pp.14-15. 'AI 플러스'는 엔비디아 CEO 젠슨 황이 제시한 물리적 인공지능(Physical AI)과 유사한 개념으로, 중국에서는 인공지능 기술을 다양한 산업 분야와 결합해 추진하는 것으로 체화형 AI(具身智能)와 지능형 로봇, AI 스마트폰·PC 등의 새로운 단어가 등장했다.
54 기정학 또는 지정학적 기술(geo-technology)은 기술적인 요소와 지정학, 강대국 간 경쟁

계와 공급망 등 모든 방면에 영향을 미칠 것이고, 이는 점차 미국이나 중국 중 하나를 선택해야 하는 클러스터 분리 현상으로 발전할 가능성이 커지고 있다.[55]

경제성보다는 안보와 국익 보호라는 가치가 전면에 부상하는 가운데 AI의 등장으로 파생되는 혁신의 분배 역시 점차 각국의 정치적 논리에 따른 패권 게임으로 변질될 가능성이 크다. 기술 주도권이 기존의 지정학적 논리를 대체하고, 국가 간 협력 관계는 어떤 클러스터에 속했는지에 따라 재편될 가능성이 높아지고 있다. 앞으로 인공지능과 반도체, 우주를 둘러싼 미중 패권전쟁은 냉전 시절 미소 간의 우주·핵무기 경쟁처럼 양국의 국력이 집중 투입되는 양상으로 치달을 것이다.

한편, 전쟁의 방식 면에서 미중 양국의 AI 경쟁은 상호 간의 기술적 우위를 혁신과 더 저렴한 비용, 더 적은 에너지, 더 넓은 응용력으로 무력화하는 방식이 될 것이다. 양국의 합의가 없다면, 인공지능을 둘러싼 경쟁은 과거 미소 간 핵무기 경쟁처럼 국력 소모전으로 변질될 것이다. 이는 어느 한쪽이 열세에 놓이는 것이 시간 문제임을 의미한다. 우열이 가려진 후의 세계 질서는 강AI를 보유한 측의

의 상호 작용에 초점을 맞추며, 국제관계, 특히 미중 경쟁을 살펴보는 새로운 시각을 제공한다.
55 권석준, 앞의 글, p.101.

주도권 강화로 이어질 것이다.[56]

이런 실정에서 AI 반도체 시장에서도 중국 기업들의 성장세가 두드러지고 있다. 특히 '가성비 AI 괴물'로 불리는 딥시크의 탄생은 이런 흐름을 대표하는 사례로 꼽힌다. 기존 AI 모델 개발이 고성능 반도체에 대한 의존도가 높았던 것과 달리, 딥시크는 소프트웨어 병렬 연산 최적화 기술을 통해 최소한의 비용으로 챗GPT와 유사한 성능을 구현하며 주목을 받았다. 이는 미국의 첨단 반도체 수출 규제 속에서도 중국 반도체 기업들이 글로벌 AI 경쟁에서 뒤처지지 않기 위해 구사한 전략이 효과를 거두고 있음을 의미한다.

중국에 유리한 장기전 추세

미국의 중국에 대한 적대감, 신냉전과 문명충돌의 이면에는 무엇보다 중국의 최신 과학기술 혁신이 자리하고 있다. 미국의 우려는 중국의 과학기술 굴기에 따른 중국군의 전투력 증강이다. 2025년 초, 미국의 포괄적인 대 중국 반도체 수출입·투자 규제에서 보듯 첨단기술 전쟁은 수그러들 기미가 보이지 않는다. 승부가 가려질 때까지 가는 장기전이다. 앞으로 어떻게 될까?

주요 관심사는 ① 미국의 전방위 규제가 과연 효과를 발휘하고 있

---

56 권석준, 위의 글, p.102.

는가? ② 중국의 자립자강 노력이 얼마나 성과를 낼 수 있을까의 문제다.

전망은 엇갈린다. 대체로 미국이 중국의 과학기술과 첨단산업의 발전 속도를 늦출 수 있지만 그 추세를 꺾지는 못할 것이라는 의견이 많다. 미국의 정치·행정 시스템이 고장 난 상태에서 대 중국 공세가 소기의 성과를 거두지 못하고 있기 때문이다.

사실, 지난 7년 동안 미국의 제재는 오히려 중국의 반도체 굴기 속도를 올렸다. 경쟁자 없는 국내시장을 발판으로 독자생태계를 구축하게 했다. 미국의 칼날에 명줄이 끊길 줄 알았던 화웨이는 2024년부터 중국의 종합반도체 기업으로 거듭나 SMIC와 함께 중국의 자립적인 AI·반도체 생태계를 구축하고 있다. 2025년 초 AI 딥시크의 출현은 중국과 세계에 혁신의 물결을 일고 있다. 2023년 6월, 블룸버그는 1년 동안 세계에서 가장 빠르게 성장한 반도체 기업 20곳 중 19곳이 중국 기업이었다고 보도했다. 미국의 제재로 시간이 걸리겠지만 기초 체력이 탄탄한 중국은 큰 내수시장도 갖고 있다.

미국을 대하는 중국의 태도 또한 날로 강해지고 있다. 예전과 달리 여유로운 태도를 보이며 보다 강력하고 즉각적으로 응전하고 있다. 미중 무역갈등의 영역이 넓어지는 가운데 2023년 12월, 희토류의 채굴과 선광, 제련 기술의 수출을 금지했던 중국은 2024년 말에는 반도체 재료인 갈륨과 게르마늄, 안티몬 등의 수출 금지를 단행했다. 2025년 3월 미국의 강공에 중국의 대응은 더 강력하고 위력적이었다.

제조업 국가인 중국은 반도체 굴기를 포기할 수 없다. 해낼 자신감도 있다. 중국의 ① 기술혁신 생산성은 2014년에 이미 미국을 추월했다. ② 중국의 과학기술 기초연구와 특허 건수는 미국과 비교할 수 없을 정도로 1위다. ③ 미국이 압도적인 우위를 차지해 온 연구·개발(R&D) 역량·투자도 중국이 앞서고 있다.

중국은 과학기술 R&D에 돈과 인력을 쏟아부으며, 내수시장이란 성(城) 안에서 버티기 모드로 가고 있다. 딥시크의 성공은 정부의 어떤 지원도 없이 막다른 골목에서 나온 것이다. 부족하고 없기 때문에 어떻게 하면 적게 쓰고 만들 수 있을까 하는 고민이 성공을 낳았다.

미국의 공격에 중국이 대응하는 전략은 원천기술을 갖는 것이다. 제3세대 반도체 기술의 돌파구이자 게임 체인저가 될 21세기 AI·양자 융합 시대는 혁신역량과 기초과학이 탄탄한 중국이 열어갈 수 있다. 우주에서 벌어질 최후의 미래전을 좌우할 우주 기술과 양자정보통신 기술은 중국이 저만치 앞서가고 있다.[57] 앞으로의 미중 첨단기술 패권전쟁의 핵심은 AI와 반도체를 둘러싼 산업파급력 주도권을 놓고 벌이는 기정학 전략이 될 것이다.[58]

---

57 양자기술(Quantum Technology) ① 양자컴퓨팅, ② 양자통신 및 암호화, ③ 양자센싱을 포함하며, 기존 비트6와 달리 큐비트(Qubit)를 사용하여 빛의 속도로 작동한다.

58 권석준, 앞의 글, p.101.

03

화폐·금융 전쟁

왜 달러가 세계를 지배하나? 왜 우리 돈으로는 무역할 수 없는가?[59] 지폐가 필요 없는 디지털 시대에 왜 종이돈인 달러화를 써야 하는가? 2022년 우크라이나 전쟁 이후 미국이 러시아를 국제결제망(SWIFT) 등에서 배제하자 제기된 국제사회 일각의 의문이다.

2025년 3월 초, 트럼프 2기 행정부의 관세전쟁으로 내외의 화폐·금융시장에서 미국의 신뢰가 추락하며 벌어진 미 국채·달러의 동반 하락은 달러 패권을 위협했다. 미국 달러화가 특권을 누리는 시대가 끝나가고 있다.

기축통화를 둘러싼 미중 간의 화폐·금융전쟁은 기술전쟁과 함께 패권전쟁의 승패를 가르게 될 핵심 변수다.[60] 기축통화의 운명은 발행국의 패권과 운명과 같이 해왔다. 전쟁의 핵심은 미국의 달러패권

---

59 브라질의 룰라 대통령이 2023년 4월 13일 중국 상하이 소재 신개발은행(NDB) 본부 총재(호세프 전 브라질 대통령) 취임식 연설에서 한 말이다.
60 화폐는 교환(결제) 수단으로서의 유통, 금융은 가치저장 수단으로서의 유통을 말한다.

유지, 이를 흔들어 위안화를 국제화하려는 중국 간의 전쟁이다.

흔들리는 달러 패권

2025년 1월 30일, 트럼프 대통령은 비서구 신흥 경제협력체 브릭스가 국제통화를 신설하거나 달러가 아닌 다른 통화를 밀면 100% 관세를 부과할 것이라고 경고했다. 그의 경고는 미국의 두려움을 반영하고 있었다. 다음 날(1.31) 금값은 사상 최고치를 기록했다. 국제사회의 반달러 움직임이 심상치 않은 탓이다.

달러 패권은 2023년부터 흔들리기 시작했다. 그해, 미국의 3대 신용평가사들인 피치와 무디스는 사상 처음으로 미국의 신용등급 전망을 '안정적'에서 '부정적'으로 하향 조정했다. 이들의 조정 이유에는 미국 정부의 과도한 재정지출과 국가부채 급증(2024년까지 GDP의 130%), 이를 제대로 해결하지 못하는 정치·행정 시스템이 있었다. 월가에서는 엄청난 재정적자가 금융위기를 야기할 수 있다는 경고가 계속 나왔다. 금값의 고공 행진도 투자자들이 더 이상 달러화나 미국 국채를 안전자산으로 보지 않고 있다는 신호다.

달러와 미국의 위상 및 신용 하락에는 달러 무기화의 역풍도 작용한다. 미국의 과도한 대 중국·러시아 제재는 부메랑이자 양날의 검이다. 지나치면 화를 부르는 법. 미국 달러화의 무기화·정치화가 오히려 러시아와 같은 운명을 피하면서 자국의 경제이익을 지키려는 각 국가의 움직임을 가중시켰다.

국제사회는 브릭스 회원 국가들은 중심으로 외환보유액 가운데 달러의 비중을 줄이거나, 국제 무역거래에서 유로화·위안화 또는 자국화폐의 결제 비중을 늘려가고 있다. 무역결제·가치저장 수단으로써의 달러화 수요가 감소하고 있는 것이다.

그동안 미국은 패권의 위기를 주로 '달러의 무기화'로 돌파했다. 때로 지역적인 긴장과 전쟁 등의 위기를 조성한 후 동 지역의 달러를 불러들이는 방법도 동원되었다. 1980년대에는 '플라자 합의'라는 환율 규제를 통해 자국을 추격해 온 독일·일본을 잡았다. 2020년 러시아의 우크라이나 침략 이후 미국은 러시아를 스위프트에서 배제하는 방식으로 공격했다. 미중 패권전쟁이 고조되면서 미국은 중국을 망가뜨릴 수 있는 화폐·금융 무기를 만지작거리고 있다.

2023년 10월, 미국은 자국 기업의 중국 첨단기술 분야 투자를 제한하는 조치를 취했다. 기존의 금융 제재를 보완하는 것으로 금융 분야 디커플링의 일환이었다. 앞으로 미국은 중국에 금리 자유화와 외환시장 자유화 등 금융시장 개방을 요구할 것이다. 미국은 달러가치 유지 방안으로 약달러 정책도 검토하고 있다. 일본을 잡은 무기였던 중국 위안화의 평가절상을 유도할 수도 있다는 것이다.

중국의 화폐·금융력 굴기

미국 공세에 대응

미국은 달러 패권국임에도 가난한 나라다. 빚더미 속에서 매년 국가파산을 걱정하며 연명하고 있다. 중국의 차이나 머니는 세계를 휩쓸고 있다. 그런데 미국의 대 중국 위협은 군사적·지정학적 공격보다 화폐·금융분야 공격이 더 용이하고 결정적일 수 있다. 미국은 해외자본·기술로 성장해 온 중국에 국제자본의 이탈을 조장해 안정적인 경제성장을 해칠 수 있다. 달러 패권의 무기화와 해지펀드의 공작, 중국 주변 군사갈등 유발 등의 방법으로 중국을 괴롭힐 수도 있다.

지난 40여 년 동안 중국의 최우선 외교정책 방침은 '평화롭고 안정적인 주변환경 유지'였다. 미국의 보다 강력한 공세가 예상되면서 중국이 대응을 구체화하고 있다. 중국은 우선 미국 달러화 의존도를 최소화하며, 미국 국채 보유고를 축소하고 있다. 2025년 3월 기준 중국의 미국 국채 보유고는 지난 15년 중 최저치에 가까운 7654억 달러로 감소, 보유액이 영국보다 낮아졌다. 대신 금 보유고를 늘리고 있다. 중국의 금 보유량은 2025년 2월 기준 약 2355t으로 4개월 연속 상승세를 보이고 있다. 2024년 한 해에 33.9t을 사들여 외환보유고에서 차지하는 금 비중을 약 6%로 끌어올렸다. 중국의 총 외화보유액은 2025년 2월 기준 3조2090억 달러로 14개월 연속 3조2000억 달러를 상회했다.

미국이 주도하고 있는 국제결제시스템(스위프트) 배제 가능성에 대비한 중국의 노력도 강화되고 있다. 달러 의존도를 확 줄이는 일이다. 중국은 먼저 위안화의 원유 거래에 공을 들이고 있다. 러시아 등 브릭스 회원국들과 함께 '브릭스판 스위프트' 구축을 위한 논의도 주도하고 있다. 정회원국이 10개국으로 늘어난 브릭스는 달러를 피해서 거래할 수 있는 시스템 개발 등으로 서방과 독립적인 경제권을 구축할 수 있다.

실제로 최근 중국은 새로운 국제질서 변화를 위해 중러 간 교역뿐만 아니라 브릭스, 상하이협력기구, 글로벌 사우스 국가들과의 통상·교역에서 달러가 아닌 자국 화폐, 위안화, 루블화 결제 등을 확대하고 있다. 나아가 브릭스 신개발은행(NDB: New Development Bank)이 주도하는 브릭스 화폐(유닛: UNIT)도 발행해 사용한다는 구상이다. 이미 브릭스 국가들은 2015년 IMF(국제통화기금) 및 World Bank(세계은행) 같은 미국 주도의 글로벌 금융질서의 대안으로 신개발은행를 설립했다.[61] 브릭스 참여국들을 중심으로 하는 전략적인 무역거래는 달러의 지배력을 체계적으로 허물고 있다. 2025년 6월 현재 세계무역의 거의 절반이 달러가 아닌 화폐로 거래하고 있다.

위안화의 국제화: 달러 패권 도전

달러 패권이 흔들리는 틈을 이용한 중국의 위안화 국제화 전략은 갈수록 위력을 더하고 있다. 2023년 중국의 대외결제에서 위안화가 차지하는 비중은 사상 최초로 달러화를 추월했다. 중국 국가외환관리국 통계에는 2023년 4월 현재 위안화 결제 비중은 48%, 같은 기간 달러 비중은 47%였다. 12월 기준 위안화 국제 결제 비중은 3.75%를 기록했다. 무역시장에서 위안화 비중은 6%로 유로화를 앞지르기 시작했다.

하지만 2024년 6월 기준 외환거래의 88%가 달러로 이뤄지고 있고, 수출 송장의 54%는 달러로 표시되는 등 국제거래에서는 여전히 달러가 지배하고 있다. 주목할 것은 커지는 국제사회의 탈달러 움직임으로 인해 세계 중앙은행 외환보유액 중 달러 비중이 2000년의 70% 수준에서 2023년에는 58%까지 떨어지고 있는 것이다. 유러(EUR), 엔화(JPY), 위안화(CNY) 등의 대체 통화 수요가 증가하는 추세다.

---

61 정재홍, 앞의 글, pp.104-105.

미국을 비롯한 서방국의 제재를 받는 러시아와 이란·베네수엘라, 인도네시아는 이미 중국과 석유 거래의 일부를 위안화로 결제하고 있다. 러시아는 가스대금의 루블 결제로 페트로 달러를 흔들고 있다. 중국·러시아 간 무역거래는 달러 대신 각기 자국 화폐인 위안화와 루블화를 사용하고 있다.

중동지역의 사우디·이집트는 위안화로 중국산 무기를 거래하고, 사우디는 무역결제에 위안화를 사용한다. 중남미의 브라질과 아르헨티나, 볼리비아도 위안화 사용에 동참했다. 2024년 브릭스에 가입한 인도네시아는 2025년 5월, 중국과 SWIFT와 달러를 사용하지 않고 양국의 위안화와 루피아로 결제하는 무역에 합의했다. 아시아에서는 말레이시아가 미국 달러화나 국제통화기금(IMF) 의존을 줄일 필요가 있다며 '아시아통화기금' 설립을 제안했다.

신흥국과 개발도상국 등 글로벌 사우스의 여러 국가들이 위안화를 사용하려는 이유는 룰라 브라질 대통령의 주장과 궤를 같이한다. 룰라 대통령은 2023년 4월, "미국 달러 위주의 세계무역질서를 끝내야 한다"고 강조했다. 그는 중국 상하이 소재 신개발은행(NDB) 본부 연설에서 다음과 같이 반문하며 중국의 '탈달러' 움직임에 힘을 실었다.

"나는 매일 밤 모든 국가가 왜 달러로 거래해야 하는지 자문해 본다. 금본위제 폐기 이후 달러가 국제사회의 화폐라고 누가 결정했는가? 우리는 왜 자국 통화에 기반한 무역을 할 수 없는가? 누가 우리의 통화는 힘이 없고, 다른 나라에서 가치가 없다고 결정했는가?"

한편, 위안화의 국제화 속도가 빨라진 가운데 중국의 위안화 결제시스템인 '국제은행 간 결제시스템(CIPS)'이 주목받고 있다. 중국은 20개국과 통화스와프 협정을, 17개국과는 위안화 청산·결제를 논의하는 등 위안화 거래 확대를 꾀하고 있다.[62] 중국 본토 발행 채권인 '판다본드'와 일대일로 투자 전용기금인 '실크로드 기금'에 위안화 투자가 가능하다.

2023년도에 일어난 큰 사건은 무엇보다 '페트로위안' 시동이 걸린 것이다. BP·머큐리아 등 글로벌 석유메이저 기업과 사우디가 위안화로 원유 거래를 시작한 것은 중국이 국제통화국으로 가는 관문을 뚫은 것이다. 사우디가 세계 경제의 불문율인 '페트로 달러' 체제를 흔든 것은 사우디와 미중 역학 관계가 바뀌었음을 의미한다.

'페트로달러' 체체는 미국이 사우디의 안보를 보장하는 대가였다. '페트로위안' 시동은 미국 대신 중국이 핵·미사일 개발 지원 등으로

---

62 브릭스 10개 회원국과 일대일로 참여국의 대부분은 원자재 공급 국가들로 제조업 대국인 중국과 무역량이 많다. 위안화의 국제화에 동참할 수 있는 나라들인 것이다.

사우디 안보를 돕는 대가다. 중국의 석유·가스 거래의 위안화 결제는 달러 패권에 대한 도전이다. 향후 예상되는 서방의 제재를 회피할 수 있는 우회로다.

킹달러에 맞서는 디지털 위안화

중국은 현금을 거의 사용하지 않는 '캐시리스 (Cashless)' 사회다. 중국인들은 디지털 위안화 (e-CNY)를 스마트폰에 저장해 현금처럼 사용한다.[63] 2022년 중국의 GDP 대비 디지털 경제 비중은 42.8%로 GDP 보다 더 빠르게 증가하며 경제성장을 견인하고 있다. 2025년에는 50%로 끌어 올릴 계획이다.

중국은 세계에서 디지털 경제발전 환경이 가장 좋고, 가장 강력하며, 디지털 경제를 가장 널리 사용하고 있다. 위안화의 디지털 화폐 (CBDC)로의 전환이 국제금융 질서와 지정학적 경쟁에 미칠 영향에 관심이 커지고 있는 이유다.

중국이 디지털 화폐 도입에 적극 나선 이유는 미국의 달러 패권이 불공정하고, 지나친 달러 의존은 위험하기 때문이다. 실물 화폐 위안화로 '킹달러'에 도전할 수 없다는 전략적 판단도 있다. 특히 4차

---

63 디지털 화폐란 디지털 방식으로 사용하는 형태의 화폐다. 금전적 가치를 전자적 형태로 저장해 거래할 수 있는 통화다.

산업혁명 시대에는 새로운 통화 수단인 디지털 화폐로 글로벌 통화 시장의 표준·주도권을 잡을 수 있다고 본다.

중국의 디지털 위안화 도입 목적은 금융부문 국가 통제력 및 통화 주권 확보에 있다. 미국 등 외부 경제로부터 오는 압력을 완화하고, 위안화의 국제적 위상을 제고하는 것이 중요하다. 때문에 디지털 위안화는 정부가 데이터 통제권을 갖는 운영시스템으로 설계되었다. 위안화의 국제화는 '디지털 실크로드'라는 이름으로 추진한다.

중국의 디지털 위안화 국제화 전략은 가능한 한 미국과의 직접적인 경쟁을 지양하면서 추진하는 것이다. 자국이 세계 1위 무역대국이자 브릭스와 일대일로 주도국이라는 지위를 최대한 활용하는 것이다. 관련 대상국들과 디지털 위안화로 결제하는 비중을 높여가면 디지털 위안화의 국제화를 보다 쉽게 도모할 수 있다. 중국은 특히 일대일로와 디지털 실크로드 협력국 등 자국과 경제적 이해관계를 많이 가진 국가들과 함께 네트워크 연합을 확산해 가고 있다.

중국의 디지털 위안화 사용과 국제화에 미국이 긴장하고 있다. 미국이 우려하는 이유는 정치·경제적 유인으로 디지털 위안화 진영에 기꺼이 참여할 국가군의 이익이 존재하고 있기 때문이다. 러시아·이란 등 미국의 경제제재에 대응할 필요가 있는 국가, 국가주의적 통제를 선호하는 국가, 향후 미국 주도의 경제제재 위험을 피하고자 하는 국가들에게는 수요가 있는 것이다.

중국은 국제결제 네트워크에서 디지털 위안화의 영향력을 확대하기 위해 국제 기술 표준과 규범 논의에도 적극 참여하고 있다. 중국은 CBDC 개발에서 미국보다 근 10년 앞선 기술 선도국이다. 국제표준을 선도하고 있고, 선발주자의 이점도 갖고 있다.[64]

디지털 위안화의 국제화는 이미 시작되었다. 중국과 싱가포르는 디지털 금융·자본시장 협력을 강화하기로 합의했다. 중국인 여행객은 2023년 말부터 싱가포르에서 '디지털 위안화'를 쓴다. 중동의 경제 강국 UAE와는 400만 달러의 CBDC 협력에 합의했다. 중국은 최근 디지털 위안화를 사용한 첫 국제무역(1400만 달러 귀금속 구매) 역사를 기록했다. 미국이 바빠졌다. 싱가포르와 UAE, 일본이 어떤 나라인가? 바이든 대통령은 최근 관련 부처에 CBDC 개발·도입에 박차를 가할 것을 지시했다. 아시아 국가들은 지정학적 리스크가 증가하면서 미국 달러에 대한 의존도를 줄이고 금과 비트코인 가격이 오르고 있다. 이는 다극 통화 시스템으로의 전환을 예고하는 것이다.

---

64 박동욱, "디지털 위안화의 국제화 전망과 시사점", KISDI Premium Report 2022-06, 2022.11.3.

미중 화폐·금융전쟁 격화 가능성

우크라 전쟁 이후 달러가 역풍을 맞으며 달러화 수요가 줄어들고 있다. 2025년 트럼프 2기 정부의 무분별한 관세폭탄은 달러 가치의 하락과 중국 위안화 위상의 강화 추세를 가속화하고 있다. 달러화 특권 시대가 끝나고 있는 것이다. 이 상황에서 주 관심사는 ① 미국의 대 중국 화폐·금융 무기 사용 가능성과 ② 급부상하는 중국 위안화의 기축통화 가능성이다.

미국의 대 중국 공격 가능성

2025년 초 현재 첨단기술 분야에서 대 중국 투자 제한 이외에 아직 화폐·금융 분야에서 미국의 공격은 미미한 수준이다. 기축통화국 미국은 군사분야 못지않게 화폐·금융력이 막강하다. 미국은 중국을 압박하기 위한 수단으로 달러 무기를 언제든지 쓸 수 있다. 아직 때가 아니라고 판단한 탓일까? 예민한 큰 문제이기 때문일 수도 있다.

미국이 사용할 수 있는 대 중국 화폐·금융 무기는 3가지 들 수 있다. ① 1990년대 후반 아시아 금융위기와 같이 중국 인접지역 불안정을 유발해 달러를 흡수하고 파는 방법, ② 미국이 중국을 달러 기반 국제결제망(SWIFT)에서 배제해 돈줄을 끊는 방법, ③ 헤지펀드 등의 대규모 투자자본이 중국에서 철수케 하는 방법이 그것이다.

그런데 3가지 방법은 모두 중국과의 경제관계 단절 또는 전면전(3차 대전)을 각오하지 않으면 사용할 수 없는 것들이다. 중국의 맷집이 커져 미국의 승리를 장담할 수도 없다. 가파른 내리막길을 걷고 있는 미국이 실수라도 하면 끝장이다. 중국도 미국 국채의 대규모 매도 등의 공격 수단을 사용할 가능성이 거의 없다. 2025년 3월 관세폭탄 대응책으로 중국이 국채를 대량 매도했는지는 불확실하다. 하나의 지렛대로 사용할 수 있으나 직접적인 공격 또는 보복 수단으로는 별 이득이 없는 것이다.

중국 위안화의 기축통화 가능성

기축통화는 국제단위의 결제나 금융 거래의 기본이 되는 화폐다. 기축통화국이 되기 위해서는 국제사회에서 압도적인 정치·군사·경제적 영향력, 충분한 금 보유, 개방된 금융시장, 안정된 국가신용도 등이 필요하다. 현재의 중국 상황은 어떤가? 답은 '아직 아니다'다. 미국의 공세를 막아내 중국의 위안화, 특히 디지털 위안화가 주요 결제·준비 통화가 될 가능성은 상당 기간 동안 크지 않은 것이다.

현재 세계 경제에서 중국이 차지하는 비중은 약 18%다. 미국 달러 결제망인 스위프트 상의 위안화의 국제결제 비중은 2024년 7월 현재 4.74% 수준이다. 다만, 최근 위안화의 국제결제 비중이 급속하게 증가하고 있다는 점은 주목된다. 2024년 1월, 2%에 미치지 못한 스위프트의 위안화 결제 비중은 10개월 만에 두배 이상(4.61%) 증가했다. 중국 자체의 '위안화 결제 시스템(CIPS)' 상의 결제액은 전년 대비 21% 급증했다.

중국의 경제성장이 둔화되고, 미중 갈등이 고조되는 상황에서 커지고 있는 위안화 입지는 무엇을 의미하는 것인가? 국제사회는 "왜 달러가 세계를 지배해야 하냐"고 묻기 시작했다. 그 답을 갖고 있는 미국이 적절하게 설명·설득해야 한다. 위안화의 국제결제 급증에 대해 2023년 12월 26일, 월스트리트저널(WSJ)은 "전 세계의 정치적 갈등이 결제시스템으로 확대되기 시작했다, 앞으로 아시아는 물론 더 광범위한 지역에 영향력을 미칠 수 있다"고 전했다.

쌓이고 있는 국가부채와 재정적자 급증으로 가치가 떨어지고 있는 달러화가 언제까지 미국의 패권 지위를 보장할 수 있을지는 의문이다. 과거 영국과 네덜란드의 패권은 국가채무 확대, 통화가치 하락과 함께 몰락했다. 기축통화는 서서히 기울다 어느 순간에 급속히 몰락한다. 2025년 초, 관세폭탄의 여파로 미국 패권이 흔들리면서 달러 패권도 흔들리고 있다. 만약 국채를 상환하지 못하면 달러 제국 미국은 곧 붕괴할 것이다.

미중 간의 새로운 국제화폐 전쟁은 시작되었다. 미국 제재의 힘은 달러 결제 시스템에서 나온다. 달러 결제 시스템을 우회하거나 무력화할 수 있는 디지털 위안화는 미국의 힘이 미칠 수 없는 새로운 결제시스템이다. 다른 한편으로 돈을 사용하지 않으면 달러와 같은 전통적인 통화결제는 없어진다.

돈이 쓸모가 없어졌는데, 금 아닌 종이돈(페트로 달러) 위에 세워진 달러 패권을 계속 유지할 수 있을까? 화폐·금융 분야에서 나타나고 있는 미국의 외우내환(外憂內患)은 4차 산업혁명 시대에 불거진 제3의 '트리핀의 딜레마'다. 미국은 이를 극복하기 위해서라도 디지털 달러의 조기 도입이 필요하다.

그동안 중국은 힘을 앞세운 미국의 패권과 종이달러 패권을 달갑지 않게 여겼다. 중국은 자신들이 비난해 왔고, 남는 장사도 아닌 패권과 불공정의 상징인 종이돈 기축통화국의 지위를 선호하지 않을 것이다. 중국은 자국의 위안화, 특히 디지털 위안화가 국제사회에서 광범위하고 자유롭게 사용되며, 믿을 수 있는 국제화폐가 되기를 바란다.

중국의 디지털 화폐가 성공하면 국제통화 질서를 재편할 것이다. 디지털 화폐 시대가 다가오고 있다. 구식 전화기와 실물 화폐가 없는 새로운 세상이 열린다. 그 세상을 중국이 벌써 열어가고 있다. 중국 중심의 아시아 시대가 다가오고 있다는 필자의 주장은 무엇보다 각종 최첨단 과학기술과 디지털 화폐 기술에서 중국의 혁신 능력이 미국을 앞서가고 있기 때문이다.

04

외교·안보 전쟁

역전된 미중 진영 구도

2020년 이후 미국이 주도한 민주주의 대 권위주의 독재국가 간의 대결 프레임은 얼마간의 성과를 거두었다. 국제사회에서 중국의 대외적 이미지는 한때 중국조차 놀랄 정도로 크게 실추되었다.

그런데 정작 미국 내의 민주주의는 기능부전 상태이다. 국경없는 기자회의 '2023년 언론자유지수'는 미국은 45위, 한국은 47위로 평가했다. 한미 양국이 자유민주주의 국가라고 말하기는 어렵다. 미국 내부에서도 트럼프 정부는 독재적인 과두정치로 비난받고 있다. 기층 국민들은 인권은커녕 기본 생존권조차 보장받지 못하고 있다. 얼마 전 트럼프 대통령은 미국 어린이 7명 중 1명이 식사를 제대로 하지 못하는 미국의 현실을 개탄하며 자신의 정책을 옹호한 바 있다.

미국은 중국과의 반도체 전쟁 등에 올인하기 위해 자국 고유의 체제·이념(자유시장경제)을 중국식 국가자본주의로 수정하고 있다. 미국의 국익에는 이념이라는 것이 없다. 그동안 미국의 패권은 힘이 곧 자유이고, 정의였다. 역사상 가장 강력하고, 일방주의적이며, 제국주의적인 것이었다.

미국의 아프간 미군 철수와 미중 패권전쟁, 우크라(이하 우크라이나를 우크라로 지칭) 전쟁 등에서 보인 미국의 태도는 분명했다. 키신저는 최근 마지막 가는 길에 "미국에게는 영원한 적도, 영원한 친구도 없다. 오직 국익만이 존재할 뿐"이라는 말을 남겼다. 미국만이 아니라 국제사회의 정상적인 나라는 모두 대외정책에서 국익 우선을 추구한다.

미중 패권전쟁 이후 국제사회는 체제·이념이 아닌 국익을 중심으로 헤쳐모이고 있다. 미국 중심의 서방과 중국 중심의 비서방 국가 간의 편 가르기가 한창이다. 국제사회는 크게는 중국이 주도하는 브릭스·SCO와 미국이 주도하는 G7·나토가 대립하는 가운데 서로 다른 문명이 충돌하는 구도다.

서구·비서구로 갈라지는 지구촌의 판세는 중국에게 유리하다. 비서구 국가들은 아직도 일방주의적인 '미국 우선주의'에 적극 대응하는 중국의 다자주의·세계화에 호응한다. 중국은 체제·이념보다 경제·이익에 도움이 되는 협력을 강조한다.

중동·중남미·아프리카 등 남반구 국가(Global South: 신흥국과 개도국) 대부분은 과거 서구 열강의 제국주의를 기억하고 있다. 그들은 러시아의 우크라 침략을 비난하지만 미국의 대 러시아 경제제재에는 참여하지 않는다. 2022년 유엔총회 193개 회원국 중 제제 반대국이 132개국이었다. 이스라엘-팔(하마스) 분쟁 관련 유엔총회 인도주의 관련 결의도 서구권 14개국만 반대했다. 2030 세계 박람회(Expo) 유치 투표 결과도 비슷한 양상이었다. 사우디아라비아 119표 대(VS) 한국(미국 편)+이탈리아=46표였다. 서구 30% 대 비서구 70% 비율로 갈라지는 판세가 굳어가고 있다.

이런 추세는 유력기관의 여론조사에서도 확인된다. 2023년 영국 케임브리지대학이 전 세계인을 대상으로 실시한 여론조사 결과에 의하면 세계인의 약 70%는 미국보다 중국을 선호하는 것으로 나타났다. 2024년 미 브루킹스연구소의 여론조사 결과에 따르면, 세계 민주주의 국가의 12억 인구 중 4분의 3(75%)은 중국에 부정적이지만, 나머지 세계의 63억 명 중 70%는 중국을 긍정적으로 인식하는 것으로 나타났다.[65]

서구 중심의 시대가 저물고 있다. 2025년 초 중국이 미국의 관세 폭탄에 즉각 비례대응적 보복과 함께 "모든 전쟁에 준비돼 있다"고

---

[65] Jessica Shao and Patricia M. Kim, "Comparing global views of the United States and China during the Trump and Biden administrations", Commentary, Brookings Institute, July 23, 2024.

자신한 것은 빈말이 아니다. 2023년 말, 5년 만에 열린 중국 중앙 외사공작회의는 미중 패권전쟁 1, 2라운드에서 자국의 승리를 선언했다. 회의는 미중 패권전쟁 역사에서 중요한 의미가 있는 자리였다. 아래는 시진핑 중국 국가주석이 회의에서 강조한 발언 요지다.

- 중국은 대외 사업에서 큰 풍파를 헤치며 어려움과 도전에서 승리했다. 외교전략의 자주성·주도권을 강화했다. 중국은 국제적 영향력, 혁신적 지도력, 도덕적 호소력을 갖춘 책임대국이 되었다.
- 중국의 발전은 전략적 기회의 시기를 맞았다. 외교가 역할을 더 발휘할 수 있는 새로운 단계에 진입했다.
- 인류운명과 세계발전 문제에서 주도권을 잡고 '세계 대다수의 단결'을 쟁취해야 한다. 강권정치와 집단 따돌림에 단호하게 투쟁하자.

시진핑 주석이 특별하게 "세계 대다수의 단결"을 강조한 것은 전혀 새로운 중국의 변화 모습이다. 중국이 190여 유엔회원국의 절대다수인 남반부 국가들의 맹주를 자처한 것이다. 중국은 일대일로 및 글로벌 사우스 전략에 중점을 두고, BRICS와 SCO 확대를 추구하면서 개도국과 신흥국 등을 대상으로 한 영향력 확대를 추구하고 있다.

중국은 국제사회에 '중국모델', '중국식 발전경로', '중국해법' 등 다양한 담론을 확산시키고 있다. '중국모델'은 많은 개발도상국과 글로벌 사우스 국가들에게 매력적이다. 중국이 경제발전과 국가주도 현대화, 그리고 거버넌스의 안정성 측면에서 성과를 거두었기 때문이다. 빈곤에서 벗어나 빠르게 세계적인 경제강국으로 성장한 중국의 경험은 많은 개발도상국들에게 실현 가능한 발전경로로 비춰지고 있다. 중국모델은 국가 주도형 자본주의를 강조하며, 완전한 자유시장 체제나 민주주의 개혁 없이도 정부의 적극적인 개입을 통해 산업 성장과 인프라 개발이 가능하다는 점을 보여주었다.[66]

중국은 글로벌 사우스 국가들에게 자국의 역사적 위대함과 문명적 유산을 강조한다. 서구식 자유주의가 아닌, 공동 발전에 기반한 '인류운명공동체'의 장점을 말한다. 역사적이고 문명적인 연결성이 있는 아세안 국가들에게는 자국을 민주주의와 인권 중심의 서구적 규범보다는 아시아적 가치와 내정 불간섭 원칙을 강조하는 대안적 개발 파트너로 내세우고 있다.[67]

나아가 중국은 내정 불간섭과 주권 존중을 핵심 원칙으로 내세우며, 남남협력을 장려하고 있다. 이는 민주주의나 인권 문제와 관련 서방의 정치적 압박에 피로감을 느끼는 국가들에 특히 설득력 있게 다가가고 있다.

---

66 리밍장, "미중 사이에서: 아시아 국가들의 외교적 줄타기", 성균차이나브리프 통권 75호, 파워 인터뷰, 2025.4.1., p.19.
67 리밍장, 위의 글, pp.14-18.

군비경쟁에서도 중국이 선전

 2025년 4월 초, 미 상원 청문회에 출석한 새뮤얼 퍼파로 미군 인도·태평양사령관은 "중국은 공중, 해상, 미사일 능력에서 미국을 능가하고 우주 및 대 우주 능력을 가속화하고 있다. 우리는 심각한 도전에 직면해 있다"고 말했다. 한반도에 분쟁이 발생하면 중국이 개입할 위험이 있어 주한미군은 주둔해야 한다고 강조했다.

 미중 패권전쟁 중에 발발한 우크라이나 전쟁은 다시 군비경쟁의 시대를 열었다. 전쟁은 사실상 드론전쟁 양상을 띠고 있다. 우크라이나는 4족 보행로봇을 사상 최초로 전장에 투입했다. 전쟁은 저비용의 드론 시스템을 대량으로 운용하고, 특히 자율성을 갖춘 무기체계를 운용하는 것이 효율적이라는 사실을 확인해 주었다.[68] 이에 〈표-3〉과 같이 미국과 중국은 AI 기반 무인·자율 로봇드론과 기타 실전 군사기술 개발에 사활을 걸고 있다.

---

68 대량의 무인무기는 적에게 여러 작전적 어려움을 안길 수 있다. 표적·탐지의 어려움뿐 아니라 요격자산이 다른 무기에 대응할 수 없도록 함으로써 전략적 우위를 점할 수 있다. 또한 Jamming(전자파 방해)이 극심할 것으로 예상되는 미래전에서는 각 무기체계의 자율성이 중요하다. 사용자의 통제를 벗어난 상황에서도 전략적 목적에 맞게 종말단계까지 임무를 수행할 수 있어야 하기 때문이다.

〈표-3〉 미중 간 무인·자율무기 개발 경쟁

구분	미국	중국
드론	스타트업 Anduril이 오픈AI와 파트너십 체결. 드론방어시스템(CUAS) 내 오픈 AI 기술통합 진행	메타의 오픈소스AI 모델 라마를 활용해 군사용 챗봇 개발 AI·양자 융합 드론로봇 개발
무인 무기	중국군 양적 우위 상쇄 위해 2년 내 수천 개 AI 무인자율무기 체계 도입	중국, 세계최초 군용 5G 시스템 개발, 1만 개 군사로봇 동시 제어
중점 개발	AI 스텔스 전투기인 X-47B 6세대 전투기 F-47 개발 AI드론·무인함정·로봇 다량 배치	극초음속 탄도미사일 DF-17 무인군집드론 건설 속도↑, 1만 대 동시 운용, 6세대 전투기 J-35, J-36, J-50 개발

* 출처: iM증권 리서치본부, "CES2025 – Physical AI, 혁신을 주도하다", Vol. 17, 2025.1, p.174 참조.

    국가 주도 R&D 확장 사업을 통해 AI 특허 주도권을 빠르게 선점한 중국의 군사력 확장과 첨단무기 개발 속도는 눈부시다.[69] 한 주가 다르게 새로운 무기를 선보이며, 미국의 우월성을 잠식하고 있다. 중국의 反접근/지역거부(A2/AD) 능력과 극초음속 미사일, 우주·사이버

---

69 2012년도를 기점으로 중국은 미국을 크게 앞지르며 2022년 기준 전 세계에서 가장 많은 AI 특허권을 보유(61.13%)하고 있다.

능력, 그리고 무인자율무기(로봇드론) 체계는 미국을 추격하는 위협이 되었다.

중국의 군사전략 목표는 미국으로부터 오는 '전략 위험'에 대응하고, 전략 목표 실현 능력을 제고하는 것이다. 이를 통해 동아시아 역내의 미군을 밀어내고, 남중국해 접근을 제한하며, 대만을 자국의 통제하에 두고자 한다.

중국은 특히 민간 기술의 군사 전환을 위한 '민군융합' 전략을 통해 미국보다 빠르게 첨단무기를 개발하고 있다. 핵무력은 1년에 100개 이상(2024년 기준 약 600개) 세계에서 가장 빠르게 핵탄두를 생산하고, 비핵수소폭탄 개발에도 성공했다.[70] 극초음속 미사일 기술은 세계 제1이고, 무인항공기 현대화 수준도 미국에 버금가는 수준과 우주무기 개발도 미국을 바짝 추격하고 있다.

〈표-4〉 미국과 중국의 주요 무력 현황

구 분	핵무기 탄두 수	항모/군함	2025 국방비	병 력
미 국	3708(2024기준)	11척/295척	8498억 $	139만/3억 3580만 명(총인구)

---

70 2025년 초, 트럼프 대통령은 중국이 5년 안에 미국의 핵전력을 따라잡을 수 있다고 주장했다. 미국을 직접 때릴 수 있는 ICBM(둥펑-31AG)을 보유한 중국은 매년 핵탄두 100발씩 늘리고 있다.

| 중 국 | 600(2024기준) | 3척/370척 | 2490억 $ | 200만/14억 2,567만 명(") |

* 출처: 관련 자료를 취합 정리함.

해군력은 지난 20년간 3배로 증강돼 현재 중국 함정+잠수함은 370척 이상으로 낮은 위력이나 미국보다 60여 척이 더 많다. 중국의 항모·잠수함 건조 능력은 미국과 비교할 수 없을 정도로 단연 세계 1위다. 중국의 반접근/지역거부 전력은 접근하는 미 항공모함을 가라앉힐 수 있는 수준으로 미국의 대만 방어능력을 위협한다.

J-20, J-21 등 첨단 스텔스전투기의 대량 생산도 시작했다. 중국의 AI로봇드론, 양자통신, 사이버 보안 능력은 미중 간의 경쟁이 끝났다는 평가가 있다.[71] 중국은 신질생산력의 핵심기술 중 로보틱스와 2차전지, 인공지능이 결합된 지능형 AI 무기들을 개발하는 데 주력하고 있다. AI를 국가전략 분야로 승격시켜 모든 유형의 AI 기술을 고도화해 신속하게 국방혁신 분야에 편입시키고 있다.

최근 미국은 대 중국 반도체, AI, 양자컴퓨팅 기술 발전을 저지하는 데 주력하고 있다. 2025년 미국은 중국의 AI 개발 필수 품목인 HBM 제품의 대 중국 수출을 금지했다. 중국의 가공할 우주무기 위

---

[71] 지난 3년간 미 공군의 사이버 보안과 인공지능(AI) 기술 도입 등을 총괄하다 최근 사임한 니컬러스 차일란 전(前) 최고소프트웨어 책임자(CSO)가 전했다고 파이낸셜타임스(FT)가 2021.10.10. 보도했다.

협 증대에 대응해 21세기판 우주 MD(미사일방어) 체계인 '골든돔'의 임기 내 실현 계획을 발표했다. 그런 한편, 국방 AI전략의 일환으로 합동인공지능센터(JAIC)를 창설하고, AI거버넌스 확립을 통한 AI전투체계의 제도적 틀을 구축하고 있다.

2025년 초, 중국은 5세대 스텔스 전투기인 J-20을 448대 실전 배치하고, 6세대 J-21을 개발 시험 운용 중이다. 개발 중인 것으로 알려진 6세대 스텔스 전투기 J-35과 J-36에 이어 J-50의 새로운 모습도 사진으로 공개됐다. J-36도 꼬리날개가 없는 전형적인 6세대 전투기 모습을 하고 있다. 중국 언론은 J-36이 기존 전투기를 초월하는 기술력을 보유한 최첨단 항공기라고 선전한다.

3월 21일, 미국 트럼프 대통령은 자국이 개발 중인 6세대 전투기 F-47 프로젝트를 공식 발표했다. 미국의 47대 대통령인 트럼프 대통령은 'F-47'을 "지금까지 만들어진 것 중 가장 발전되고 가장 강력하고, 가장 치명적인 전투기가 될 것"이라며 "최첨단 스텔스 기술, 기동성 등 지금까지 없었던 수준"이라고 했다. 그런데 보잉사가 제작할 F-47은 2030년대 중반쯤 실전 배치가 목표다.

사실, 미국은 게임체인저인 극초음속 미사일과 골든돔 같은 신무기를 만들 능력이 없다. 경제적 여력과 첨단기술 혁신은 물론 특히 제조업 능력이 부족하기 때문이다. 미국의 국가채무는 5일마다 한국의

1년 예산만큼 늘어난다. 관련 정치·행정 시스템도 무너져있다. 특히 군함을 포함한 미국의 선박 건조 능력은 중국의 1/200도 안 된다.

국제문제 갈등: 대만·남중국해 문제, 우크라 전쟁 등

한국을 비롯한 각국에서는 트럼프에 대해 '세계를 지탱해 온 동맹 관계를 파괴하고 돈만 밝히는 정치인'이라는 시각이 퍼지고 있다. 트럼프는 혈맹인 나토(NATO) 탈퇴를 거침없이 공언한다. 2025년 3월 24일에는 러시아의 우크라이나 침공을 규탄하는 유엔 결의안에 반대하고 러시아·이란·북한 등과 한편이 됐다.

"대만 해협 유사시에 대만을 방어하겠다"고 세 차례 밝힌 바이든 전 대통령과 달리 트럼프는 "나는 이 문제에 답하지 않겠다"며 함구하고 있다. 하지만 특유의 수사와 카리스마로 그는 일본·대만 등의 반중 전선 적극 동참과 이를 위한 자주 국방 강화를 이끌어 냈다.

대만·남중국해 문제

미중관계에서 대만·남중국해 문제는 패권전쟁 시작 전부터 민감한 이슈였다. 양 지역 모두 양국이 양보할 수 없는 전략적·지정학적 이익이 걸려있다. 대만해협의 위기는 '하나의 중국' 원칙을 둘러싼 양안 갈등에서 시작돼 미중 협상 혹은 합의로 종결되는 경향을 보여왔다. 양안관계 문제는 미국, 중국, 대만의 이해관계가 첨예하게 얽혀있는 국제문제다.[72] 중국과의 경쟁이 본격화된 후 대만 문제는 미중 양국이 사활을 거는 양상이었다.

미국은 중국의 해양 팽창 위협이 커지면서 대만의 군사적 가치를 높게 평가하고 있다. 미국 전략가들은 대만을 중국의 대양 진출을 봉쇄하는 방어선으로 인식하고 있다. 또 대만 기업들이 세계 반도체 생산의 약 70퍼센트를 점유하고 있는 상황에서 중국의 대만 점령은 미국이 감내할 수 없는 위험이다. 미국의 어떤 기업도 이를 단기간에 대체할 수 없기 때문이다. 특히 미중 세력 경쟁 상황에서 중국의 대만 점령은 미국의 국력과 신뢰성에 대한 동맹국들의 의구심을 유발, 동맹체계에 심각한 타격을 가하게 된다.[73]

중국에게도 대만은 미국 못지않은 전략적 이익이 걸려있다. 영토 완정과 대일통(大一統)과 태평양 진출에 필수적인 마지노선이고 레드라인이다. 중국은 늘 "미국이 대만문제에서 불장난하면 반드시 불에 타 죽는다"고까지 경고한다. 미국에게도 대만은 '침몰하지 않는 항공모함'이다. 대만을 중국에 내주면 동아시아와 서태평양의 군사패권이

---

72 김상기, 이우태, 황태연, "미중 전략경쟁 시대 양안관계와 한반도", KINU 연구총서 24-06, 2024.12.31., p.9.

73 최우선, "미·중 경쟁과 미국의 대만에 대한 전략적 이익", IFANS FOCUS, 2025.3.5., p.1.

위험해진다.

　남중국해에 대한 미중 양국의 이해관계도 첨예하다. 중국에게 남중국해는 일대일로와 중국몽 실현에 필수적인 거점이다. 미국의 '인도-태평양 구상'은 남중국해를 봉쇄해 중국을 포위하는 것이다. 5대양의 제해권의 확보·유지는 19세기부터 미국 대외정책 우선순위 1이다. 1941년, 지정학자 스파이크만이 미국이 반드시 확보해야 할 '아시아의 지중해'로 지목한 남중국해는 미래의 국제질서가 결정되는 곳이다.
　최근 미중 간의 대만·남중국해 전쟁 양상은 군사 충돌도 불사하는 중국의 공격적인 행동들이 미국에 스트레스를 가하는 모양새다. 그럼에도 두 문제 모두 민감한 이슈인 만큼 양국은 레드라인을 고려하면서 행동하고 있다.

　우리의 주 관심사인 중국의 대만 무력침공 가능성은 그렇게 높지 않다. 현 상황에서 미국이 대만 독립을 추구할 이익은 크지 않다. 중국의 대만 침공 시 미국의 직접개입 여부도 불확실하다. 각종 시나리오가 난무하나 중국전문가 키신저는 "향후 10년 동안 중국의 대만 침공은 없을 것"이라고 단언했다.
　모든 것은 때가 있다. 중국이 스스로 자국에 유리한 대세를 그르

칠 리 없다. 미국도 중국의 코앞인 대만 해협에서 중국과 전면전을 치를 바보는 아니다. 미국에는 70여 년 전 국공내전에서 국민당군을 지원해 실패한 경험도 있다. 미국이 대만해협에서 중국과 전쟁하는 것은 상상할 수 없는 모험이다. 날이 갈수록 그 위험성은 커지고 있다. "어떤 전쟁에도 준비돼 있다"는 중국의 경고처럼 미국이 쉽게 이길 수 없기 때문이다.

남중국해 문제는 동 해역의 통제권을 확보하려는 중국과 이를 저지하려는 미국 간의 대결이다. 중국에 남중국해는 본토 방어뿐 아니라 대만 독립을 견제하고, 대외 영향력을 확대하는 데 긴요한 전략적 거점이다. 미 해군력을 방어하고, 자국 수입 물동량의 80%가 지나가는 말라카 해협을 확보해야 할 지정학적 이유도 크다. 무엇보다 남중국해는 중국의 잠수함들이 활동하는 데 필요한 심해 안보핵심 지역이다. 미국에게는 해양 패권, 나아가 인도·태평양 패권이 걸린 지역이다.

어느 한쪽도 양보하거나 물러설 수 없다. 양국 모두 남중국해를 사실상의 '영해'로 간주하고 있다. 이 지역에서 미중 간의 군사적 충돌은 우발적이든 의도적이든 불가피해 보인다. 하지만 미국이 '항행의 자유작전'으로 중국의 남중국해 군사화를 저지하기는 쉽지 않다.

충돌을 각오하지 않는 한 인공섬 건설을 물리적으로 저지하거나 무기 배치를 막을 수 없다.

따라서 대만과 남중국해 문제는 미중 간의 패권전쟁이 끝날 때쯤 그 해결의 실마리를 찾을 수밖에 없을 것이다. 만약 중국이 미국을 견제할 수 있는 강력한 한방을 가진다면 미국의 예측과 같이 2027년경에 대만 통일을 추구할 수도 있을 것이다. 중국의 역사에서 '대일통(大一統)' 사상은 5천 년 역사를 관통하는 최고지도자의 최우선 과업이다. 초한지(楚漢志)와 삼국지(三國志)를 보면 잘 알 수 있지 않을까? 기회가 오면 시진핑은 주저하지 않을 것이다. 역사에 길이 남는 민족통일(대일통 완성)의 지도자가 될 수 있기 때문이다.

대만 문제를 둘러싼 미중 간의 힘겨루기는 여전히 중대한 지정학적 현안이나 트럼프 2기 정부 출범 후 대만문제는 약간 다른 양상으로 갈 수 있는 모양새다. 중국의 대만 침공 시 군사적으로 지원을 반복해 공약했던 바이든과 달리 트럼프 대통령은 선거 캠페인 과정에서부터 전략적 모호성을 강조했다. 대만이 미국의 반도체 산업을 강탈해 갔다는 식의 발언도 서슴지 않았다. 트럼프 정부 내 현실주의적 입장을 대표하는 콜비 국방차관은 상원 청문회에서 대만이 미국에 매우 중요하지만 존재적 이익은 아니라고 규정했다. 미국이 우크라이나를 대하는 태도와 오버랩 돼 대만 입장에서는 '방기'의 공포를 느낄 수밖에 없다.[74] 트럼프 정부의 전략은 공포를 통해 필요한 것을 얻는 것이다. 미국의 목표는 압도적인 초미세 공정 기술력을 가진 대만의 TMSC 공장을 자국으로 가져오는 것이었다. 결국 미국은 세계에서 가장 강력한 AI 반도체 공장을 갖게 되었다. TMSC는 미국에 1000억 달러를 투자하기로 했다.

이렇듯 대만의 지정학적 가치는 기정학적 가치를 갖고 있다. 지정학과 지경학, 기정학적 측면인 물리적인 것도 있지만 더 본질적인 것은 심리적이고 인식적인 측면이다. 만약 미국이 대만을 지켜주지 못한다면 미국의 지위는 크게 손상될 것이다. 동아시아 세력균형이 중국으로 기울 것이다.

따라서 미국과 중국의 양보나 굴복을 기대할 수 없는 실정이다. 이런 상황에서 대만을 둘러싼 미중 간의 충돌은 '결의의 전쟁'이 될 것이다. 누가 더 많은 고통과 비용을 감수할 용의가 있는지가 전쟁의 발발과 향배를 결정할 전망이라는 것이다.[75]

패권전쟁을 좌우할 우크라이나 전쟁

유라시아 패권 장악을 놓고 미국과 러시아가 벌이는 우크라 전쟁

---

74 차태서, 앞의 글, pp.76-77.
75 김정섭, 『세 개의 전쟁 - 강대국은 세상을 어떻게 바라보는가』, 프시케의 숲, 2024, pp.251-289.

은 미중 패권전쟁과 연계돼 있다. 우크라 전쟁은 한반도의 조선시대 병자호란, 6·25 한국전쟁과 유사하다. 복잡한 지정학적·역사적 맥락이 부른 비극이다.

미국의 목표는 일단 나토의 결집력을 복구하고, 유럽연합(EU)에 대한 통제권을 강화하는 것이다. 나아가 주적인 중국의 친구 러시아의 힘을 빼 중국과의 일전에 대비하는 것이다.[76] 러시아와 중국 사이를 떼어놓을 수 있다면 최선이다. 만약 중국이 러시아를 도우면 중국도 공공의 적인 '침략자'의 일원으로 낙인찍을 수 있다.

중국은 '전쟁과 (미국의) 러시아 규제 반대' 입장을 견지하면서 문제해결을 추구해 왔다. 하지만 중국은 미국과 러시아 사이에서 딜레마다. 너무 가까우면 문제가 생기고, 너무 멀어지면 다친다(不可近不可遠). 전쟁이 자국과 미국·유럽·러시아·우크라, 석유가스 자원 등과 연계돼 복잡하다. 북한이 참전하고 남북한이 생산한 무기들이 대거 투입돼 남북한 또는 진영 간의 무기전쟁이 되었다.

중국이 문제해결 대안 제시 등을 통해 평화의 지도자·중재자로 자리매김되면 좋으나 러시아와의 협력관계가 더 중요하다. 러시아가 승리하면 추후 미국과의 일전이 용이하게 될 것이다. 전쟁이 장기화되면 희생양 우크라는 6·25전쟁 시 한반도처럼 처참하게 파괴될 것

---

[76] 박인규 , "3차 대전은 이미 시작됐다. 세계는 전쟁 중이다" 프레시안, [전쟁국가 미국] 인류의 종말을 재촉하는 우크라이나전쟁 (1), 2022.8.24.

이다. 미국이나 유럽의 지원도 한계가 있다. 러시아도 자칫 구소련의 붕괴를 가져온 아프간 10년 전쟁을 반복할 수 있다.

내리막길의 미국과 유럽의 사정이 더 악화하면 우크라이나 전쟁은 한계를 맞을 것이다. 미국과 유럽의 총알은 바닥이다. 2025년 5월 현재의 러·우전쟁 상황은 종전 협상 과정에서 보인 트럼프의 성급함과 조바심이 말해주듯 미국은 러시아와의 군비경쟁에서 패배했다. 사실 전쟁에서 우크라이나의 승리는 가능한 일이 아니었다.[77]

트럼프 대통령의 즉각적인 전쟁 중단 공언에도 불구하고 중국의 역할이 중요해졌다. 미국과 러시아와의 긴밀한 대화에도 불구하고 러시아를 설득할 수 있는 나라는 중국뿐, 중국 없이 어떤 국제문제도 해결할 수 없다. 러시아에게 미국은 중국보다 더 중요한 나라가 아니다. 트럼프가 추구하는 미러관계 복원이 과거 미중 데탕트와 같은 변화를 초래할 가능성이 크지 않다는 것이다.

막바지에 이른 우크라 전쟁의 결과는 미중관계는 물론 국제정세에 중대한 변화를 불러올 것이다. 아래 〈표-5〉과 같이 우크라 전쟁에서 미국과 중국은 상당한 이득을 보고 있다. 누구를 위한 전쟁이었는가? 그 우열을 가리기는 어려우나 분명한 것은 우크라 전쟁 이후 국제사회의 변화는 중국에 유리한 방향이다.

---

[77] 김정섭, "자유주의 패권의 종말: 미-러 종전 협상의 전망과 함의", 세종포커스, 2025.2.28., pp.3-5.

〈표-5〉 우크라 전쟁에서 미중 양국의 예상 이득

구 분	미국의 이익	중국의 이익
경제 이익	- 유럽·러시아 에너지 협력 차단 - 유럽·러시아 투자 달러 회수 - 유럽에 무기수출 증대 - 석유가스 가격 상승 이득	- 러시아의 자국 의존도 증가 - 러시아의 중국기업 독무대화 - 에너지 이득 증대, 위험 최소화 - 국제사회의 위안화 결제 증가
안보 이익	- 중국 제1 파트너 러시아 약화 - 유럽 각국의 미국 무기 구입 - 유럽의 결집, 미국 통제권 확보 - 나토와 아태지역 한·일 연결 - 중국 긴장, 안보딜레마 가중	- 러시아와의 협력 강화 - 브릭스의 러시아 지지 증대 - 미국 2개 전선 부담(대중 압박 감소) - 대 미국 비난 소재 증대 - 장기화는 유럽·미국·러시아 약화

* 출처: 필자가 관련 자료들을 취합·정리함.

우크라 전쟁이 중국과 러시아에 유리한 방향으로 갈수록 미국에게는 딜레마가 된다. 전황은 갈수록 러시아에 유리해지고 있다. 트럼프 대통령은 우크라를 배제하고 러시아와 일방적 협상을 통해 종전코자 한다. 푸틴 대통령에게 더 강한 제재 카드를 흔들며 종전을 강요하고 있다. 우크라에게는 빼앗긴 영토 인정 상태에서의 종전을 압박하면서 희토류와 같은 광물 자원을 탐내고 있다. 러시아는 우크라가 미국의 반식민지가 된 상태에서 종전이 되는 상황을 수용할 수 없을 것이다.

결국 적전(敵前) 분열 상태에서 우크라이나의 패배는 미국에 큰 타격을 줄 수 있다. 트럼프와 푸틴 간의 밀착이 미국의 대 중국 견제에 도움이 될 가능성은 크지 않다. 미국의 우크라 전쟁 패배는 폴 케네디가 그의 저서 『강대국의 흥망』에서 경고했듯이 미국의 마지막 군사적 실수가 될 것이다. 악화된 재정난 상황에서 군사적인 실수는 전 세계를 대상으로 하는 관세전쟁 같은 무리수를 초래해 패권 제국은 종말을 맞게 된다는 것이다.

05

우주·사이버 전쟁

세상은 지구 안에서 밖으로, 현실에서 가상으로 확장되었다.

이제 달과 화성은 탐험의 대상에서 활용의 대상이다. 지정학적 공간도 사이버·우주 공간으로 넓어지고 있다. 앞으로의 세계는 우주를 지배하는 자가 지배할 것이다. 우주 공간은 아직 무주공산(無主空山). 미중 패권전쟁은 핵심 전략기술인 우주기술에서 승부가 날 것이다.[78]

우주는 국가안보전략의 핵심 축

제2의 우주시대에 우주기술은 우리의 일상생활을 지배하고 있다. 1000여 개의 각종 인공위성으로부터 오는 정보가 끊어지면 국가·사회가 작동할 수 없다. 자동차 내비게이션, 핸드폰, 위성 TV, 원격

---

78 차정미, "미중 전략경쟁과 우주의 지정학", 국회미래연구원 Futures Brief 23-10호, 2023.07.10., pp.2-3.

회의·교육 등이 올스톱된다.

미중 전략경쟁에서도 우주는 복합 안보의 공간이자 첨단기술이 작용하는 핵심 축이다. 21세기의 우주경쟁은 글로벌 리더십과 과학기술, 경제·군사·외교, 가치규범 등 복합적인 안보구조를 반영하고 있다.

미중 양국은 모두 우주기술을 핵심 전략기술로 규정했다. 양국 간 세력전이의 정점에서 최종 승부처는 사이버·우주 전쟁이 될 것이기 때문이다. 전쟁의 관건은 미중 양국 중 누가 상대방의 통신위성·GPS 등을 파괴할 수 있느냐는 것이다. 정밀 원거리 공격무기와 AI로봇 드론, 양자 정보통신기술로 적을 제압해 승리하는 것이다.

우주기술이 중요한 이유

과거의 전쟁은 주로 육·해·공 3차원 공간에서의 물리적 파괴가 중심이었다. 미래전은 우주의 위성정보에 의존하는 정보통신·무기체계가 복합적으로 구성된 네트워크전이 될 것이다. 이 전쟁에서는 보다 더 빠르고, 더 효과적으로 킬체인을 완료할 수 있게 도와줄 정보·전투 네트워크 역량이 승패를 좌우한다.[79]

미래전은 첨단화된 정보자산과 C4 ISR(지휘·통제·통신·정보·탐색·정찰) 능력으로 전쟁의 주도권을 보장하는 정보전이다. 장거리 정밀유

---

[79] 네트워크 중심전은 고도의 지식·정보력을 바탕으로 자동화된 네트워크를 통해 신속한 지휘통제로 전력을 강력하고, 효율적으로 연결시켜, 전력을 최대로 발휘하는 전투개념이다. 임종빈, "우주의 군사적 이용과 향후 과제", 『우주정책연구』 2020 Vol 3, p.31.

도 무기에 의한 정밀타격전, 무인화 장비에 의한 원격전이 병행된다.

모든 지상의 작전에는 우주 작전에서 획득한 정보, 정밀 유도, 전장환경 인식 등이 필요하다.[80] 전장 환경의 변화에 따라 우주의 군사적 이용은 확대되고, 그 중요성도 커지고 있다. 전문가들은 인류가 가장 두려워해야 할 무기로 'AI로봇'을 장착한 드론을 지목한다.[81] 최첨단 양자 컴퓨팅·인터넷 기술은 미중 패권전쟁의 승패를 가릴 '한 방'이다.

제2의 우주시대에 군사력이 열세인 중국은 미군의 압도적 군사력을 능가할 필요가 없게 되었다. 북한이 비대칭 핵무기 개발에 사활을 거는 것처럼, 미군의 몇 가지 '전략적 결함'을 공략하기만 하면 된다. '손자병법' 나라의 중국군은 사이버·우주 기술, 양자컴퓨팅 능력을 조합해 미군의 네트워크 통신을 무력화하고, 전략군의 발을 묶을 수 있는 기술 개발에 집중하고 있다. 우선 초(超) 네트워크전 양상에 대비해 적을 정밀하게 파괴·마비시키는 역량이 필요하다. 2차적으로는 자국의 네트워크가 적에 의해 파괴될 경우에 대비한 독립적인 자율무기체계 구축이 필수적이다.

80　임종빈, "우주 정책에 대한 고찰 및 최근 쟁점 분석", 우주항공연구원, Research Paper, Vol. 18, No 2, 2024, p.32.

81　2019년 9월 14일, 중동에서 가장 가난한 나라인 예멘의 후티 반군은 사우디아라비아 석유기지를 드론으로 공격해 원유 생산량을 하루 570만 배럴 줄게 만들었다. 우크라이나 전쟁에서도 양국의 드론 활용은 새로운 미래전 양상을 보여주고 있다.

다가오는 미래는 핵무기·항모·전략폭격기가 쓸모없는 시대다. 미래전의 전투는 물리적 파괴보다 상대방의 전투력을 교란·마비시키는 '소프트 킬(soft kill)' 형태가 될 것이기 때문이다. 사이버·우주 전쟁은 피를 흘리지 않는 '총성 없는 전쟁'이다. 악! 소리가 나지 않고, '어! 어! 왜? 큰일 났네!' 하다 곧 끝나고 만다.

우주전쟁 현황

미중 간의 우주전쟁은 2015년 중국이 우주군을 창설하고, 특히 2022년 우주정거장을 운영하면서 본격화되었다. 미국과 중국은 아래 〈표-6〉와 같이 우주 과학·탐사 분야 이외 지구 관측과 발사체, 위성통신, 내비게이션, 우주안보·조기경보 분야에서 치열하게 경쟁하고 있다.

〈표-6〉 미중 양국의 우주개발 경쟁

분야	미국	중국
우주정거장 건설	러시아가 2024년 이후 ISS 철수	2022.12. 우주정거장(톈궁) 완성[82]

---

82 우주 비행사 3명이 우주 정거장 톈궁에 거주하며 임무를 수행. 화물우주선 톈저우와 유인 우주선 선저우가 정기적으로 지구를 오가며 필요한 자원과 인력을 공급한다.

달 탐사	아르테미스 프로젝트 시작, 발사 성공, 2026년 우주인 착륙 계획	2019년 창어 4호 달 뒷면 착륙, 2020년 달 샘플 채취 후 귀환
위성항법시스템	GPS 운용 중	2020년 베이더우(北斗) 완결
우주 무기화	X-37B 우주 드론(궤도위성 공격), 골든돔 배치 구상	2016년 양자통신위성 발사, 스파이카메라 위성 Qianfan, 비밀우주선 운영, J-50
우주 탐사	1976년 바이킹 1호 이래 9번째 화성 착륙 성공	텐원 1호 착륙, 화성 탐사용 로버 '주롱' 배치, 태양관측 위성 발사
대외 협력	27국과 아르테미스 협정 체결, NATO·쿼드와 협력, US-Africa 운영	러시아와 달·심우주 탐사, 데이터센터 건설 계획, APSCO 등 운영
우주군	2019년 창설, 구호: 언제나 위에서! 정규군 6,434명, 우주물체 77기	2015년 우주군사령부 창설 구호: 우리는 칼끝·철권, 병력미상

*출처: 관련 여러 참고자료들을 취합·정리함.

미국의 우주 전략과 기술 개발

미국은 우주를 미래 전장의 종착지로 본다. 우주에서의 국방역량

부재·약화는 전쟁의 실패를 가져올 것이다.[83] 미국의 위협 인식은 상상을 초월하는 중국의 군사혁신 때문이다. 중국의 첨단기술 혁신 수준에 대한 미국 내의 평가는 중국이 AI·양자컴퓨팅 등에서 이미 자국을 능가해 미국이 "지는 게임을 하고 있다"는 것이다. 중국은 벌써 미국의 우주군사 시스템을 파괴하거나 항공모함을 격침시킬 수 있는 능력을 확보했다. 미국을 무서워할 이유가 없게 된 것이다.

미국은 군사 분야에서 격차를 좁혀오는 중국에 대해 육·해·공군력을 넘어 사이버·우주 분야까지 다영역 복합전으로 대응한다는 전략이다. 중국의 기술 혁신이 세력전이의 게임체인저가 되는 상황을 예방하기 위해 3차 상쇄 전략을 추진하고 있다. 이는 미국이 먼저 4차 산업혁명의 주요 기술을 군사력의 변환에 적용해 완전히 새로운 전장(戰場) 환경에서 중국을 누른다는 것이다.[84]

미국의 정책목표는 중국의 '우주굴기'를 견제하고, 우주자원 경쟁에서 자국의 리더십을 굳히는 것이다. 미국은 2019년 우주사령부를 창설했다. 국가안보국(NSA)을 중심으로 사이버 작전을 강화하고 있다. 대기권 밖의 무인정찰기인 X-37B는 우주무기화와 우주드론 시대를 열었다. 이를 토대로 미국은 우주공간에 위성과 로봇, 드론으로 구성된 '트리플 캐노피' 체계를 구축하고자 한다.

---

83 임종빈, 앞의 글, p.33.
84 손한별, "미국의 미래전 전략과 군사혁신 모델: 위협과 도전에 대한 "상쇄전략" 국제문제연구소 미래전연구센터 워킹페이퍼 No.79, 발간일: 2021.12.7.

우주전쟁에서도 미국은 '동맹과 함께' 하고 있다. 2026년 유인 달 탐사 프로그램인 '아르테미스'는 동맹·파트너들과 함께 우주외교전략 프레임워크 속에서 진행되고 있다. 2022년 NATO 정상회의는 중국의 구조적 도전에 우주전에서도 공동 대응키로 했다. 쿼드(QUAD) 첫 대면 정상회담도 회원국들이 '우주·사이버' 분야에서 협력키로 했다.

미국 내 민간 차원에서의 우주 개발도 주목된다. 민간항공우주 기업인 일론 머스크의 '스페이스 X'는 '스타링크'라는 인터넷 서비스를 제공한다. 스타링크는 약 550km 상공 저궤도 위성으로 지연 속도가 낮고 빠른 인터넷을 제공할 수 있다. 통신망이 파괴돼 인터넷 서비스를 쓸 수 없는 전쟁·재난 지역에서도 저궤도 위성 인터넷을 이용할 수 있다. 아마존도 2018년부터 '프로젝트 카이퍼'라는 저궤도 위성 인터넷망 서비스를 준비해 시험위성 테스트에 나섰다.

문제는 미국의 재정악화, 정부(NASA)와 관련 기업들과의 갈등·협력, 저조한 기술혁신 등이 발전을 가로막고 있다는 것이다. 2024년 6월 국제우주정거장(ISS)에서 1주일 시험비행 후 귀환 예정이었던 2명의 미국 우주비행사는 예기치 않은 문제들로 9개월 만에 지구로 돌아왔다. 중국은 2024년 10월, 3명의 우주비행사를 태운 선저우 19호와 2025년 4월, 선저우 20호 발사에도 성공, 자체의 우주정거장에서 정거장 운영과 심우주 탐사 임무를 수행하고 있다.

중국의 우주 전략·기술 개발

"중화민족이 당하는 시대는 끝났다. 우리를 괴롭히면 강철 만리장성에 머리가 깨져 피가 흐를 것이다." 2021년 7월 1일, 중국공산당 창당 100주년 기념행사에서 한 시진핑 주석의 경고다. 그 누구도 대적할 수 없는 군사 역량을 이뤄내는 일은 시진핑 중국몽(中國夢)의 시작과 끝이다.

중국은 우주몽(우주강국) 실현을 목표로 과학기술 자립자강을 강조한다. 중국에게 우주공간은 현대전을 수행하고 미국과 그 동맹국들의 군사능력을 축소하는 데 필요한 수단이다.[85] 시진핑 주석이 강조해 온 '결정적인 순간에 쓸 수 있는 절대적인 기술'은 바로 한방으로 끝낼 수 있는 첨단 우주·사이버 기술에 있다.

이를 위해 중국은 양자컴퓨터를 활용하거나 전자폭탄·레이저빔 공격을 통해 적의 위성 기능을 마비시키는 우주무기 개발에 주력하고 있다. 중국은 양자컴퓨터, 빅데이터 처리, AI·클라우드 네트워크 분야에서 미국을 추월해 미래전을 주도한다는 계획이다.

2015년에 우주군을 창설한 중국은 이미 위성요격 능력을 갖췄다. 2021년 10월 미국 합참이 실시한 대만해협 워게임에서 중국은 재밍(jamming)과 위성 파괴로 미국의 지휘·명령 네트워크를 전쟁 발발 즉

---

[85] 央視新聞, "領航中國 中國航天: 全面開啓航天强國建設新征程", 2022.09.14.

시 두절시켰다. 중국은 260여 기의 감시정찰위성을 포함 500여 기의 인공위성을 운용한다. 총 400여 회의 우주발사체도 실험했다. 현재 30여만 명의 인력이 각종 우주 프로젝트에 참여하고 있다.[86]

중국은 우주 탐사뿐 아니라 위성 항법과 통신·기상·지도 등 다양한 우주산업 분야에서 빠르게 발전하고 있다. 2023년부터 중국은 자체의 독립적인 인터넷망인 '중국판 스타링크' 구축에 나섰다. 중국이 'GW'라는 코드명으로 추진 중인 자체 위성통신망 구축 프로젝트는 2035년까지 위성 2만 6000개 이상을 쏘아 올려 전 세계를 커버한다는 계획이다. 미국 '스페이스X'의 '스타링크'는 약 5000개의 위성으로 구축·운영 중이다.

중국의 우주 굴기가 두드러지는 이유는 후발 주자의 이점과 함께 독자적인 기술·자본에 러시아의 앞선 기술력·경험이 결합해 속도를 내기 때문이다. 중국과 러시아는 달 기지 건설과 소행성 탐사 등에 협력키로 하면서 양국이 우주 패권을 장악할 태세다.

경제·안보가 맞물린 사이버 공간

우주 공간 못지않게 중요한 공간은 사이버 공간이다. 사이버 공격

---

86 황진영, "중국의 우주개발 동향과 시사점", 『우주정책연구』 Vol 5, 2022, pp.30-31.

의 종류는 다양하며 끊임없이 진화하고 있다. 미중 양국은 사이버 무기를 사용해 군사 네트워크와 전력망 같은 중요한 공공시설을 조용히 끊을 수 있다.[87] 사이버 공간에서 발생하는 피해는 사회적·국가적 대혼란을 촉발할 것이다. 국가의 안위는 물론 경제적 번영·혜택의 전제는 사이버 공간의 안전·신뢰다.

미국과 중국은 경제·안보가 맞물린 새로운 대결 공간에서 외부의 공격·위협에 대응하는 사이버 안보를 국가의 중요 정책과제로 삼고 있다. 강조점은 물리적 영역에서 데이터 수집·처리, 네트워크 침투, 심리 조종 등의 정보 영역으로 옮겨 가고 있다. 탄력적이고 안전한 통신 보장과 사이버 공격으로부터 중요한 인프라, 민감한 네트워크를 방어하는 데 초점을 맞추고 있다.

미국은 중국이 불공정한 방식으로 세계 정보통신 업계를 장악하려 한다며 화웨이·ZTE 등을 규제하고 있다. 빈번한 해킹 공격의 배후로 중국의 국가안전부와 연계된 해커들을 지목하고 있다. 중국·러시아·북한 등이 사이버 공격을 감행할 경우 국가안보국(NSA)을 중심으로 공격적인 사이버 작전을 수행하고 있다.

중국은 미국이야말로 사이버 공격을 일삼는 나라라고 비난한다. 후발주자인 중국은 첨단 양자컴퓨터 개발과 사이버 공간을 분리하

---

87 그레이엄 앨리슨·정혜윤 역, 앞의 책, p.254.

는 방법으로 보안을 강화하고자 한다. 미중 패권전쟁은 사이버 공간을 양분화할 태세다. 중국은 미국이 관리·통제하고 있는 세계 인터넷을 바꿀 새로운 IP를 밀어붙이고 있다. 중국은 이미 UN 산하 국제통신연합(ITU)에 '뉴 IP'란 인터넷 표준을 제안했다.

사이버 보안의 핵심은 암호화 기술이다. 양자 컴퓨터·인터넷은 사이버 안보와 세력전이의 게임체인저다. 빠른 속도로 다변수 계산 능력이 탁월한 양자컴퓨팅은 모든 암호를 풀어내고, 해킹·도청을 막아내며, 적의 스텔스기 위치도 정확하게 알아낸다. 미중 양국은 양자역학을 활용한 통신시스템과 빠른 속도, 우수한 보안성을 갖춘 양자인터넷 개발에 속도를 내고 있다.[88]

미국의 쇠락과 중국의 부상에 따른 미중 패권전쟁은 거의 모든 분야에서 비슷한 양상이 두드러지고 있다. 중국의 추격이 빨라지고 있거나, 앞서가는 영역들이 늘고 있다. 중국은 다시 도광양회(韜光養晦) 전략으로 상대를 불필요하게 자극하지 않고, 상대적 우세를 축적하고자 한다. 중국이 총력전을 펼쳐 이미 동등하거나 우세를 보이고 있는 우주·사이버 기술 분야에서 특히 그러하다.

---

88 헨리 키신저 저·이현주 역 『헨리 키신저의 세계 질서』, 민음사, 2016, pp.387-388.

06

국제질서 주도권 경쟁

― 체제·이념, 규범·질서 공방

　역사는 '종식'되지 않고 '이동'한다. 1989년, 미국의 정치경제학자 후쿠야마는 공산주의에 대한 민주주의와 자유 시장경제의 영원한 승리를 주장했다. '역사의 종언'이 그것이다. 그로부터 20년 후인 2008년 10월, 그는 미국식 자본주의는 자유민주주의와 함께 몰락했다고 일갈했다. 2020년, 코로나19 팬데믹 사태는 미국의 고장 나고 무너진 시스템의 민낯들을 그대로 드러내며 미국에 사망선고를 했다.

미중 간의 체제·이념 전쟁

　미중 패권전쟁은 양국 간의 전략경쟁이고, 체제경쟁이며, 규범질서 경쟁이다. 그 본질은 이념적 요소가 결합된 문명충돌이다. 냉전 시대의 이념전쟁은 미국의 소련 죽이기, 신냉전 시대의 이념전쟁은 미국과 서방의 중국 죽이기다.

미중 간 체제·이념 분야의 전쟁은 무역·기술·금융 전쟁보다 더 뜨겁다. 패권전쟁 7년 차인 2025년, 역사가 서에서 동으로 이동하고 있다는 징후가 뚜렷해지고 있다.

주객이 전도된 체제·이념 전쟁

2020년 5월, 미국의 '대 중국 전략' 보고서는 중국의 굴기를 '우리 (미국)의 가치에 대한 도전'으로 인식한다. 부상하는 중국 그 자체와 함께 강화하고 있는 중국공산당 시진핑 총서기 체제를 가장 큰 위협요소로 보았다. 중국식 체제·이념이 미국과 미국의 패권질서를 개편할 수 있다는 두려움이 반영된 것이었다.

그동안 미국은 민주주의의 원조국이고 교과서였다. 하지만 오늘날 미국인들은 나날이 무너져가는 조국의 자유 민주주의 체제와 이념을 걱정한다. 미국의 현실 상황은 자유와 민주, 인권과 거리가 있다. 미국이 국민의, 국민에 의한, 국민을 위한 나라가 아닌지는 오래되었다.

바이든 대통령은 2021년 4월 28일, 방송사 뉴스앵커들과 만나 "(나는) 민주주의가 21세기에 성공할 수 있을지의 여부가 미국 앞에 놓인 중대한 도전과제라고 본다"고 말했다. 시진핑 중국 주석은 바이든 미 대통령에게 자국의 정치체제가 미국의 그것보다 더 좋은 것으로, 중국 특색의 사회주의가 승리할 것이라고 장담했다.

2022년 1월 미국 NBC 발표 여론조사 결과는 미국인 76%가 "미국의 민주주의가 위협받고 있다"고 답했다. 영국 이코노미스트의 EIU가 매년 발표하는 '민주주의 지수'에 따르면 2016년 이후 2024년까지 미국은 한국보다 한 단계 낮은 '결함 있는 민주주의 국가'에 속했다. 미국은 민주주의가 제대로 작동하는 국가가 아니라는 것이다.

비록 1인당 국민소득이 한국보다 2배가 넘지만, 미국은 국민들 대다수가 행복한 좋은 나라가 아니다. 세계적인 다국적 여론조사 업체인 입소스(IPSOS)의 '세계 행복 2024' 보고서는 미국은 72%로 14위, 한국은 57%로 32개국 중 31위로 발표했다.

미국의 대 중국 전략·공세

미국인들에게 "민주주의는 정부의 한 형태 이상이다. 삶의 방식이자 세상을 보는 방식이다. 지키기 위해 싸우거나 목숨을 바칠 가치가 있는 미국의 영혼이었다." 바이든 대통령은 2021년 미국 현충일 기념사에서 민주주의와 독재와의 싸움을 '우리 시대의 싸움'으로 규정했다.

미국은 중국이 강압적·공격적 방법으로 홍콩 자치권을 무너뜨리고, 대만 민주주의를 저해하고 있으며, 티베트·신장에서 인권을 유린하고 있다. 남중국해에서도 국제법 위배 행위들을 자행하고 있다고 비난해 왔다.

미국의 목표는 민주주의의 확산이라는 외교전략으로 중국을 견제하는 것이다. 중국 공산당 정권을 악마화해 민주 진영을 결속시키는 것이다. 궁극적으로는 반중국 전선을 강화해 중국을 고립·봉쇄, 고사·붕괴시키는 것이다.

중국을 향한 미국의 압박·공세는 강력하고 전면적이다. 대만·홍콩·신장·티베트 문제는 물론 중국공산당 체제에 대한 공격도 불사한다. 중국이 타협할 수 없는 마지노선·레드라인이라고 주장해 온 핵심이익을 지속적으로 시비한다. 중국의 대외 이미지를 타격하고, 흐리게 해, 중국에 스트레스를 주기 위해서다.

중국의 자신감, 매서워진 반격

미국의 집요한 중국 공격은 국제사회에서 먹히고 있다. 중국은 곤혹스럽다. 사실 중국은 인류 공통의 관심사이자 중요 가치인 인권·민주·법치 면에서 후진국으로 보인다. 일당 독재체제, 중국 특색의 민주주의에 서구식의 다당제와 대의제는 없다.

서구식이 보편인 시각에서 보면 중국은 형편없는 나라다. 그러나 중국인들은 여전히 중국공산당의 지도적 지위는 역사와 인민의 선택이며, 14억 인민들의 지지를 받고 있다고 자부한다. 중국식 체제·이념이 미국식보다 낫다고 생각한다. 장차 미국식 민주주의와 자본주의는 소멸하고, 중국 특색의 사회주의가 승리할 것으로 믿고 있다.

중국은 미국이 은밀하게 자국과 중국공산당 정권의 붕괴를 추구하고 있다고 본다. 홍콩·신장 문제에 대한 개입·간섭은 사회 혼란을 조장·확대해 중국을 분열·와해시키려는 도전으로 본다. 중국의 태도는 단호하다. 중국의 지도부가 공유하는 아래와 같은 목표·전제는 확고하다.

"미국이 우리의 발전을 방해하지 못하게 하려면 부유하고 강해져야 한다. 그 능력·정당성을 갖춘 유일 세력은 중국공산당이다. 사회주의만이 중국을 살릴 수 있다. 중국특색의 사회주의 시장경제가 중국을 발전시켰다. 이는 역사의 결론이고, 중국 인민의 선택이었다."

  중국은 이제 자국의 체제·이념에 대한 미국의 공격에 공세적으로 대응하고 있다. 미국식 민주주의는 금권정치화한 자본·선거 민주주의로 치부한다. 역사적으로나 현실적으로 민주·인권을 말할 자격이 없는 미국이 민주·인권의 이름으로 타국의 내정에 간섭하며, 분열·대립을 조장해 혼란과 재앙을 초래하고 있다고 공격한다.

미중 간의 국제질서 공방 논리
― 미국과 '규칙 기반 질서(RBIO)'의 위기

　미중 패권전쟁은 지구촌에서 벌어지는 세기적 게임이다. 전쟁이 승부를 가린 과거 패권전쟁과 달리 오늘날은 총성이 없다. 아우성도 크지 않다. 그렇다고 지구촌 사람들이 생각 없는 관중이 아니다. 언론과 모바일, SNS를 통해 전해지는 전쟁 상황을 평가하고, 예측하며, 계산기도 두드린다. 이들의 각성·의지는 세계를 변화시키는 큰 힘이다.

　지구촌 사람들의 마음을 잡기 위한 미중 간 경쟁이 치열하다. 힘이 곧 정의이고 보편인 시대, 거짓·위선이 통하는 시대가 끝났기 때문이다. 가장 큰 힘과 영향력은 국제사회의 신뢰와 동의, 설득력에서 나온다. 미중 간의 상호 공방 과정에서 어느 나라의 논리와 처신이 더 합리적이고 정당성이 있는 것일까? 향후 미중 패권전쟁의 승패는 미중 양국의 시스템이 자국 내에서 어떤 성과를 내고, 해외에서 어떻게 처신하는지에 달려있다.

미국의 공격·방어 논리

패권전쟁에서 미국의 목표는 흔들리는 자국의 패권을 재건·유지하는 것이다. 이를 위해 미국은 2030년까지의 결정적인 시간에 ① 자국의 힘을 기르고, ② 동맹을 규합해, ③ 중국과 경쟁하는 세 가지 전략을 구사하고 있다. 그 과정에서 미국의 대 중국 공세의 근거와 논리는 아래와 같다.

중국은 '공공의 적'이다.

미국은 자국을 위협하고, 자국에 도전하는 중국을 괴물로 여긴다. 미국이 주도해 온 '규칙 기반의 국제질서(RBIO: The Rules-Based international Order)' 속에서 미국의 지원·협력에 힘입어 성장해 온 중국은 배은망덕한 괴물인 것이다. 또 미국인들은 자국의 경제 침체와 안보 불안, 여러 사회 문제는 중국으로부터 비롯됐다고 생각한다.[89] "중국의 성공은 독재정치의 산물이다. 중국은 미국의 안정을 해치고, 미국의 가치와 국익에 상반되는 방식으로 세계를 재편하려 한다"고 비난한다.

중국은 무법자, 수정주의 세력이다.

미국의 각종 '국가안보전략' 문건은 중국을 서구식 민주주주와 자

---

89 대표적인 예로 트럼프 대통령은 당선인 시절인 2024년 11월 25일, "팬타닐 마약의 미국 침략이 멈출 때까지 중국에 최대 70% 관세를 부과하겠다"고 공언했다.

본주의에 도전하고 있는, 공존할 수 없는 적으로 본다. 따라서 미국의 목표는 모든 수단을 동원해 중국의 굴기를 저지하고 약화시키는 것이다. 전략지침은 중국이 기술 혁신의 우월한 고지를 점하지 못하도록 하고, 자유세계를 위협하지 못하도록 하며, 서태평양을 내해로 편입하지 못하도록 막는 것이다.

시진핑 국가주석이 가장 큰 위협요소다.

미국은 존재감을 키우고 있는 중국 그 자체와 더불어 후계자 없이 '1인 체제'를 강화하고 있는 시진핑 공산당 총서기를 가장 큰 위협으로 여긴다. 미국에 약 1억 명의 공산당원들이, 시진핑을 정점으로 일치단결해 안정·발전을 유지하고 있다는 사실은 두려울 수밖에 없다. 특히 중국의 지도부가 미국 체제보다 자국 체제가 더 우월하다고 장담하니 "파산한 전체주의 신봉자인 시진핑 공산당 체제를 교체해야 한다"는 목소리에 힘이 실릴 수밖에 없다.

민주주의·인권은 미국 영혼이다.

민주주의 가치와 인권은 미국인들이 가지고 있는 신념의 핵심이다. 무조건 지키기 위해 싸우거나 목숨을 바칠 가치가 있는 영혼이다. 이념과 가치를 중시하는 극단적인 냉전주의자 바이든 대통령은 특히 민주주의와 인권을 강조했다. 위험에 처해 있는 민주주의를 어떤 희생을 치르더라도 지키자고 역설했다. 미국은 중국의 약한 아킬레스건인 소수민족의 인권 상황을 집중 공격한다.

중국의 대응·반격 논리

미국이 자국을 은밀하게 전복시키려 한다고 생각하는 중국은 미국과의 이념 갈등을 중시한다. 중국공산당은 체제안보를 국가안보와 동일시한다. 중국은 미국의 자국 체제·이념에 대한 공격과 간섭을 치명적인 위협으로 간주한다. 사활을 걸고 대응하고 있다.

중국은 미국의 민낯이 드러난 코로나19 사태 후부터 미국의 공격에 적극 대응하고 있다. 아래와 같이 미국식 민주주의의 문제와 실패 사례를 거론하는 한편, 중국이 나름의 '민주'를 구현하고 있다고 주장한다.

민주에는 보편적인 모델이 없다.

민주주의에 대한 중국의 생각은 단호하다. "민주는 미국이 원료를 만들고 전 세계가 한 가지 맛을 보는 코카콜라가 아니다. 자국의 역사와 문화, 현실에 맞는 제도가 가장 민주적이다. 모든 나라에 통용되는 보편적인 가치나 통치 모델은 없다. 미국이 민주와 인권의 이름으로 가치외교를 하고, 타국의 내정에 간섭하며, 분열과 대립을 조장하면 혼란과 재앙만 불러일으킬 것이다."

인민이 주인인 것이 중국 민주의 본질이다.

과거 미국인들의 오랜 투쟁은 미국과 세계의 민주주의 발전을 촉진했다. 그러나 21세기 들어 미국 민주주의는 금권정치화 되고, 소수 엘리트 정치로 변질됐다. 삼권분립을 통한 견제·균형의 원칙은 극단적인 '거부정치'로 변했다. 이에 중국은 "민주는 장식품이 아니다. 인민을 위해 사용돼야 한다. 선거 민주는 실제로는 자본이 지배하는 선거다. 기업 자본에 의한 금권정치는 유권자의 이익을 우선하지 않는다"고 비판한다. 중국 국호는 중화인민공화국이다. 중국 지도부는 미국식 민주주의 기능부전 상태를 비판하며 공산당의 정치가 그야말로 인민에 의한, 인민을 위한, 인민의 것임을 강조한다.

미국은 인권을 논할 자격이 없다.

중국은 인권문제에 대해서도 공세적으로 대응한다. "이 문제에서 미국은 중국과 세계에 빚이 있다. 미국은 인권을 명분으로 다른 나라의 내정에 간섭하며, 이미지를 훼손하고, 안정을 파괴해 왔다. 미국은 우선 자신의 인권문제부터 해결해야 한다. 미국 의회폭동, 인종차별, 불평등·양극화 가속, 코로나19 사태 대응실패, 총기사고 다발 등은 미국식 민주주의의가 실패했다"는 증거라고 공격한다.

미국이 강조하는 자유와 인권, 민주주에 대한 중국인들의 인식은 과거 덩샤오핑이 한 말에 함축돼 있다. 그는 "인권이나 자유니, 민주주의니 하는 말은 오직 강하고 부유한 나라들의 이해를 위한 것이다. 이들 나라는 자기네들의 힘을 이용해서 약한 나라를 괴롭히고, 패권을 추구하며, 힘에 의한 정치를 한다"고 말했다.

위기에 처한 미국의 패권질서

윌슨을 포함 거의 모든 미국 대통령들은 보편적 원칙에 기반을 둔 평화롭고, 민주적이며, 규범에 근거한 세계질서를 추구했다. 이는 현대 국제질서의 역사적 배경이자 지금도 작동하는 원칙이다. 미국은 이 질서의 주도자·운영자로서 많은 이익을 얻어왔다. 그런 미국이 쇠락하자 '규칙에 기반한 국제질서'가 흔들리고 있다. 중국은 다방면에서 미국을 공격한다.

미국의 방어 논리

미국은 중국을 미국의 이익·규칙에 기반한 국제질서에 도전하는 힘을 가진 유일한 국가로 판단했다. 중국과 러시아가 공동으로 미국이 주도하는 국제질서(RBIO)와 동맹의 네트워크에 도전하고 있다고 본다.

오늘날 미국의 핵심 목표는 흔들리고 있는 자국의 패권질서, 즉 RBIO를 재건하는 것이다. 자유주의적 국제질서를 유지·발전시켜 나가면서 동맹 및 파트너국들과 함께 체계적이고 복합적으로 중국의 굴기에 대응하고자 한다. 중국이 아닌 미국 중심의 민주국가들이 여전히 국제사회의 무역·기술 규칙을 만들고, 미국이 강력한 위치에서 세계를 이끌어야 한다는 것이다.

미국은 IPEF, QUAD, AUKUS, NATO, 한미일 및 미국·일본·호주·필리핀 등과 협력하며 인도·태평양 일대에서 중국을 겹겹이 에워싸고 있다. 자유롭고 개방적인 인도·태평양과 RBIO를 유지하기 위한 것임을 강조한다. 미국은 동맹들과 협력하며 공급망 재구축 및 국내 제조업 경쟁력 제고에도 본격 나섰다.

중국의 공격 논리

중국도 힘이 커지자 생각이 달라졌다. 중국은 그동안 미국이 주도하는 RBIO를 인정하며 협력해 왔다. 그러나 미중 패권전쟁 이후부터는 미국이 만들어 놓은 국제적인 규칙·질서가 공정하지 않고, 합리적이지도 않다며 거부한다. 나아가 미국이 현 국제질서의 가장 큰 파괴자라며, 자국이 2013년부터 주장해 온 '신형국제관계'에 입각한 중국식 대안을 제시하고 있다.

중국이 미국의 패권질서인 RBIO를 부정·거부하고, 이를 공인된 국제법 원칙과 규범으로 받아들일 수 없는 이유는 아래와 같다.

- 미국이 자국의 특수한 경험을 토대로 보편적인 법칙을 강요하며, 자신들의 체제와 제도를 이식하려는 것은 제국주의적이고 패권적인 발상이다.
- RBIO는 미국이 자국의 패권을 은폐하기 위한 것이다. 규칙에 기반한 질서라는 것은 사실 미국의 규칙이며, 미국의 질서다.
- 미국은 민주라는 명목으로 소집단을 만들고, 인권을 구실로 다른 나라의 내정에 간섭한다. 다자주의 깃발을 들고 일방주의를 밀어붙인다.

중국인들은 RBIO 자체가 가지고 있는 문제점들도 다음과 같이 지적한다.

- 미국인들은 RBIO를 '광범위한 법률체계'라고 정의하나 이는 구체적으로 규정된 규칙이 아니다. 그 성격을 알 수 없다. 누가 규칙을 정하고, 어떤 국가들이 동의하는지 알지도 못한다.
- RBIO는 국제법과 달리 담론에만 등장하는 국제법 규율 밖의 미국 대안이다. 국제사회의 보편적 질서가 아닌 미국이 국익에 부합하는

지배력을 확보하기 위해 설정한 패권질서다.

- 특히 RBIO는 유엔헌장과 각종 규약 등 국제법과의 관계를 고려하지 않았다. 정의되지 않은 미국식 예외주의가 작용하고 있다.

트럼프의 미국이 추구하는 대안

국제정세가 급변하고 있다. 변화의 중심에는 트럼프 미국 대통령이 만들고자 하는 새로운 국제질서가 있다. 그것은 다극체제다. 미국이 한 축(極)이고, 러시아와 중국이 각각 한 축(極)이 돼 각자의 세력권을 구축하고, 이를 서로 인정하는 체제이다. 미국은 이 다극체제 아래서 이들과 국제문제를 타협하고, 이해를 조정하는 거래를 할 것으로 보인다.[90]

미국식 국제질서 붕괴 상태에서 등장한 트럼프 2기 정부는 기존의 문법과는 전혀 어울리지 않는 대외정책을 추진했다. 동맹과 적을 구분하지 않고, 19세기 제국주의 시대의 영토 확장주의적 시각을 드러냈다. 나토에 대한 공격과 푸틴 러시아에 대한 접근, 파나마 운하 회수와 그린란드와 캐나다의 자국 영토화, 가자지구 개발 등은 미리 자국의 세력권을 확보하기 위한 것이다. 이런 트럼프가 꿈꾸는 세계질서의 비전은 1945년 전후 처리 과정에서 얄타협력체제와 같은 나눠먹기식 '전 지구적 강대국 협조체제' 같은 것이다.

---

90 임방순, "트럼프가 추진 중인 미국 세력권에 대한 논란", news2day 칼럼, 2025.4.9.

중국이 제시하는 대안

중국의 야망은 세계를 지배하는 국가가 되는 것이 아니다. 중국은 강력한 국가가 되고 싶어 한다. 중국이 제시하는 세계질서 대안의 대강은 국제정치에서 유엔을 중시하고, 국제경제에서 자유롭고 열린 국제질서를 추구하는 것이다. 중국은 국제질서가 더 공정하고 합리적으로 발전하기를 기대하며, 세계의 다극화와 국제관계의 민주화도 추구한다.

중국은 미국이 주도하는 국제질서를 거부하고 '신형국제관계'를 주장한다. 유엔 안보리 상임이사국으로서 국제사회와 함께 유엔 헌장의 취지와 원칙에 기초한 국제관계의 기본준칙을 지켜나가고자 한다.

중국이 러시아와 공유하는 이 같은 인식과 가치는 비서구 국가들에게 반향을 일으키고 있다. 다극체제, 다자주의, 주권, 내정 불간섭을 강조하는 브릭스 국가들의 외교정책은 미국의 그것과 다르다. 적지 않은 개발도상국들과 권위주의 국가들에게 상당한 매력과 설득력을 갖는다.

현재 인류는 민주주의와 권위주의가 경쟁하는 '변곡점'에 서있다. 미국식 대의 민주주의와 자본주의 시장경제에 대한 불신과 회의가 커지고 있다. 미국이 주도해 온 국제질서도 흔들린다. 이 와중에 중국은 자국 특색의 사회주의가 더 민주적이고 사회적 책임을 다하는 제도라고 주장한다. 그럴듯한 대안까지 제시한다.

한 나라의 정치경제 시스템은 국가의 발전과 국민행복을 보장하기 위한 수단이지 목표가 될 수 없다. 그 성과는 결국 국민들이 느끼는 행복지수와 민주화의 정도에 달려있다. 이런 점을 두고 볼 때, 미국과 중국은 국민들이 행복한 민주국가가 아니다. 자국조차 제대로 추스르지 못하는 나라가 전 세계를 지배하려는 생각은 탐욕이고 과욕이다.

자유 민주주의는 인류 전체의 공통된 가치이다. 그러나 세계 전체에 적용되는 보편적인 민주주의나 질서의 모델은 있을 수 없다. 민주와 독점, 통제관리 정도의 문제이지 미국식 체제가 항상 우월하다고 말할 수도 없다. 자기들 맘대로 해석하고 행동해 온 서구식의 '자유'는 오래전에 그 명을 다했다. 한국의 윤석열 대통령이 그토록 강조한 '자유'는 시대착오적인 서구식 멋대로의 자유 그것이었다.

산업 생산력의 발전에 따라 국가의 체제·이념도 바꿔 가고 있다. 저물어 가는 미국의 대 중국 공격과 방어에는 사실 힘이 없다. 일방주의와 예외주의적인 사고에는 논리가 없으며, 생략도 많다. 시대 상황의 변화를 반영하지 못한 미국 정치행정 시스템의 실패는 곧 미국 패권의 실패다. 미국은 더 이상 세계의 중심이 아니다. 대내외 정책과 처신에서 그 타당성과 정당성을 인정받지 못한 미국의 세기는 아름답지 못한 모습으로 예상보다 더 빨리 저물고 있다.

제5부

전쟁의 진행 양상과 추세

지난 7년의 미중 패권전쟁은 대체로 중국의 선전이었다.

2018년 3월, 트럼프 미 대통령은 "무역전쟁은 좋은 것이다. 우리가 쉽게 승리할 것"이라며 대 중국 전쟁을 선언했다. 이후 현재까지는 상대적으로 중국이 웃고 있다. 중국은 위안화 강세와 반중 정서의 확산에도 불구하고 한때 사상 최대 규모의 대미 무역흑자를 기록했다. 국제사회에서는 미국보다 더 많은 우군도 확보했다.

미국은 대 중국 경제 제재·압박이 부메랑이 돼 최악의 인플레이션을 맞았었다. 중국의 굴기를 저지하지도 못했다. 갈수록 복잡해지고 있는 미중 대립구조 속에서 한계에 직면한 미국은 동맹과 함께하지 않으면 할 수 있는 게 거의 없다. 그런데 동맹·파트너들은 함께 하는 이익이 별로 없다고 생각한다.

미국의 대 중국 전략이 실패한 이유는 중국을 제대로 이해하지 못한 탓이다. 효율적인 전략을 구사하지 못하고, 공격의 적기도 놓쳤다. 덩치가 커진 중국을 미국이 힘으로 무너뜨릴 수는 없게 되었다. 동맹·우방들과 함께 중국의 발전을 억제하려고 하나 각기 이해관계가 다르다.

20여 년 동안 서로 얽히고설킨 지구촌의 세계화와 공급사슬에서 미국이 추구하는 디커플링은 쉽지 않았다. 중국의 발전을 멈출 수도, 변화시킬 수도 없다. 단지 속도를 조금 늦출 수 있을 뿐이다. 덩치 큰 중국을 막아서겠다는 건 강물이 바다로 흐르는 걸 막겠다는 것과 같다.

01

경쟁인가? 전쟁인가?

미중 패권전쟁은 무역·기술을 넘어 그 영역이 전방위적 대결 양상이다. 이런 미중 간의 격한 갈등·대립이 전략경쟁인가, 아니면 패권전쟁인가? 언론과 학계에서는 경쟁과 전쟁을 구분하지 않고 쓰고 있다. 필자는 시종 '전쟁'이라는 용어를 사용해 왔다. 그 이유는 다음과 같다.

미국은 '적'이나 '전쟁'이라는 용어 사용을 자제하고 있다.

바이든 대통령은 2021년 2월 뮌헨안보회의 연설에서 중국과 러시아를 '적'이자 '경쟁국'으로 규정했다. "우리는 함께 중국과의 장기적이며 전략적인 경쟁을 준비해야 한다"면서 "중국과의 경쟁은 치열할 것이다"고 말했다. '극한 경쟁'을 예고한 것이다.

바이든 정부는 출범 초기 중국과의 전면적인 체제경쟁이 아니라 전략경쟁을 택했다. 미중 간의 대결이 불가피하지만 상호 의존성이 높아 신냉전이나 디커플링은 어렵다고 판단한 것이다. 그러나 미국은 능력과 의지, 인식 측면에서 중국이 강대국의 자질을 갖춘 패권도전국(=적)으로 보았다.

중국을 향한 미국의 압박과 공세는 미중수교 46년의 역사를 통해 가장 강력하고 전면적이다. 중국이 마지노선이라고 주장해 온 핵심이익, 즉 대만·홍콩·신장(新疆) 문제에서 나아가 중국공산당 체제를 공격하고 있다. 미국은 체제가 다른, 특히 '미국의 가치에 도전'하는 중국과 같이 가기 어렵다고 본다. 미국에 중국은 경쟁 대상이 아닌 죽여야 할 적국인 것이다.

중국도 '전쟁'이라는 용어의 사용을 거부한다.

대신, 미중관계의 성격 변화를 긍정적인 의미로 규정하기 위해 '분투'라는 용어를 사용하고 있다. 중국은 미국과 경쟁하지 않고, 자신들이 먼저 도발하지 않으며, 미국이 때리면 대응한다는 입장이다. 중국은 패권을 추구하지 않으며, 단지 끊임없이 발전하려 한다고 말한다. 양국의 입장·태도를 보면 미중 간의 싸움이 전략경쟁인지 패권전쟁인지 분간하기 어렵다.

다만 전쟁이 격화된 후에는 중국도 '경쟁'이라는 용어를 사용하고 있다. 시진핑 주석은 2022년 11월 14일 G20정상회의 계기 발리 미중 정상회담에서 "중국과 미국은 역사, 문화, 사회제도, 발전경로가 다른 양대 주요국(G2)이다. 이 같은 차이가 미중관계 성장의 걸림돌이 돼서는 안 된다." 또 "세상에는 항상 '경쟁'이 있지만 경쟁은 제로섬 게임에서 다른 사람을 무너뜨리는 것이 아니다. 더 나은 자신이 되고 함께 발전하기 위해 서로 배우는 것이어야 한다"고 말했다. 시 주석은 특히 "양국이 잘 지내려면 서로의 차이를 인식하고 존중하는 것이 중요하다"고 강조했다.

미중관계는 적대적이고 경쟁적인 두 측면을 갖고 있다.

우선, 서로에 대한 전략적 우위를 점하기 위한 것이라면 전략경쟁이다.[91] 양국 모두 치열하게 싸우되, 파국은 지양하며(鬪而不波), 적절하게 관리하려 한다는 점에서도 전쟁보다는 경쟁이 맞다.

그런데 분명한 것은 양국의 싸움은 서로 물러설 수 없는 게임이라는 것이다. 깊은 불신·적개심으로 사사건건 충돌하며 '총성 없는 전면전'을 하고 있다. 디리스킹으로 재포장된 디커플링의 실체는 신냉전이다. 냉전은 체제·이념 전쟁이고, 끝까지 가는 문명충돌이다. 트럼프의 생각은 조금 다를 수 있으나 미국은 중국을 철저히 배제하는 새로운 국제질서를 구상하고 있다. 중국도 미국이 주도하는 소위 '규칙에 기반한 국제질서'를 거부하고 자국이 구상하는 국제질서로 바꾸고자 한다.

---

91 김현욱, 「미중 경쟁 시대의 동북아 정세와 한반도」, IFFS 한중국제학술회의 자료집, 2021.7.15, p.31.

미중 갈등·대립의 본질은 현대판 패권전쟁

미중 간의 전쟁 같은 경쟁은 단순한 세력경쟁이 아니라 패권다툼이다. 궁극적으로는 생존게임이다. 서로 모든 수단을 동원해 사활을 걸고 싸우는 패권은 경쟁이 아니라 전쟁이 맞다. 미국이 자주 사용하는 중국과의 '극한 경쟁'은 사실 전쟁을 외교적인 수사로 표현한 것이다.

2025년 현재, 미중 양국은 일정한 선(레드라인)을 두고, '극한 경쟁'이라는 말로 포장된 패권전쟁을 하고 있다. 오늘날의 핵(核) 시대에 과거와 같이 무력을 통한 패권전쟁은 공멸이다. 새로운 형태의 패권전쟁은 공멸의 위험을 피하면서 세계의 정치경제 지배권을 장악하기 위한 '규범·질서 전쟁'이다. 미중 대결은 신냉전의 변종이자 문명화된 형태의 '현대판 패권전쟁'인 것이다.

02

전쟁의 양상·추세 전망

 미국과 중국은 규칙이 있고, 공정이 선(善)인 전략경쟁을 넘어 상호 배제와 타도를 추구하는 전쟁을 하고 있다. 그동안의 전쟁은 주로 미국이 공격하고 중국이 맞대응하는 양상이었다. 양국 간의 치열한 공방전은 아래와 같이 2년마다, 3차례 국면이 전환되는 양상을 보이며 전개돼 왔다.

1라운드(2018.7~2020.6): 무역·기술전쟁

 미국에 의한 무역전쟁 개시 직후 국내의 많은 관측자들은 미국의 일방적 승리, 즉 중국의 조기 굴복을 점쳤다. 언제나 그랬듯이 이 예측은 빗나갔다. 무역전쟁 1라운드는 미국이 중국을 압도하지 못한다는 사실을 입증했다.

미국의 압박·제재는 중국을 아프게 했지만 미국병의 치유와 '더 나은 재건'에 도움이 되지 않았다. 오히려 중국을 세차게 때린 미국의 주먹이 더 아팠다. 중국은 조금 뜨거운 맛을 보았으나 맷집을 키웠다. 싸울만하다는 생각도 가지게 되었다.

약 2년여의 무역전쟁에서 중국은 위기를 기회로 바꾸었다. 사상 최대의 무역흑자를 낼 수 있었다. 수출 시장을 다변화하면서 대미 의존도를 크게 줄였다. 승기를 잡은 중국은 선전하며 성장을 지속해 자신감도 갖게 되었다. 국제사회에서의 영향력도 강화되었다. 반면, 미국은 대 중국 무역적자를 줄였지만 전체 대외 무역적자는 급증했다. 내부 공급망이 더 무너졌다. 전쟁 와중에 닥친 코로나19 팬데믹은 보기 민망한 미국 사회의 치부·민낯을 그대로 보여주었다. 미국은 벌써 망한 나라였다.

2라운드(2020.7~2023.7): 디커플링·신냉전·문명충돌

2020년 7월, 중국의 홍콩보안법이 시행된 후 미중 갈등은 경제·안보를 넘어 이데올로기 영역으로 확대되었다. 2021년 1월, 바이든 정부가 출범하면서 전쟁은 새로운 양상을 보였다. 바이든 정부는 무역·기술전쟁에서 나아가 체제·이념 중심의 신냉전을 추구했다. 무역

전쟁에서 성과를 내지 못하고, 혼자서는 벅찬 미국이 '동맹과 함께' 하는 대 중국 봉쇄전략을 추진했다.

바이든 정부는 대 중국 압박의 강도와 범위를 크게 늘렸다. 그런데 가용 자원이 부족했다. 미국은 군사력을 최대한 활용하며, 돈이 크게 들지 않는 민주주의 대 권위주의 대결, 즉 체제경쟁으로 전쟁을 프레이밍 했다.

미국은 특히 첨단기술 반도체 공급망에서 중국 배제(탈동조화)를 적극 추구했다. 우크라 전쟁을 동맹 규합의 계기로 활용해 대 중국 봉쇄망을 완성했다. 미국의 대 중국 전략목표는 시진핑의 중국공산당 타도, 중국의 구소련화(붕괴)였다.

중국은 자국의 붕괴를 추구하는 미국에 대해 환상을 버렸다. 2021년부터는 맞짱의 자세로 전환한다. 시진핑 주석은 2021년 7월 1일 당 창건 100주년 기념식 연설에서 미국에 "우리를 괴롭히며, 선생처럼 기고만장하면, 머리가 깨지고 피가 흐를 것"이라고 경고했다.

미국은 러시아의 우크라 침략을 계기로 진영의 대결 구도를 더 뚜렷하게 만들었다. 전쟁은 민주 진영의 연대·단결을 굳게 해주었다. 미국은 동맹을 최대한 동원·규합하면서 탈동조화·신냉전의 편 가르기 방향으로 나아갔다.

미중 패권전쟁 상황에서 미국의 '자국 우선주의' 정책에 입각한 대 중국 전략은 국제적 신뢰와 정당성을 얻지 못했다. 여전히 예외주의적인 패권국 모습이었다. 미국은 중국이 굴복하지 않고, 자국의 공세가 자신의 발등을 찍는다는 사실을 확인했다. 가혹한 디커플링이나 신냉전이 가능하지 않는 냉엄한 현실도 깨달았다. 손에 잡히는 동기나 이익을 주지 않고 동맹들과 가치 연대를 유지하기 어렵다는 사실도 알았다.

미국은 망설이는 동맹과 불만을 제기하는 국내의 다국적 기업, 승기 잡은 중국과의 싸움에서 지쳐갔다. 중국은 고통 속에서도 흑자이고, 혁신과 자립·자강을 앞당겨 나갔다. 미국은 국제사회에서 중국의 보폭을 사상 최대로 넓혀주었다. 미국의 입지는 좁아지고, 여전히 오만한 정책들은 부메랑이 돼 돌아왔다. 그런데도 미국인들은 이런 부정적인 현실을 인정하지 않았다. 여전히 그 옛날의 미국인들이었다. 사실 모든 제국은 말기에 다 그랬었다.

3라운드(2023.8~현재): 전략의 재정비·강화

전쟁의 양상과 파급효과 대부분은 미국에 유리한 것이 아니었다. 디커플링은 모두를 가난하게 만들었다. 자원의 무기화, 공급사슬 혼란 등으로 국제무역이 위축되고, 비용도 늘어나 세계 경제성장은 발목이 잡혔다. 미국의 앞마당이었던 중동·중남미 국가들의 흔들림은 미국을 곤혹스럽게 했다.

갈수록 꼬여 가는 형국에서 미국은 대 중국 전략을 수정해 간다. 2023년에는 탈동조화(decoupling)를 디리스킹(de-risking: 위험 완화)으로, 30여 년 동안의 미국식 시장경제 모델이었던 워싱턴컨센서스를 신워싱턴컨센서스로 전환했다.[92] 첨단기술 제조시설 건설을 촉진하는 미국의 반도체지원법과 인플레이션감축법(IRA) 같은 새로운 산업전략은 사실 중국 국가자본주의 방식 그것이었다.

전쟁의 여파 등으로 어려워진 미중 양국은 이견을 관리하고 경쟁이 충돌을 빚지 않게 관계 안정화를 모색했다. 2023년 11월 미중 정상회담 합의는 미국이 중국과의 제로섬 게임이 더 이상 의미가 없다는 판단에 따른 것이다. 그동안 미국은 중국에 지는 게임을 해온 것이다.

그렇다고 미중 패권전쟁이 완화된 것은 아니다. 서로 대전략을 수정해 가면서 전쟁을 가속화하고 있다. 2023년 8월, 미국은 디리스킹의 일환으로 AI·반도체·양자컴퓨팅 등 3개 첨단기술 분야에서 대중국 자본 투자를 전면 제한했다. 금융전쟁을 본격화한 것이다. 10월에는 엔비디아 저사양 AI칩까지 수출을 금지하고, 핵심 산업의 공급망을 직접 통제하는 조치도 강화했다.

---

92 미국에 반도체와 전기차, 배터리 같은 첨단기술 제조시설 건설을 촉진하는 반도체지원법과 인플레이션 감축법(IRA) 같은 산업전략이 그것이다.

미국이 자유시장경제라는 미국 고유의 정체성을 변경하면서까지 중국 견제를 강화하는 것은 중국의 굴기가 그만큼 위협적이었기 때문이다. 미국이 체제·이념 대결을 강화하며 중국 사회주의 체제와 시진핑 정권의 붕괴를 추구하는 것도 역설적으로 미국식 자본주의·민주주의 체제가 위기임을 반증하는 것이다.

미국의 변화는 중국의 대미 전략의 변화를 촉진했다. 그동안 미국의 공세에 수동적으로 대응해 온 중국은 이제 맞대응에서 나아가 공격적인 자세로 전환했다. 2023년 8월, 중국은 미국의 규제에 대응, 차세대 반도체 소재로 주목받는 희귀광물인 갈륨·게르마늄에 대한 수출통제를 시행했다. 마이크론·애플 등에 대한 규제도 강화했다. 희토류의 수출통제도 시행했다. 중국도 자신들이 비교우위를 점하고 있는 분야를 대미 공격의 수단으로 쓰기 시작한 것이다.

2023년 말부터 전쟁은 새로운 국면으로 접어들었다. 미국의 공격과 중국의 방어 구도로 전개되어 온 미중 패권전쟁이 중국이 공격과 방어를 병행하기 시작했다. 새로운 것은 중국이 어려운 가운데서도 처음으로 자신감을 공언한 것이다. 2023년 12월에 열린 중공 중앙외사공작회의에서 시진핑 주석은 "중국은 대외 사업에서 큰 풍파를 헤치며, 어려움과 도전에서 승리했다"고 자국의 승리를 선언했다.

트럼프 2기 정부에서의 미중 패권전쟁은 더 강한 난타전이 예상되나 의외의 동중정(動中靜)의 양상도 예상할 수 있다. 미국은 3월 10일 현재 145%에 달하는 대 중국 관세를 부과했다. 중국은 125% 관세에 다양한 비례대응성 제재를 가했다. 이 상태로 가면 양국은 파국을 맞을 수 있다.

미국의 선택지가 줄어든 상황에서 중국은 트럼프 행정부와 대화 공간을 넓히려고 한다. 트럼프 정부의 미국에 외우내환이 가중되면서 미중 간의 세력전이의 속도와 과정에 더 빨라지고 있다. 중국의 여유와 자신감도 커지고 있는 분위기다. 힘들어도 즉각적으로 보복한다.

중국의 GDP에서 대외 수출입이 차지하는 총 비중은 38%, 대미 수출 비중은 2.8%에 불과하다. 미국 의존도도 12.6%로 낮춰졌다. 미국의 관세폭탄에 쓰러질 중국이 아니다. 미국이 중국을 이길 수 없는 구조에서 중국은 끝까지 갈 수 있다.

이런 점을 감안해 전쟁의 이후 경로를 예상하면, 단기적으로는 미국의 기술 및 경제 제재, 군사적 긴장 고조, 국제 규범을 둘러싼 경쟁이 지속될 것이다. 중기적으로는 중국 경제성장 둔화 및 인구 감소, 미국의 경제회복 여부가 경쟁의 방향을 결정할 것이다. 장기적으로는 미국과 중국이 어느 정도 균형을 이루면서 새로운 질서가 형성될 가능성이 있다. 제3국(인도, 유럽, 브라질, 사우디 등)의 역할이 더욱 중요해질 것이다.

미중 패권 경쟁은 단기간에 끝나지 않을 것다. 다양한 분야에서 치열한 경쟁이 계속될 것이다. 다만, 양국 모두 경제적 이해관계가 맞물려 있어 전면적인 군사 충돌보다는 경쟁과 협력의 공존 형태로 전개될 가능성도 없지 않다. 경제적 협상과 거래의 달인이고, 자국 내 딥스테이트와 네오콘들을 거부하는 트럼프를 선택한 미국인들은 미중 패권전쟁으로 국내사정이 더 악화되기를 바라지 않는다.

03

전쟁의 특징

　7년 전쟁이 내보인 특징은 다양하다. 전쟁은 100년 동안 잠자던 중국이 굴기해 100년의 미국 패권을 뒤집으려는 싸움이다. 인류 역사상 최초로 동양의 강대국과 서양의 초강대국 간의 겨룸이다. 또 세계 최대의 선진국과 세계 최대의 발전도상국, 세계 최대의 채무국과 세계 최대의 채권국 간의 전쟁이다.

　냉전이 군사·이념 위주의 극한 대결이었다면, 현재 미중 간 신냉전은 과학기술·첨단산업 중심의 패권전쟁이다. 무엇보다 국가가 주도하는 중국식 자본주의 체제와 민간 시장이 주도하는 미국식 자본주의 체제 간의 전쟁이다. 미국 우선주의와 중국몽,[93] 천조국(千兆國: 국방비가 천문학적인 나라인 미국) 대 천조국(天朝國: 천자가 다스린 황제국인 중국) 간의 전쟁이라는 의견도 있다.[94]

---

[93]　최강. "미국 우선주의 대 중국몽의 충돌", 『미래한국』, 2019.3.28.
[94]　홍면기 칼럼, "천조국 대 천조국, 길들이기 대 길들여지기", 내일신문 홍면기 칼럼, 2024.7.29.

그동안 미국의 대 중국 공세는 민주주의·인권 등 보편적 가치를 강조하고, 민주주의 대 권위주의 프레임으로, 동맹·우방국들과 함께 빅텐트를 구성하는 것이었다. 그러나 미국이 추구한 신냉전· 탈동조화 등 '21세기형 봉쇄전략'은 한계를 보였다.

미국의 공세에 대한 중국의 대응은 역사가 주는 경험적 지혜와 특히 '손자병법' 술을 활용하는 것이었다.

강한 적과는 직접 부딪치지 않는다. 거센 파도가 다가오면 지나가기를 기다린다. 적이 다가오면 후퇴하고, 적이 후퇴할 때 괴롭힌다. 큰 싸움을 하지 않고, 전략적 기회의 시기를 잘 넘긴 후의 부전승이 최고다.

역사를 마치 종교처럼 여기는 중국인들은 상상력을 뛰어넘는 시간 개념도 설정한다. '2개 100년 계획', '100년 만의 대변화', '30년 대장정' 등이 그것이다. 장기전에서는 지구전술과 연횡전략, 농성전으로 버티는 것이다.

장기전이 불가피한 실정에서 전쟁은 미국과 중국이 각자 내실을 어떻게 다지느냐가 승부를 좌우한다. 미국과 중국은 각기 패권전쟁에서 가장 중요한 관건의 시기를 설정했다. 미국은 가장 위험한 구간

(danger zone)이자 중국의 부상을 저지할 수 있는 최후의 기간으로 10년(2021~2030)을 설정했다. 중국은 '중국몽' 실현 과정에서 가장 중요한 전략적 기회의 시기로 5년(2021~2025)을 설정했다. 이 기간 동안의 총력전 결과는 미중 패권전쟁의 승패를 결정하게 될 것이다.

양국 모두 결정적인 한방이 없는 실정에서 패권전쟁은 또 하나의 체제경쟁일 수밖에 없다. 우선 대내적으로 누가 자국의 체제를 더 탄탄하게 다지느냐, 특히 전례 없는 국가적 불화와 분열의 위기에 처한 미국의 재건 여부가 관심사다. 대외적으로는 누가 양질의 우방을 더 많이 확보하느냐가 관건이다.[95] 결국 미중 양국 중 자국민과 인류의 삶을 개선할 능력이 있다는 것을 먼저 증명해 낸 국가가 최종 승자가 될 것이다.

2023년 말, 중국의 GDP는 미국의 72% 수준이다. 2024년도에는 중국 경제의 저성장 등으로 양국 간의 격차가 예상만큼 좁혀지지 않고 있다. 그러나 2025년은 적어도 첨단 과학기술 분야에서 세력이 전이되는 역사의 분기점, 변곡점이 될 조짐이다.[96]

양국관계의 부침과 전쟁의 양상은 해마다 다르다. 오래갈 장기전은 차분하게 지켜볼 일이다. 잠시 강하고 약한 것은 힘에 달렸지만, 백년의 승부는 이치에 달려 있다.

---

95 조지프 S. 나이 지음·이기동 옮김, 『미국의 세기는 끝났는가』, 프리뷰, 2015, p.104.
96 Rebecca Arcesati, "China's AI future in a quest for geopolitical, computing and electric power?" 유럽 메르카토르 중국연구소(MERICS), 2024.12.18.

제6부

미국과 중국의 경쟁력 비교

100여 년의 한반도 역사에서 3번째 맞는 대격변기! 미중 패권전쟁은 그 양상·추세가 뚜렷해지고 있으나 아직 오리무중이다. 전쟁의 승패는 결국 양국의 국가 경쟁력이 가를 것이다. 양국 ① 대내 정치의 안정·효율성, ② 미래전을 가를 첨단기술 혁신 능력, ③ 대외 정책의 신뢰·정당성을 비교·평가해 보면 전쟁의 현주소와 그 향방을 가늠할 수 있을 것이다.

01

정치·행정의 안정성·효율성

미국의 경우
― 불안정, 기능부전

    2025년 현재, 83세인 바이든을 이은 79세의 트럼프 대통령은 부동산, 카지노 사업을 한 기업가 출신이다. 한때나마 제2인자였던 일론 머스크 또한 대기업 오너 출신이었다. 약간 특이한 두 지도자가 '미국을 다시 위대하게' 만들기 위해 "역사적 속도와 힘으로 행동"을 리드하는 미국은 종잡을 수가 없었다.
    미국은 경제가 아닌 힘의 논리로 관세나 공장 이전을 강요하고 있다. 시대착오적인 제국주의와 패권주의가 미국이 살아온 방식이나 관세폭탄이 무기가 될 수 없다는 것은 트럼프 1기 정부에서 증명되었다. 제조업과 무역 세계 최강국인 중국을 관세를 때려잡는다고 생각한 것은 경제를 모르기 때문이다. 짐 로저스의 말과 같이 트럼프는 자신이 뭘 하는지 모르는 쇼맨 같다.

미국 우선주의 2.0과 안보 무임승차 불용, 힘에 의한 평화 추구, 관세 제일주의를 정책기조로 하는 트럼프 시대는 글로벌 안보와 통상질서의 대변화가 불가피할 것이다. 트럼프는 산업에 이어 대외정책에 관세를 무기화하고, 동맹을 포함한 모든 나라에 보편관세나 상호관세, 맞불관세를 매기며, 영토확장 공세에 경제적 강압과 무력사용도 배제하지 않는다는 입장이다. 미국 싱크탱크 스팀슨센터는 최근 보고서에서 '2025년 10대 글로벌 리스크'의 하나로 미국을 거론하며, "세계가 더 복잡해지고 위험해진 상황에서 가장 즉각적인 위험은 트럼프 정부가 모순적이고 이율배반적인 목표를 추구하는 데서 오는 파열과 혼란"이라고 밝혔다.[97]

트럼프 2기 행정부의 세계를 대상으로 하는 무모한 관세전쟁은 미국의 몰락을 재촉하고 있다. 각종 관세폭탄 등으로 어지러운 세계는 침체의 공포에서 나아가 1930년대의 대공황 같은 상황을 우려하고 있다. 미국의 증시와 물가, 국민들의 삶에는 공포가 지배하고 있다. 그런데도 트럼프 대통령은 내외의 수많은 경고를 무시하고 정책을 지속할 태세다. "해방의 날", "지금은 부자가 될 때", "오직 약자만

---

97 한국 무역안보관리원, 앞의 보고서 pp.1-6 재인용.

이 실패한다"고 관세정책의 성공을 낙관하고 있다.

무엇보다 트럼프의 관세정책은 중국에 일정한 경제적 타격을 줄 수 있다. 그러나 중국에는 글로벌 영향력을 키울 수 있는 황금 같은 기회다. 동맹국들은 미국의 중국 고립 정책에 협력할 이유가 없다. 동맹·파트너들의 중국 의존도 증대는 글로벌 경제시스템에서 미국이 소외되는 결과로 이어질 것이다. 국제사회에서 미국이 자비로운 패권국이 아니고, 세계질서가 변화할 수밖에 없다는 인식이 확산되면 중국은 자신의 대안적 세계질서를 발전시킬 수 있을 것이다.

전문가들은 한결같이 관세로 인한 미국의 물가상승·성장둔화와 전세계 경제침체 확산을 말한다. 중국의 예에서 보듯 국제사회의 전방위적 무역보복도 예상할 수 있다. 세계는 지금 미국이 없어도 살 수 있지만, 중국이 없으면 살 수 없다. 그런데도 미국이 세계를 대상으로 관세폭탄을 계속 퍼붓는 이유는 무엇인가?

고대 그리스 아테네나 로마 제국 등 역사를 돌이켜보면 패권 제국들의 말기적 상황에서는 합리적인 정책을 볼 수 없었다. 중국 역사에서도 각 왕조의 말기에는 백약이 무효(百藥無效)였고, 만사는 휴의(萬事休矣)였다.[98]

의회가 정치적 기능부전 상태인 미국에서 행정부가 온전할 리 없다. 직전의 바이든과 현재의 트럼프 대통령은 80세 전후다. 노인건

---

98 百藥無效, 萬事休矣는 좋다는 약을 다 써도 병이 낫지 않고, 모든 일이 끝나 어찌 손을 써 볼 도리가 없다는 말이다.

강 문제가 제기된 적이 있다. 정치 수준이 낮은 국민들과 건강하지 못한 정치의 세계에서는 훌륭한 대통령을 배출할 수 없다.

21세기 미국과 미국 패권의 몰락은 자유 민주주의와 시장경제가 부패하고, 특히 기업이 정치를 지배하면서부터 시작되었다. 오늘날 미국에서는 그들이 신성시하던 모든 가치와 시스템이 무너지고 있다. 바이든 대통령이 지난 4년 동안 추진한 '더 나은 재건'과 '경제 재활성화' 정책은 소기의 성과를 내지 못했다. 치유하기 어려운 각종 '미국병'도 날이 갈수록 악화되고 있다.

정치는 민주주의가 기능부전 상태에서 사실상 내전 중이다. 정치체제는 '과도정부(anocracy: 민주와 독재 국가 사이)'가 되었다. 전국적인 반트럼프 시위의 구호는 '노킹스(No Kings)', '트럼프 아웃'이었다. 국민들은 제대로 된 교육을 받지 못해 무지하고 미개하다. 민주·공화 양당은 국가위기 속에서도 당파적 이익을 챙기느라 싸우기 바쁘다.

내부적으로는 억만장자들이 정부를 장악해 국민들의 돈을 훔친다는 불신이 있다. 외부적으로도 벌써 무시할 수 없는 경고가 있다. 미국산만 쓰고, 미국에 공장을 지어야 관세 없다는 미국 우선주의와 미국식 디커플링은 지구촌의 공동 번영과 평화를 망가뜨리는 것이다. 제국의 말기적 부정의는 자국을 망가뜨리는 것으로 지속 가능하지도 않는 것이다. 브라질의 룰라 대통령은 2월 5일, 트럼프 미 대통령의 관세 부과 위협과 외국 영토 관련 발언 등에 대해 "허세를 부려서는 안 될 일"이라고 비판했다. 또 "어느 나라가 아무리 중요한 일이 있다고 해도 전 세계를 상대로 싸울 수는 없다"고 힐난했다.

중국의 경우
 - 안정 속에서 개혁 수행

"좌절하는 중국몽, 침몰하는 중국 굴기" 등 오늘날 중국의 어려움을 강조하는 말들이 무성하다. 월스트리트저널(WSJ)은 2025년 1월 1일, 현재 중국 경제가 안고 있는 5가지 뇌관을 지적했다. ① 건설 과잉: 부동산시장 침체 장기화, ② 과잉생산으로 인한 과잉 재고, ③ 지방정부의 부채 과다, ④ 멈출 줄 모르는 청년 실업률, ⑤ 인구 구조의 변화 등이 그것이다.

여기에 '중국제조 2025' 전략의 성공적인 결과가 가져오고 있는 역설도 중국에 딜레마를 안겨주고 있다. 이 전략은 중국의 첨단 제조업 및 과학기술 역량이 미국 등 선진국의 기술과 산업 능력을 추격하거나 추월하는 성과를 거두었다.

그런데 트럼프 2기 정부는 관세폭탄 정책으로 재(再) 공업화를 추진하고 있다. 중국 내부적으로는 AI·로봇드론에 기반한 자동화 시스템이 일반화돼 구조적인 인구·고용 문제를 더 어렵게 한다. 이들

요인들은 내수 부진을 더하는 원인으로 작용해 오히려 경제상황을 악화시키고 있다.[99]

WSJ의 지적처럼 현재 중국은 국력의 하락세에서 여러 구조적인 문제로 인해 기로에 서있다. 다만 정치가 살아 있어 절망적이지는 않다. 시진핑 체제가 안정 속에서 제 역할을 하고 있다는 것이다. 지금의 미국과 중국을 만든 결정적인 요인은 경제체제보다 정치체제, 즉 미국식 '선거 민주주의'와 중국의 '현능주의 민주정'의 차이로 볼 수 있다.

미국의 선거 민주주의는 선거를 위한 정책 결정과 기업(자본·시장)이 지배하는 정치를 만들었다. 민주주의를 최악의 정치체제로 변질시키고 부패·타락케 해 미국을 병들게 했다. 반면, 중국의 현능주의 민주정은 권위주의 독재라는 비판에도 불구하고 여전히 국가와 국민들을 위한 장기 전략과 정책 결정이 가능하다.[100] 가장 큰 차이점은 중국에는 미국과 달리 '딥 스테이트'나 '안방의 코끼리'가 존재하지 않아 잘못된 정책은 금방 수정되고 조정된다는 것이다.

실례로, 중국이 2022년 말부터 불평등 문제 등을 해소하기 위해

---

99 은종학, "'중국제조 2025'가 품었던 3가지 가능성: 발현과 대응", 성균차이나브리프 통권 75호, 파워 인터뷰, 2025.4.1., pp.34-35.
100 임진희, "서구 민주주의 위기…중국의 선택은?", 원광대 한중관계연구원 '한중관계 브리핑', 2017.11.03.

적극 추진한 '안정 속 발전', 즉 '공동부유' 전략은 상상을 초월하는 규제조치가 수반되었다. 가상경제의 전형인 부동산 시장과 알리바바 등 ICT 대기업에 의한 플랫폼 경제를 혁신하고, 가정경제를 위협하는 사교육을 혁파해 투자·소비가 제조업과 내수 진작 등 쌍순환에 기여토록 한 것이었다.

이 조치로 중국 최대 기업 알리바바의 마윈 회장의 정치개입 시도는 된서리를 맞았다. 강한 반발과 후유증이 발생했다. 부동산 등 자산가치 하락과 소비·투자가 동시에 감소해 중국 경제가 '일본식 장기 침체'에 직면할 수 있다는 우려가 제기되었다. 이에 중국 정부는 1년 만에 신발전 이념을 '발전 속 안정'으로 재조정했다. 나아가 '고품질(세계 최고, 1등, 일류) 발전'을 새로운 경제발전 전략으로 채택했다.

2025년 3월 초 중국 최대의 정치행사인 양회(정협과 전인대 회의)는 중국이 당면한 여러 가지 문제들을 평가하고 개혁과 안정이라는 국가 목표 달성을 위한 대안들을 제시했다. 2025년 양회를 통해 확인된 중국 정부의 기조는 당, 국유기업 위주의 안정을 유지하면서, 정부·지방과 함께 민간기업의 혁신 역량을 극대화하는 개혁적 방향이다. 이는 기존 권력 구조에 큰 변화를 주지 않으면서도, 국가 혁신 역량을 강화하고, 미래 핵심 산업 분야에 대한 투자를 본격화함으로써 새로운 발전을 견인하려는 중국 지도부의 전략적 선택으로 볼

수 있다.[101]

  중국공산당은 전통적으로 정치의 안정을 최우선시한다. 그 속에서 필요시 전략적 거시조정을 통해 정책의 시행착오를 최소화하고, 위기도 기회로 전환하며 성장을 계속해 왔다. 시대의 변화에 발맞춰 나아가며(與時俱進), 위기를 기회로 삼아 성공한 역사적 경험들은 미국을 이길 수 있다는 중국의 자신감이자 큰 자산이다.

---

101 이종혁, "2025년 양회를 통해 본 중국 정치: 안정 속 개혁 완성", 성균차이나브리프 통권 75호, 2025.4.1., p.45.

02

첨단 과학기술 혁신 능력

UN은 2025년을 '양자기술의 해'로 선포했다. 2024년에 생성형 AI 챗GPT-4가 세상에 나왔다. 곧바로 구글이 제미나이(Gemini)로 반격하고, 중국 딥시크(DeepSeek)가 맞짱을 선언했다. 이를 지켜보던 일론 머스크는 새해가 되자마자 X(옛 트위터)에 기반한 그록3(Grok-3)으로 도전장을 냈다.

미국은 '스타게이트 프로젝트'로 AI 국가 건설을 선포했다. 한국에서는 12·3 비상계엄이 선포됐다. 두바이에서는 에어택시(UAM)가 날고, 중국 가정집에선 인간형로봇(휴머노이드) 청소기 등이 집안일을 돌보기 시작한다.

미국과 중국은 4차 산업혁명과 전쟁의 승패를 가를 첨단기술 혁신에 매진하고 있다. 양국은 모두 혁신의 자원들인 인재와 투자 재원이 많고, 시장도 커 창업과 기업 성장이 용이하다. 양국의 차이가 있다면 그것은 혁신을 조성하는 환경과 제도일 것이다. 가장 중요한 것은 국가의 시스템이 만들어 내는 '성과'다. 2025년 초 현재 미국의 과학기술 혁신은 더디고, 중국은 빠르다. 곧 미국이 중국의 앞선 기술을 추격하는 시대가 올 전망이다.

미국: 더딘 혁신과 발전

미국의 첨단기술 혁신 노력과 그 성과는 여전히 여러 분야에서 세계를 선도하는 수준에 있다. 정부 주도의 전략과 민간 부문의 적극적인 참여, 그리고 학계 및 연구기관과의 협력을 통해 발전해 왔다.

정부의 기술혁신 정책

다가오는 AI 시대, 미국의 AI 전략(National AI Initiative Act)은 인공지능 연구 개발을 위한 투자와 윤리적인 가이드라인 수립, 교육 및 인재의 육성 강화를 주 내용으로 하고 있다. 첨단 기술혁신과 관련한 CHIPS and Science Act(2022)는 반도체 제조 및 R&D에 약 520억 달러를 투자하는 법이다. 이를 통해 미국 내 반도체 생산 능력을 확보하고, 안정적인 공급망을 구축하고자 한다.

주요 투자기관인 DARPA(방위고등연구계획국)은 자율 무기, 로봇,

양자컴퓨팅, AI 등의 혁신 기술에 지속적으로 투자해 왔다. NSF(국립과학재단)은 기초 과학과 신기술 연구 자금을 지원하고, DOE(에너지부)는 첨단 에너지 기술 및 양자정보과학, 고성능 컴퓨팅 분야를 지원하고 있다.

주요 분야별 혁신·성과

무엇보다 인공지능(AI) 분야에서의 미국의 성과는 2024년까지 압도적인 것이었다. 미국에는 챗GPT를 개발한 OpenAI, Google DeepMind, Anthropic 등 세계 최고 수준의 AI 연구소와 기업들이 존재하고 있다. 이들은 AI 모델의 고도화와 생성형 AI, 자율주행 기술 등에 대한 선도적 개발에 앞장서고 있다. AI 슈퍼컴퓨터, 데이터센터 등 AI 인프라에 대한 투자도 확대하고 있다.

반도체 분야에서는 인텔, AMD, NVIDIA 등이 반도체의 설계 및 제조 기술을 선도한다. NVIDIA의 GPU 기술은 AI·게임·고성능 컴퓨팅 분야에서 핵심 인프라로 세계 최고 수준이다. NVIDIA는 TSMC와 협력해 미국 내 애리조나 등에 대규모 반도체 공장을 건설하고 있다.

양자기술의 경우 미국은 구글과 IBM, 마이크로소프트, 인텔 같은 빅테크들이 양자컴퓨팅 연구를 선도해 이 분야에서 높은 수준의 기술력을 갖췄다. 구글이 2024년 12월 공개한 자체 개발 양자컴퓨팅

칩 '윌로'는 성능 실험에서 현존하는 가장 빠른 슈퍼컴퓨터인 '프런티어'를 능가했다. 마이크로소프트는 위상 초전도체를 사용한 양자 칩 '마요라나 1'을 들고 나왔다.

우주 기술은 오랫동안 미국이 주도해 왔으나 최근에는 중국에 추격당하는 분위기다. 미국에서는 SpaceX, Blue Origin 등 민간 기업이 우주탐사를 주도하고, NASA와의 협력을 통해 달과 화성 탐사 계획을 추진하고 있다. 일론 머스크는 인공위성 발사 비용의 절감과 상업 우주비행을 본격화하기 위한 노력을 지속하고 있다.

생명과학과 바이오테크 분야에서 두드러진 성과는 mRNA 백신 기술(화이자-바이오엔텍, 모더나 등)과 유전자 편집 기술(CRISPR) 분야의 활발한 연구 및 실용화다. 헬스테크, 정밀의료 등에서도 AI와의 융합이 가속화되고 있다. 전통적인 민관협력 분야에서는 실리콘밸리와 보스턴, 오스틴 등 첨단기술 클러스터를 중심으로 활발한 창업 및 R&D 생태계가 조성돼 있다.

이렇듯 미국은 점점 더 어려워지는 상황에서도 AI·반도체·바이오·우주기술 분야에서 글로벌 선도국 지위를 유지하고 있다. Google, Apple, Microsoft, Meta, Amazon 등 미국 기술기업의 글로벌 시장 지배력은 아직도 여전하다. 첨단 기술 수출 및 기술 표준 설정에서도 국제적인 영향력을 행사한다. 미국은 중국의 무서운 추격 속에서도 첨단 기술 혁신을 통한 경제 성장과 국방력 강화, 외교적 리더십 확보를 꾀하고 있다.

점점 뒤처지는 기술 혁신 능력

기술혁신과 관련 미국의 장점은 정부 지원은 물론, 대학에서 특화된 수많은 인재들이 양성돼 나오는 것이다. 민간 주도의 투자와 시장의 경쟁 환경에서 새로운 것을 찾는 선구적인 안목, 창의성이 풍부하다는 것도 강점이다. 반면에 최근 미국의 첨단기술 혁신능력을 의심할 수밖에 없는 소식들이 많이 나오고 있다. 쇠락하는 나라에는 더 나은 국가 '재건'을 넘어 '혁신'할 수 있는 여력과 겨를이 많지 않기 때문이다. 2024년 중반 이후 나온 여러 소식들은 오늘날의 미국이 어제의 미국이 아님을 말해주고 있다.

중국: 기술혁신·자립자강 가속

미중 패권전쟁에서 가장 핫한 승패를 좌우하게 될 관건적인 능력은 첨단기술 혁신 능력이다. 특히 후발 추격자인 중국의 능력이 현재 얼마나 되고, 앞으로 미국을 능히 추월할 수 있을 것이라는 전망이 서면 전쟁의 미래를 판단하고 예측할 수 있다. 중국의 첨단기술 혁신 능력을 좀 더 상세하게 살펴볼 필요가 있다는 것이다.

미국의 끊임 없는 규제와 통제 속에서 기술혁신을 통한 자립자강은 중국에 사활적 국가과제다. 후발 주자인 중국은 14억의 인구에서 나오는 우수한 인재들과 제한 없는 데이터가 큰 장점이다. 탄탄한 기초과학에 민군·산학연 협력 하에 역량을 총동원하는 국가 주도 전략과 치밀한 진흥책도 큰 강점이다.[102]

국가적 과학기술 자립 노력

중국은 2021년부터 미국의 규제에 대응해 아래와 같은 '과학기술 자립' 노력을 체계적으로 추진하고 있다. 날이 갈수록 내외의 다양한 도전에 직면하고 있는 중국은 이를 '쌍순환 전략'과 '고품질 발전', 그리고 '자립적 기술혁신'으로 극복하고자 한다.

〈표-7〉 중국의 '과학기술 자립' 전략

구 분	전략 내용
목 표	ㅇ 과학기술교육 부국전략(科敎興國戰略)을 강력하게 실시하고, 국가 혁신체계의 전체 효율과 능력 제고 · 국가 발전·안보가 직면한 현실적 문제를 해결하는 전략적 연구·개발 · 국가 전체의 발전과 실질적·장기적 이익과 성장, 기술 자립 달성 · 민간기업 주도 혁신 및 '고품질 생산력' 강화

---

102 김상규, "중국의 미래전 전략과 군사혁신 모델", 국제문제연구소 미래전연구센터 워킹페이퍼 No.80, 2021.12.7.

5대 핵심과제	① 독창성 강화, 원천 기술 혁신, 과학기술 선도 연구 ② 국가 전략적 과학기술력 강화 ③ 과학기술제도 개혁 : 사경제진흥법 제정 등 ④ 개방형 혁신 생태계 구축 ⑤ 혁신 인재 활력 자극
중점분야	o AI, 양자 기술, 6G, 우주항공, 바이오·의료기기 등 기술 지원 확대 ·양자기술: 컴퓨팅·통신·암호화 등 다양한 기술·상용화 체계적 지원 ·AI 플러스: 인공지능 기술을 다양한 산업 분야와 결합 추진, 체화형 AI(具身智能, 실제 환경과 상호작용하는 인공지능 탑재 로봇)과 지능형 로봇(智能機器人), AI 스마트폰·PC 등 ·상업우주: '전략적 신흥산업'으로 지정, 위성 제조·발사 서비스, 우주인터넷 사업 확대, 재사용 가능한 로켓 기술 개발, 비용 절감 및 글로벌 경쟁력 강화 조치

* 출처: iM증권 리서치본부, "CES2025 – Physical AI, 혁신을 주도하다", In-Depth Report Vol. 17, 2025.1, p.7; 성균관대 성균중국연구소(SICS), "2025 양회 분석 특별리포트: 소비와 과학기술을 통한 위기관리와 미래전략", 연구보고서(25-01), 2025.3.10., pp.7-14; 이종혁, "2025년 양회를 통해 본 중국 정치: 안정 속 개혁 완성", 성균차이나브리프 통권 75호, 2025.4.1., p.48-49 참조.

2023년 초, 중국정부는 '고품질 발전'을 사회주의 현대화 국가를 전면적으로 건설하는 데 있어 첫 번째 임무로 규정했다. 아울러 "중국식 현대화는 과학·기술 현대화로 지탱하고, 고품질 발전은 과학·기술 혁신과 새 동력 육성으로 이끌며, 기술 장벽을 외국에 기대지 말고 현장에서 돌파해 '신질생산력(新質生産力)'을 발전시켜 나간다"는

전략지침을 수립·시행하고 있다.[103]

  제조업의 질적 성장을 통한 산업고도화 전략인 '중국제조2025'와 기술 혁신·자립 해법인 'AI 플러스(+) 이니셔티브', 그리고 해외 인재 영입을 위한 파격적인 '천인계획(千人計劃)'이 성과를 내기 시작한 2024년 말부터 중국의 첨단기술 혁신은 가속도가 붙었다. 2025년 3월 초 개최한 중국 양회에서 발표한 2024년 기술 혁신 및 산업 자립 분야 주요 성과는 다음 〈표-8〉과 같다.

〈표-8〉 2024년 기술혁신 및 산업 분야 주요 성과

각 분야	주요 성과
과학 기술 혁신 시스템 개선	△국가 전략적 과학 기술 역량 강화 △국가 실험실 시스템 구축 진행 △주요 과학 기술 인프라 체계화 △산학연 융합 시스템 구축
주요 혁신 성과	△우주 탐사(창어 6호 달 뒷면 샘플 귀환 성공) △해양 탐사(심해 굴착선 '드림호') △반도체·컴퓨팅 : 통합회로 기술 발전, 홍몽OS 발전, 양자컴퓨터 개발 △신소재·AI : 탄소 기반 신소재 돌파구, AI 대형 모델 발전 △에너지·교통 : 원자력 발전소 가동, 고속철도 개발, 무인화 물기 완성

---

103 고질적 발전, 고품질 발전전략, 신질생산력이라는 전략적 프레임은 산업과 과학기술의 질적 발전을 위해 시진핑이 강조하고 있는 과학발전관으로 용어의 선택과 강조점이 다를 뿐 동일한 것이다.

산업부문 성과	△제조업 고도화, 스마트화, 녹색화 진전 △신에너지차 기업들의 산업 구조 최적화와 경쟁력 강화 △컴퓨터, 통신, 전자 장비 제조업 증가율 11.8% △5G 네트워크 보급 확대, 41개 산업군 전체에 인터넷 적용 △우주 항공산업 강화 △C919(중대형 항공기) 양산 체계 구축 △바이오 의약 및 의료기기 산업

* 출처: 성균관대 성균중국연구소(SICS), "2025 양회 분석 특별리포트: 소비와 과학기술을 통한 위기관리와 미래전략", 연구보고서(25-01), 2025.3.10., p.11.

    2025년도는 '중국제조 2025'가 목표 달성의 시점으로 삼았던 바로 그 해다. '덩치 큰 제조업 대국'을 '제조강국'으로 고도화하겠다는 시진핑 정부의 야심 찬 정책인 '중국제조 2025'는 국내에도 경종을 울리며 잘 알려져 있다.

    전략의 마지막 해인 2025년에 들어서 성과를 목표치에 비춰보는 보고서들은 중국의 성취가 목표에 근접했다는 소식들을 전하고 있다. 가전, 디스플레이, 전기차, 2차 전지, 태양광 패널, 풍력 터빈은 물론 반도체, 로봇, 인공지능(AI), 양자, 우주기술 등 최첨단 산업 기술 분야에서 중국이 미국을 추격하거나 이미 추월했다는 평가들이 많다.[104]

---

104 은종학, 앞의 글, p.34.

시진핑 주석은 2025년 2월, BYD·화웨이·알리바바·텐센트·Deep Seek 등 대표적인 하이테크 기업 관계자들과 회동을 가졌다. 그는 민간기업들의 기술혁신 역량이 중국의 미래 성장동력을 결정짓는 열쇠라고 선언했다. 이는 규제 환경을 개선하고, 민간 자본이 적극적으로 R&D에 투자할 수 있도록 장려함으로써 첨단 제조·신에너지·AI 분야에서 확실한 경쟁 우위를 확보하겠다는 것이었다. '고품질 발전' 기조는 단순한 양적 팽창이 아니라, 기술적·산업적 구조 고도화를 통해 세계시장에서 경쟁력을 강화하려는 국가 의지가 담겨 있다.

이 같은 정책 방향의 조정은 민영 기업이 단순히 이윤 창출뿐 아니라, 국가적 전략산업의 한 축으로서 역할을 수행하도록 유도한다는 점에서 주목할 만하다. 예컨대, 클라우드 컴퓨팅·반도체·신에너지차 등 분야에서는 국유 부문이 핵심 인프라와 기초 R&D를 담당하고, 민간 부문이 응용기술 개발과 시장 개척에 나서는 '투 트랙' 전략이 가속화될 것으로 예상된다.

2025년에는 국유기업 지배구조 개선, 민관 협력사업 모델 확산 등을 핵심으로 하는 개혁이 추진될 전망이다. 이는 국유 경제가 위험을 분담하고, 민간 부문이 빠른 의사결정과 혁신을 주도하는 협력 구도를 형성, 전반적인 생산력과 시장 경쟁력을 높이겠다는 것이다.[105]

---

105 이종혁, 앞의 글, pp.48-49.

중국의 첨단기술 혁신 능력

중국의 첨단기술 혁신 능력은 세계 최강이다. 2014년~2023년 10년 동안 AI 생성 관련 특허 수를 보면 중국 3만8210개, 미국 6276개, 한국 4155개다. AI와 로봇에 이어 안보와 직결된 양자기술의 경우 중국의 투자액은 미국의 4배에 이른다. 2018년, 중국은 국제과학기술학술지(SCIE) 논문편 수 기준으로 사상 처음 미국을 추월해 세계 1위에 올랐다.

이후로도 중국의 과학기술 역량은 양적·질적으로 강화돼, 2024년 네이처 인덱스 연구기관 평가에서 중국과학원이 하버드 대학을 누르고 세계 1위 자리에 올랐다. Top10 기관 중 중국이 7곳, 나머지를 미국, 독일, 프랑스가 1곳씩 나눠 갖는 형국이었다. 국가별 역량 순위에서 1위인 중국의 점수는 23171.84점, 2위 미국은 20291.79점, 8위인 한국은 1631.02점이었다.

트럼프 2기의 시작과 함께 더욱 강화된 미국의 대중 무역·투자·기술 통제는 중국의 추격과 추월을 일정 정도 둔화시킬 수 있다. 하지만 미국의 강하고 지속적인 대중 기술 통제는 오히려 중국의 '과학기술 자립자강' 의지를 더욱 공고히 하고, 중국 국내 대학·연구기관 및 기업들의 산·학·연 연계를 더 고도화할 수 있다.

최근 인공지능(AI) 분야에서 세계를 뒤흔든 중국의 벤처기업의 딥시크(DeepSeek)는 미국의 기술 통제 속에서도 중국에 가용한 적정

기술 활용과 검약식 혁신을 통해 유의미한 성과를 낼 수 있다는 것을 보여주었다.[106]

미래를 뒤흔들 3대 '게임체인저' 기술로 통상 인공지능(AI)과 바이오, 그리고 양자컴퓨터를 꼽는다. 중국은 AI에 이어 자동차, 반도체, 양자 등 거의 모든 기술분야에서 미국을 추격 중이거나 추월하고 있다. 전쟁은 AI에서 게임체인저가 될 수 있는 양자컴퓨팅으로 진화해가는 중이다.

양자기술은 크게 '컴퓨팅'과 '암호통신', '센싱' 세 분야로 나뉜다. 컴퓨팅 최강국은 미국이나 양자암호통신 분야에선 중국의 기술력이 미국을 앞섰다. 양자센싱에선 양국 수준이 비등하다. 중국은 2017년 세계 최대 규모의 국립양자기술연구소를 설립하고 막대한 공적자금을 쏟아부었다.[107] 알리바바는 2030년까지 1000큐비트 1의 양자컴퓨터를 개발한다는 계획이다.

---

106 은종학, "'중국제조 2025'가 품었던 3가지 가능성: 발현과 대응", 성균차이나브리프 통권 75호, 파워 인터뷰, 2025.4.1, p.37.
107 중국이 2017년 2,000km에 달하는 세계에서 가장 긴 양자암호통신망을 구축한 것은 미국 입장에서는 양자 안보의 균형이 무너진 것으로 '제2의 스푸트니크 쇼크'로 간주되었다.

중국은 이제 '중국제조2025', 고품질 발전전략, 신질생산력 등의 국가 R&D 투자를 통해 독자 로봇, 전기차, 고속철도, 민수항공기, 이착륙 로켓, 우주정거장에 이르기까지 다양한 미래기술 경쟁력을 확보, 국가주도의 R&D에 대량 생산이 가능한 제조강국이 되었다.[108]

2025년 초 중국의 반도체 기업 '화웨이'와 AI 기업 '딥시크'는 이제 중국이 더 이상 미국의 칩과 기술이 필요하지 않는 중국 첨단과학기술의 현주소를 말한다. 중국은 미국의 줄기찬 공세에 버티면서 미국의 규제가 통하지 않는 기술혁신과 기술주권 확립을 추구하고 있다. 미국의 줄기찬 제재 속에서 이룬 딥시크의 성공과 충격에도 불구하고 미국은 딥시크를 규제할 방법이 없다.

중국의 기술혁신 실태

사실 중국은 2023년에 핵심기술 역량 면에서 미국을 추월했다. 호주 전략경쟁정책연구소(ASPI)의 2024년 조사 결과에 따르면 ASPI가 선정한 64개 기술 중 2007년에는 미국이 60개 기술에서 세계 1위였다.[109] 그러나 2023년에는 중국이 57개 기술에서 1위를 차지해 전반적 기술 수준이 역전된 것으로 나타났다.

홍콩 신문 사우스차이나 모닝 포스트(SCMP)는 2024년 4월 보도

---

108 iM증권 리서치본부, 앞의 보고서, p.9.
109 무역안보관리원, "호주 전략경쟁정책연구소(ASPI)의 주요국 핵심기술 역량 현황 비교", 「무역안보」 Brief, 2025.1.28. 참조.

에서 '중국제조 2025'에 담긴 260개 이상의 정량적 지표 중 86% 이상이 달성됐다고 평가했다. SCMP는 전기차와 재생에너지 같은 분야에서는 목표를 초과 달성했다. 나머지도 2025년 말까지 달성할 가능성이 크다고 분석했다.

미국 트럼프 2기 행정부 국무장관이 된 마코 루비오도 상원의원 시절인 2024년 9월 보고서에서 "중국이 10대 핵심 분야 중 전기차, 에너지·발전, 조선업, 고속철도 등 4대 산업에서 세계의 선도적 위치에 올랐다"고 분석했다. "항공우주, 생명공학, 첨단소재, 로봇·공작기계 등 5대 산업에서도 목표에 근접했지만 농업기계 분야에서는 기대에 미치지 못했다"고 평가했다.

중국에 희망의 불빛은 2025년 초에 보인 두 기업의 기술혁신 실적이다. 미국의 집중적인 제재로 뚫고 글로벌 시장에 복귀한 화웨이는 2024년에 폴더블 스마트폰인 '메이트 X6'를 개발해 곧바로 세계시장 1위 자리에 올랐다. 2025년 1월에는 세계 최초로 두 번 접는 트리플 폴드폰인 '메이트 XT'를 출시했다. 화웨이는 엔비디아의 H20을 위협하는 AI칩도 어센드 시리즈(Ascend 910C, 920 등)를 개발해 SMIC의 3나노 칩과 함께 중국의 AI·반도체 자립자강을 선도하고 있다.[110]

창업 2년 차인 딥시크가 2025년 2월 출시한 가성비 좋은 생성형

---

110 엔비디아 CEO 젠슨 황은 2025년 5월 중국·대만 방문 시 "미국만이 AI기술을 제공하는 유일한 국가가 아니다", "미국의 수출통제는 실패한 정책이며, 이는 중국의 반도체 자립만 앞당겼다"고 말했다.

오픈소스 AI챗봇 '딥시크-R1'는 '스푸트니크 순간'을 연출했다. 전 세계 기술업계를 충격에 빠뜨린 딥시크(DeepSeek: 深度求索)는 기술추격자라는 중국의 전통적 이미지와는 다른 모습을 보여주며 중국의 혁신 노력을 보여준다.[111]

중국의 순수 국내 과학자들이 자국산 저가 AI 기술력으로 미국 빅테크 기업들을 압도한 이 사건은 AI 세상의 판도를 바꿀 기세다. 중국의 탈중심화 자료공개 전략에 따라 딥시크는 AI오픈소스 모델을, BYD는 첨단 자율주행 시스템을 무료로 제공하고 있다. 중국은 자료 개방을 통해 혁신을 촉진하고, 보편적 혜택을 통해 공동발전을 도모하고자 한다.[112]

게임은 끝나는가

'중국제조 2025'를 중심으로 한 중국의 4차 산업혁명은 육지와 바다, 하늘에서 게임체인저들을 양산하고 있다. 중국의 기술혁신은 추격만이 아니라 미국을 추월해 표준이 되는 지배로 가고 있다.

---

[111] 오광진, "우리가 알던 중국? 딥시크 쇼크가 알린 중국 기술 미래 5대 시그널", 성균차이나브리프 통권 75호, 2025.4.1., p.117.

[112] https://opinion.huanqiu.com/article/4LTUIpct86J (2025-02-14) 中國AI "擁抱開源" 給世界的啓示 (환구시보 사설)

첫째, 육지의 IT·가전은 이제 중국기업이 세계 시장을 지배한다. 중국이 최근 각종 박람회 등에서 내보인 첨단기술 혁신들은 이전과 다른 차원이었다. 먼저 중국의 기술은 2025년 1월 미국 라스베이거스에서 개막한 세계 최대 IT·가전 전시회 'CES 2025'에서 세계를 놀라게 했다. 중국 기업들은 위협적인 중국 모빌리티·로봇 기술(청소기), 하늘을 나는 자동차에 최첨단 센서와 인공지능 기술을 결합한 휴머노이드까지 CES를 점령했다.

주목받은 미국 제품은 없었다. 오랫동안 경쟁자가 거의 없이 세계 제1이었던 한국의 삼성 TV도 중국에 밀렸다. 2024년 자동차 생산량은 미국이 1100만 대, 중국은 3000만 대였다. 또 세계 3대 전시회의 하나인 스페인 'MWC 2025'는 완전히 중국판이었다. 그중에서도 미국 'CES 2025'에 초청받지도 못한 중국 화웨이는 가장 큰 규모의 전시장에 가장 많은 관람객들이 몰렸다.

둘째, 바다에서도 중국의 게임체인저가 등장했다. 2025년 1월 26일 SCMP는 "중국과학원 음향연구소가 세계 최초로 수심 1000m에서 고공 비행하는 항공기를 탐지할 수 있는 레이더 시스템 개발에 성공했다"고 보도했다. 해저 음파센서로 5000m 상공의 비행기 좌표를 정확히 포착해 내는 이 기술은 해전의 판도를 바꿀 수 있는 중대한 기술 진전으로 평가받고 있다.

셋째, 미중 경쟁의 핵심인 첨단 과학기술과 그 연장선상의 군사력에서 중국이 게임체인저들이 양산되고 있다. AI·양자·우주기술, 극초음속미사일과 6세대 전투기, 비핵수소폭탄 등에서 중국이 앞서가기 시작했다. 중국은 2024년에 세계 최초로 엔디비아보다 100배 강력한 광학칩을 개발했다. 또 베이더우 위성에 이어 세계 최초로 양자접속 위성네트워크 구축에도 성공했다. 미래전을 좌우할 위성통신기술과 양자컴퓨터, AI로봇드론, 극초음속미사일 분야에서는 이미 미국을 앞서가고 있다.

2024년 중국 주하이(珠海) 항공박람회, 미국 라스베이거스 세계 IT·가전 전시회(CES 2025) 등에서 중국이 내보인 첨단기술들도 이전과 다른 차원의 것이었다. 2025년 초, 중국이 내보이는 자립자강 능력은 놀라운 속도와 신질생산력(新質生産力: 고품질 제조)으로 미국을 위협하고 있다.

중국의 첨단 과학기술 혁신은 IT·가전뿐만 아니라 군사 분야에서도 미국을 능가하고 있다. 중국은 기존 스텔스기인 젠-20 외에 6세대 스텔스 전투기인 J-35과 J-36에 이어 J-50도 개발 중이다. 다양한 용도의 각종 첨단무인기도 전시해 앞으로 공중전 개념을 바꿀 항공전력 체계를 시사했다.

중국은 올림픽에 출전하는 엘리트 선수를 키우듯이 이공계 첨단기술 인재를 양성하고 있다. 빠른 시간 내에 세계의 전기차, 배터리, 태양광 설비, 드론 시장을 장악한 중국은 미국이 강력히 규제하는 AI와 3세대 반도체 시장에서도 두각을 나타낼 것이다.

결국 지난 7년 동안의 미중 패권전쟁은 '제재의 역설'과 '불황의 역설'을 낳았다. 미국의 기술 제재가 중국의 혁신 의지를 자극해 중국은 기술 추종자에서 기술 선도자가 되었다. 또 미국의 각종 규제로 부진한 중국의 경제 상황도 혁신을 재촉해 중국이 AI, 양자, 전기차 등 첨단기술 산업의 선도국으로 변신할 수 있었다.

딥시크 충격이 말해주듯 미국의 대 중국 규제는 오히려 중국에게 대안을 모색할 동력을 제공했다. 추격·추월의 발판을 만들어 주었다. 저성장과 자본 투자 규제도 기술 혁신에 장애가 되기보다 기업들이 사활을 걸고 진짜 혁신에 매진하게 했다. 산업 구조 재조정도 기업들로 하여금 혁신을 강화하도록 했다.[113]

중국의 인재 양성 환경에서도 제재의 역설이 작용하고 있다. 트럼프 1기 때인 2018년, 미국의 대대적인 중국 스파이 색출 노력은 미국에서 활동하는 중국계 인재들의 귀국을 재촉했다. 이런 정책이 오히려 중국 본토의 인재 풀을 강화하는 결과를 낳았다.[114]

미국의 집중적인 공격을 받은 반도체 산업도 '공격을 받을수록 더

---

113 성균관대 성균중국연구소(SICS), 앞의 보고서(25-01), pp.119-120.
114 성균관대 성균중국연구소(SICS), 위의 보고서, p.122.

강해진' 사례다. 2018년 미국 정부가 중국 기업들에 대한 반도체 수출 규제를 강화해 온 이후 7년은 역설적으로 중국 반도체 산업의 가장 급속한 성장기로 기록되고 있다. 열세였던 중국 반도체 산업은 미국의 각종 기술 규제와 공급 중단의 어려움을 극복하는 데 그치지 않고, 주목할 만한 성과들을 계속 이뤄내고 있다. 결국 미국이 주도한 기술 전쟁은 초기에 위기로 작용했지만 시간이 지나면서 중국 반도체 기술 발전의 강력한 촉매제로 변모했다. 미국은 자체 산업 기반만으로 반도체 산업사슬을 재구축하는 것이 사실상 불가능한 실정이다. 앞으로 중국의 반도체 산업사슬의 발전과 그 영향력은 세계 경제에 큰 변화를 가져올 전망이다.[115]

---

115 허평위, 위의 글, pp.108-110.

03

국제사회의 신뢰·영향력

"지도자가 된다는 것은 책임을 나누고 신뢰를 쌓는 것이다. 지도자는 권위가 아니라 영향력으로 이끌어야 한다. 특히 지도자는 상황에 따라 자신을 낮출 줄 알아야 천하를 얻을 수 있다. 천하를 얻는 것은 힘이 아니라 사람이기 때문이다."

기원전 206년의 '초한전쟁'의 승자인 유방의 말이다.

미국: 도덕적 우위와 신뢰 상실

'규칙기반 국제질서'라는 모호한 개념을 통해 패권 질서를 주도해 온 미국은 패권이 몰락하는 과정에서 동요하는 모습이다. 경찰국가 역할을 포기한 1기 트럼프 정부의 '미국 우선주의'와 바이든 및 2기 트럼프 정부의 '미국이 돌아왔다'는 슬로건은 정신없이 변화하는 미국을 말해준다. 미국의 현실은 '미국 우선주의'를 요구하는데, 과거의 강력한 패권국에 대한 미련을 버리지 못하고 있는 것이다.

이런 미국에 국제사회의 시선은 따가웠다. 바이든 시대에는 국익에 이롭지 않으면 개입하지 않는다는 이유로 아프간에서 미군을 철수하고, 이스라엘-하마스 전쟁에서 이스라엘의 비인도적인 행위에 눈감으며, 우크라를 침략한 러시아의 해외 자산을 임의 처분하려는 미국이었다.

2025년 초, 2기 트럼프 정부는 세계를 향해 관세폭탄을 투하하고, 19세기적인 영토 팽창주의 정책에 동맹과 적을 구분하지도 않는다. 타국의 영토를 탐하고, 상업적 이익을 추구하며, 협상보다는 힘에 의한 문제 해결을 추구한다.[116] '미국 우선주의'에 따라 모든 일에서 미국의 국익을 우선하며, 자신이 마치 로마제국의 황제인 양 행동하는 트럼프의 미국은 몰락 직전 망가질 대로 망가진 로마제국 말기의 모습이다. "거룩하지도 않고, 미국답지도 않으며, 나라도 아니다." 나아가 학문의 자유와 표현의 자유가 있는 자유민주주의 나라도, 보이지 않은 손을 존중하는 자본주의 나라도 아니다.

시대가 변하고 국제사회도 변했다. 지식정보화가 보편화된 세계에

---

116 서보혁, "트럼프식 평화의 특징과 가능성", 다산포럼, 2025.2.11.

서 정치적으로 각성한 시민들은 시시각각 강대국들을 비교한다. 미국은 여전히 패권적이고 제국주의적이며, 시대착오적인 예외주의에 젖어있다. 국내적으로 불평등·양극화가 극심한 미국은 국제사회에서도 도덕적 우위와 신뢰가 무너진 채 리더십을 잃어버렸다. 2022년 이후 국제사회의 여론이 미국 편 30%, 중국 편 70%에서 2025년 초인 현재 미국 편에 손드는 나라가 몇이나 될까 의문이다. 동맹인 유럽의 나토 회원국도 중국을 기웃거리게 하는 트럼프는 과연 국제사회에서 추구하는 것이 무엇인지 궁금하다.

트럼프 대통령은 거짓말을 밥 먹듯 하며, 전 세계에 관세폭탄을 터뜨린 후 엄청난 피해와 혼란, 파괴를 초래하고 있다. 자국만 살겠다고 80억 인류의 지갑과 일상, 그리고 세계경제의 미래를 뒤흔들고 있다. 미국은 국제사회의 일원으로서 갖춰야 할 최소한의 도덕이나 신뢰, 책임이 없는 나라가 아닌가. 먼 옛날, 역사를 잊은 채 몰락하는 제국들이 보였던 지저분한 모습이 아닐 수 없다.

미국은 이민자들의 천국이었다. 그동안 세계는 미국을 자유민주주의와 자유무역의 수호자로 믿었다. 그러나 현재의 미국은 인종·계층갈등, 불평등·양극화 등으로 갈등·대립 수준이 세계 최고 수준이다. 경제정책은 자국 경제를 활성화하기 위해 보호무역과 국가자본주의로 바꿨다. 산적한 국내문제로 국제문제를 살필 여력이나 능력이 여의치 않다.

그런데도 미국은 자국의 이익을 우선하며 세계를 상대로 안하무인 격인 정책들을 추진하고 있다. 관세폭탄과 강압적인 투자 유치를 통해 경쟁력이 없어 공동화한 자국 제조업이 활성화되고, 미국이 다시 위대하게 거듭날 수는 없다. 2기 트럼프 정부의 대내외 정책들은 곧 자국에 대한 미국인들의 등은 물론, 미국에 대한 세계인들의 등을 돌리게 해 트럼프의 미국은 지구촌에서 혼자 산보하는 나라가 될 것이다.

중국: '글로벌 사우스' 포용

국제사회에서 미국의 영향력은 급감하고 있는 반면, 중국의 영향력은 중동과 아프리카, 중남미 등에서 급증하고 있다. 미국은 이 지역 국가들의 정치적 각성과 더 나은 삶을 위한 노력에 분노하고 적대시하고 있으나 중국은 이념이 아닌 돈과 자원, '중국방안'[117] 등으로 환심을 사고 있다.

다수인 '글로벌 사우스'를 향한 중국의 전략은 치밀하고 전략적이다. 중국은 그들을 향해 세계가 원하는 것은 '패권이 아닌 정의'라

---

117 중국방안은 대체로 중국의 경험을 통해 형성된 개발도상국의 현대화 모델을 말한다.

며, 보다 공정한 국제질서를 강조한다. 동시에 미국의 내정간섭을 비난한다. 미국의 패권을 반대하며 세계의 다극화, 국제관계의 민주화, 인류문명의 다양화를 주장한다. 전환기에 이 같은 중국의 세계관은 개도국들을 끌어들이는 중요한 자산이자 매력이 되고 있다. 중국은 아시아와 아프리카에서 미국을 압도하기 시작했다. 미국은 지배력을 상실하고 있다.

2025년 초, 주목되는 현상의 하나는 중국 딥시크가 개발한 높은 가성비의 오픈AI는 글로벌 AI 혁신 경쟁을 가속화해 모든 것에 AI가 적용되는 'AoT(AI of Things: 사물AI)' 시대를 열었다는 것이다.[118] 중국은 자국이 앞서가는 자율주행 모델도 누구나 무료로 사용할 수 있게 조치해 세계의 디지털 스마트 시대를 앞당기고 있다.

반면에 돈과 자원뿐만 아니라 매력도 적어진 미국은 특별한 방법이 없다. 동맹과 함께해도 미국이 서에서 동으로 이동하는 역사를 되돌릴 수 없다. 국제사회의 70%가 넘는 국가들이 중국 편. 중국의 GDP도 미국의 70% 수준이다. 미국인들이 느끼는 위기감은 실존적일 수밖에 없다. 경제가 아니라 미국의 체제를 대체해 중국의 체제가 세계의 미래가 될 수 있다는 공포가 확산하고 있다.

---

118 성균관대 성균중국연구소(SICS), 앞의 보고서(25-01), pp.120-121.

미중 모두 국력 하락세, 시간은 중국 편

최근 부동산 침체, 내수 부진, 지정학적 갈등 등으로 중국 경제의 둔화세가 뚜렷하다. 성장이 정점에 도달했다는 주장(Peak China론)과 함께 중국 경제가 미국을 추월할 수 없을 것이라는 주장이 힘을 얻고 있다.

그럼에도 2025년 현재, 미중 패권경쟁의 현주소에서 보는 전쟁의 흐름과 추세는 미국 편으로 되돌아오지 않았다. 무엇보다 4차 산업혁명 시대에 중국의 첨단기술 혁신 역량이 탄탄하기 때문이다.

미국의 7년 공세 속에서도 중국의 핵심 산업과 첨단기술 수준은 자립 수준에 이르고 있다. 추격하며 도전하는 중국의 기술혁신 역량과 속도는 쫓기며 방어해야 하는 미국과 비교할 수 없다. 국내정치가 안정적이고 효율적이며, 국제사회의 리더십과 영향력 상승세도 중국의 강점이다.

미국은 중국과의 전쟁이 장기화되는 가운데 내부 사정이 어려워지고 있다. 고금리, 고임금, 고물가, 달러 강세, 수출·주문 감소 등 제조업 여건이 어려운 실정에서 시간은 여전히 중국 편이다. 도지고 있는 미국병, 고쳐 쓰려는 미국의 현 국내정책과 시스템으로 '더 나은 재건'이라는 국가목표는 연목구어(緣木求魚)와 같다.

제7부

예상되는 전쟁의 경로·결과

미중 패권전쟁의 현황을 분석한 후 할 일은 전쟁이 앞으로 어떤 경로를 걷고, 어떤 결말을 보일지를 검토하는 것이다. 수많은 변수가 작용하는 미중 관계에서 미래의 향방을 예측하고 전망하는 일은 쉽지 않다. 필자가 할 수 있는 일은 그동안의 논의를 통해 확인된 사실들과 설정된 시간들을 상수로 놓고, 여러 변수들을 단순화해 미래를 그려가는 것이다. 제시하는 몇 개의 그림들은 다분히 시론적인 것으로 미래를 상상해보기 위한 기초적인 예측·시나리오들이다.

01

누가 승리할 것인가?

2025년 6월 현재, 세계는 지금 트럼프의 무분별한 관세폭탄으로 전례가 없는 경제전쟁 상황에 직면해 있다. 미중 간의 무역기술 전쟁은 글로벌 공급망 붕괴, 세계경제의 침체, 그리고 패권을 향한 두 강대국의 기싸움이 뒤엉킨 총성 없는 경제 전쟁이다. 미국은 굴복을 요구하고, 중국은 끝까지 버티겠다고 맞서고 있다. 전쟁이 더 격화되면 양국 국민들은 애국가를 부르며 결의를 다질 것이다.

양국 애국가(國歌)에 담긴 비장함

전쟁 중인 미중 양국의 국민들이 나라 사랑의 뜻으로 부르는 애국가(國歌)는 공히 과거 독립전쟁 포화 속의 비장함을 담고 있다. 미국 국가는 1776년 영국령 식민지(동부 13개 주)에서 독립할 때 부른 '승리의 환호'다. 중국의 국가는 아직 외세의 간섭 등으로 타이완(臺灣)을 통일하지 못한 미완의 독립국으로서 계속 "적의 포화를 뚫고 전진!"하자는 내용을 담고 있다.

가사를 보자. 미국 국가(The Star-Spangled Banne: 성조기)는 영국과의 독립전쟁(1812~1815)에서 승리한 것을 기념하는 스캇 키(F. Scott Key)의 시를 영국 노래에 접합시킨 것이다.

> 오! 그대 보이는가,
> 이른 새벽의 여명에, 황혼의 미광 속에
> 우리가 그토록 자랑스럽게 환호했던 널찍한 띠와
> 빛나는 별들이 새겨진 저 깃발이, 치열한 전투 중에서도
> 우리가 사수한 성벽 위에서 당당히 나부끼고 있는 것이.
> 포탄의 붉은 섬광과 창공에서 작렬하는 폭탄이
> 밤새 우리의 깃발이 휘날린 증거다.
> 오, 성조기는 지금도 휘날리고 있는가?
> 자유의 땅과 용자들의 고향에서!

중국의 국가인 '의용군 진행곡'은 중국 대륙이 일본 제국의 위협에 시달리던 시기에 중국인들이 항일 독립투쟁(1937~1945)을 상징하는 노래였다. 중국이 이 노래를 정식 국가로 삼고 있는 이유는 아직 '타이완 통일'을 이루지 못했기 때문이다. 1949년 10월 신중국을 수립

한 중국공산당은 '국가 헌법'을 소련이 지배하던 만주지역을 완전히 회복한 후인 1954년에 제정했다.

일어나라!

우리의 피와 살로

새 만리장성을 쌓자

중화민족에 닥친 가장 위험한 시기

억압에 짓눌린 인민들의 마지막 외침

일어나라! 일어나라! 일어나라!

우리 모두 일치단결

적의 포화를 뚫고 전진!

적의 포화를 뚫고

전진! 전진! 전진! 전진하자!

미래 예측 과정에서 고려할 사항

전쟁의 승패를 좌우하는 요인들은 부지기수(不知其數)다. 중국의 강대국 '능력(capacity)'은 끊임없이 입증되고 있다. 중국은 자국 부상을 둘러싼 여러 가지 담론(중국분열·붕괴론, 중국위협·패권론, 중등국가·현상유지론)이 난립하는 상황에서도 세계 제2위의 경제대국으로 성장했다. 각종 연구기관들은 2030년경 중국이 미국을 제치고 G1 국가가 될 것이라고 전망하고 있다.

중국은 강대국으로 부상하려는 '의지'를 지속적으로 천명해왔다. 후진타오 시기의 '화평발전', 시진핑 집권 이후 '중국몽'으로 대변되는 '중화민족의 위대한 부흥'이라는 원대한 목표가 그것이다. 과학기술을 바탕으로 한 첨단산업과 4차 산업혁명에서의 두각은 중국의 부흥과 굴기가 시간문제라는 생각을 갖게 한다.[119]

이와 함께 향후 미중관계의 변화를 예측하는 과정에서 고려해야 할 기본 사항들에는 그동안의 논의에서 쉽게 변하지 않을 것으로 예상되는 상수들이 있다.

먼저, 패권의 역사에서 도출된 역사의 법칙이나 자연의 이치다.

저명한 역사가들인 투퀴디데스와 E. H. 카, 키신저는 각기 "패권제국의 대외 부정의는 국민 혼을 타락시켜 국가를 파멸시킨다", "패권질서는 권력의 상대적·절대적인 쇠퇴에 따라 붕괴된다", "세계는 마치 자연의 법칙처럼 신질서를 추구하는 국가가 등장한다"고 말했다.

역사는 변화하는 진로를 거꾸로 되돌린 적이 없었다. 각 시대의 세력전이 사례(史例)들은 역사적인 흐름과 추세를 되돌리기 어렵다는 것을 확인한다. 역사상 패권 제국은 일단 하강 국면에 들어서면 이

---

119 이민규, "국가핵심이익: 한중간 '중국몽' 갈등의 본질", 성균차이나브리프 통권 75호, 2025.4.1., p.140.

를 반전시키기 어려웠다. 특히 오랜 시간 동안 축적된 구조적인 문제를 가졌다면 재건이나 부흥은 불가능했다. 스페인·네덜란드·대영제국이 다 그랬다.

미중 패권전쟁 현황을 분석한 후 내린 다음의 결론들도 상수로 볼 수 있다.

첫째, 미국의 쇠락과 중국의 굴기 추세가 유지되는 가운데 힘(勢力)이 점차 중국 편으로 옮겨가고 있다. 둘째, 미국의 대 중국 공세와 국가재건 노력의 성과 여부가 세력전이의 양상·시기를 좌우할 것이다. 셋째, 미국은 중국의 굴기를 저지할 수 없다. 중국도 쉽사리 미국을 추월할 수 없다. 양국 간의 세력전이는 최소 5년 이상 소요될 것이다. 넷째, 세력전이 과정에서 양국의 충돌이 불가피하지만 그 형태는 전면전 아닌 제한적인 국지전이다. 다섯째, 최후의 승부는 첨단과학 기술에 기초한 우주·사이버 기술 전쟁이 될 미래전에서 결정된다.

미국과 중국이 각기 설정한 기간 또는 시한들도 미래 예측과 시나리오에서 의미 있는 것들이다. 미국 16개 정보기관의 의견을 취합해 작성되는 미 국가정보위원회(NIC)의 미래전략보고서 〈글로벌 트렌드 2030〉은 "2030년에는 미국·중국 등 한 국가가 패권을 장악하는 시대가 끝날 것"이라고 보았다. 이에 미국은 2020년부터 2030년까지의 10년을 특히 중국의 군사굴기를 반드시 저지해야 하는 '위험

구간(danger zone)'으로 설정했다. NIC의 〈글로벌 트렌드 2025〉는 2025년이 되면 미국이 힘을 발휘하지 못할 것으로 예측했었다.

중국의 '중국제조 25' 전략 목표는 2025년에 자국의 '10대 전략산업 국산화율 70%'를 달성하는 것이다. 중국이 5년(2020년~2025년)을 '전략적 기회의 시기'로 설정한 이유에는 2025년에 동 목표를 달성하면 미국을 이길 수 있다는 판단이 있었다. 중국은 2027년에 '중국군 현대화'도 달성한다는 계획이다. '중국몽'의 시간은 2035년에 미국을 능가하며, 2049년에는 세계 최고의 '중국식 현대화' 국가(G1)가 되는 것이다.

이 같은 사실들을 기초로 향후 미중 패권전쟁 과정에서 예상되는 우리의 주 관심사들을 상상해 보기로 한다. ① 전쟁에서 누가 승리하고, ② 그 전후 과정에서 미중관계와 국제질서는 어떻게 변화할 것이며, ③ 세력전이의 정점에서 펼쳐질 최후의 결전은 어떤 형태·결말로 귀결될 것인가?

서로 다른 시각들

세기적인 대전에서 누가 승리할까? 미중 패권전쟁을 바라보는 시각은 크게 두 가지다. 하나는 중국이 언젠가는 미국을 능가해 새로운 패권국으로 부상한다는 것이다. 다른 하나는 미국의 세계 패권은 유지될 것이며, 중국은 체제적 한계로 인해 중국몽을 이루지 못한 채 사라진다는 의견이다.[120]

미중 패권전쟁의 끝은 중국이 미국의 공격에 굴복하든가, 아니면 미국이 공격을 포기하고 패배를 인정하든가 둘 중의 하나다. 미중 패권전쟁에서 시간과 흐름, 추세는 대체로 추격자인 중국 편에 있다. 이론적·현실적으로도 중국이 유리한 편이다. 그동안 미국의 총공격에 중국이 아팠지만, 미국이 이룬 게 별로 없다. 오히려 거의 모든 게 고장 나고 무너진 채 외우내환이 깊어가는데 답이 없다. 그렇다면 앞으로 중국이 언제, 어떻게 미국을 추월할 것인가의 문제만 남는다.

우선 미국의 시대가 끝나지 않는다는 미국 우세론과 미국의 시대는 끝나고 있다며 중국 우세론을 주장하는 대표적인 석학 3명의 주장을 비교해 보자. 미국 우세론자들은 미국은 주기적으로 쇠퇴론과 위기설에 시달려 왔지만 항상 빗나갔다고 강조한다. 나아가 아래와 같은 논거로 미국이 패권을 유지할 것이라고 주장한다.

---

[120] 이승우, 『중국몽의 추락 – 중국은 글로벌 네트워크에서 사라진다』, 기파랑, 2020, pp.82-83.

〈표-9〉 미국 우세론자들의 주장 논지

성명/저서명	주장 요지
조지프 S. 나이 / 미국 세기는 끝났는가	- 미국은 수십 년 후에도 초강대국 자리 유지 - 중국은 세계를 지배할 만한 인적·물적 자원이 부재.
조지 프리드먼 / 다가오는 폭풍과 새로운 미국 세기	- 미국은 여러 문제가 해소될 2030년 새로 출범 - 성장이 멈출 중국은 엄청난 불안정에 직면하게 됨.
피터 자이한 / 각자도생의 세계와 지정학	- 경쟁국에게 진 적 없는 미국만 세계 리드 가능 - 중국 추락은 기정사실, 시기 문제가 관건일 뿐임.

조지프 S. 나이, 『미국의 세기는 끝났는가』(2015); 조지 프리드먼, 『다가오는 폭풍과 새로운 미국의 세기』(2020); 피터 자이한, 『21세기 미국의 패권과 지정학』(2018) 참조.

중국에 비판적인 사람들은 중국의 현실이 미국에 맞서기에는 역부족이라고 주장한다. '수퍼 차이나'에서 '피크 차이나'로 몰락하는 중국의 현실을 아래와 같이 말한다.

"신냉전의 충격이 컸고, 2020년에 시작된 코로나 3년의 내상이 깊다. 부동산 경기 침체와 은행의 대규모 손실, 지방정부 부채 위기로 경제 기초 체력이 약해졌다. 도심 빌딩의 공실은 늘고 실업률도 급등했다. 지방 공무원들은 월급조차 제대로 받지 못하고 있다. 여기에 코로나 시기를 거치면서 중국인들이 돌발 위험에 대비하려는 움직임을 보이며 소비가 꽁꽁 얼어붙었다."[121]

중국 경제가 처한 구조적인 문제

사실 2025년 초 현재 중국 경제는 명백히 '수요 부진'과 '생산 과잉'이 뒤엉켜 난관에 봉착해 있다. 생산 과잉 문제는 이미 2010년부터 일부 전통산업 분야에서 나타나기 시작했지만, 소비 수요는 상대적으로 활발했다. 2016년 이후 두 차례의 5개년 계획 조정을 거쳐 전통산업의 생산 과잉 문제가 해소되었으나 코로나19 팬데믹으로 수요 부족 문제가 대두되었다.

팬데믹 후 소비 수요가 분출되었지만, 동시에 태양광, 신에너지 자동차, 전자상거래 등 신흥 산업 분야에서도 생산 과잉 문제가 드러나기 시작했다. 단기적으로 분출된 소비 수요가 지속되기 위해서는 추가적인 고용과 소득 증대가 필요했다. 그러나 이 시기에 산업 구조 전환과 고도화가 진행되면서, 기존 산업과 신산업 모두에서 나타난 생산 과잉 문제가 복잡한 연쇄 효과를 야기하고 있다.

단순한 경제 논리에 따르면, 소비 부족에 대처하는 방법은 보조금 지급, 가격 인하, 할인, 판촉, 새로운 소비 분야 개척 등이 있다. 생산

---

[121] 오세균, 『차이나 크라이시스』, 파라북스, 2024.

과잉에 대처하는 방법은 수출 확대, 생산 능력 축소, 생산 전환 등이 있다. 그러나 두 문제가 복합적으로 얽혀 있는 현 상황에서는 보다 복잡하고 체계적이며 종합적이고 조화로운 접근 방식이 요구된다.

중국이 처한 경제문제들이 이처럼 구조적이어서 이로 인한 현재의 난국을 쉽게 해소할 수 있을지 의문이다. 그러나 이 문제들이 중국의 굴기를 저지하는 동인으로 작용해 미중 패권전쟁을 승패를 가르지는 않을 것이다. 중국의 문제가 부상하는 과정에서 일어난 문제라면, 미국의 문제는 몰락하는 과정에서 일어난 일이다.

중국 정부는 거시경제 관리 기조를 조정해 내수 확대와 소비 촉진을 적극 추진하기 시작했다. 2024년에는 '신질생산력(新質生産力)'의 대대적인 발전을 제시하며, 혁신을 통해 공급측 구조 개혁을 지속적으로 추진하고 있다. 이는 소비 수요와 생산 공급 양 측면에서 시너지 효과를 창출함으로써 중국 경제가 당면한 난관을 극복하는 전략이다.[122]

한편, 중국 우세론자들은 패권 역사의 이치와 미국과 중국의 잠재력, 미국의 쇠락과 중국의 부상·굴기라는 일관된 추세 등을 근거로 중국의 미국 추월을 의심치 않는다. 특이한 점은 미국 우세론자들은 그동안 미국의 패권이론을 뒷받침해 온 소수의 미국 석학들이라는 것이다. 중국 우세론자들은 중국 사람들이 아니다. 다수의 미국·

---

[122] 류루이, "중국 경제의 현황과 미래 전망", 성균차이나브리프 통권 73호, 2024.10.1, pp.46-47.

영국 등의 서구 학자나 유력 연구기관 사람들이다.

〈표-10〉 중국 우세론자들의 주장 논지

성명/저서(글)명	주장 요지
니얼 퍼거슨 / 중국의 세계 지배	– 21세기는 중국의 것이 될 것임. 왜냐하면 지난 세기 대부분이 중국의 것이었기 때문. 중국의 강점은 혁신·교육임
앨프리드 맥코이 / 대전환	– 2027년경 미국은 경제쇠퇴와 군사재난을 맞을 것임 – 중국은 2030년경 경제·군사기술 혁신에서 선두자리 차지
마틴 자크 / 중국이 세계를 지배할 때	– 첨단산업 분야에서 기술 선도국가인 중국은 구매력(ppp)에서도 미국을 앞서 미국은 중국을 이길 수 없음

* 출처: 위의 표 2개 모두 필자가 관련 자료들을 선별·정리함.

각종 언론에 비친 미국 우세론과 중국 우세론을 비교하면 대략 7:3 비율로 중국 우세론이 우세하다. 우연인가? 국제사회에서 미국 선호와 중국 선호 비율도 대략 7:3이다. 전문가들의 의견과 일반 사람들의 시각이 다를 리가 없다는 것이다.

참고로, 필자가 2025년 4월 21일 ChatGPT에게 "미중 패권 전쟁의 승자는 어느 나라일까요?"라고 물으니 아래와 같은 답변을 주었다.

미중 패권 전쟁의 승자를 단정적으로 말하기는 어렵지만, 양국의 경쟁 양상과 강점, 약점들을 분석하면 어느 정도의 전망은 해볼 수 있다. 몇 가지 핵심 포인트를 정리해보면 〈표-11〉과 같이 각기 나름의 장점과 단점을 갖고 있다.

〈표-11〉 미국과 중국의 강약점 비교

구 분	강 점	약 점
미 국	ㅇ 글로벌 동맹 네트워크 　- 나토·일본·한국·호주 등 견고한 동맹 ㅇ 기축통화($): 국제 금융 시스템 중심 ㅇ 기술력: AI·반도체·항공우주 등 첨단분야 리더 ㅇ 군사력: 세계 최강 군사력과 글로벌 기지 네트워크	ㅇ 정치 분열: 양극화로 인해 일관된 대외 전략 어려움 ㅇ 제조업 기반 약화: 일부 산업 중국 의존 ㅇ 부채 문제: 국가 부채 규모가 계속 증가 중
중 국	ㅇ 제조업 강국: 세계 공장으로서의 역할 ㅇ 내수시장 성장: 인구가 많고 소비 잠재력 큼 ㅇ 기술 굴기: AI, 5G, 전기차 등에서 빠른 성장 ㅇ 정치적 일관성: 공산당 중심의 일관된 정책 추진	ㅇ 국제신뢰 부족: 인권 문제, 대외 강압적 정책 등으로 이미지가 좋지 않음 ㅇ 고령화와 인구 감소: 장기적인 경제성장에 부담 ㅇ 부채와 부동산 위기: 부동산 기업 위기가 구조적 문제로 연결될 가능성

* 출처: https://chatgpt.com/c/68065fc6-e998-8009-9ed8-ff61df289246 중심으로 정리

ChatGPT는 미중 패권전쟁에서 승부처가 될 가능성이 큰 분야로 첨단 기술(AI, 반도체, 양자 컴퓨팅 등), 군사적 영향력(남중국해, 대만 해협 등), 경제 패권(무역, 통화 영향력), 소프트 파워(문화, 가치관, 국제적 신뢰도) 등을 들었다.

결론적으로 단기적으로는 미국 우세를 말하며, 그 이유로는 글로벌 영향력, 동맹 네트워크, 기술력 면에서 아직 우위를 예시했다. 그러나 중장기적으로는 체제의 안정성과 각종 전략적인 계획으로 점차 영향력을 확대하고 있는 중국의 도전을 무시할 수 없을 것으로 보았다.

양국 모두 승패를 가르기보다는 장기적인 공존과 경쟁의 구도로 갈 가능성이 높다. 여기서 중요한 건 어느 나라가 더 유연하게 미래를 준비하고 내부 문제를 잘 관리하느냐일 것이다. 그보다 더 중요한 포인트가 있다. 그것은 미중 전쟁에서 누가 더 잘 버티면서 고통을 감내할 수 있느냐는 내구력이다. 여기서 우리는 2025년 4월 28일, 트럼프 정부의 관세정책이 촉발한 혼란을 두고 세계 최대 헤지펀드 창업자인 레이 달리오의 경고를 주목할 필요가 있다.

"세계 최대의 제조업 상품 소비자이면서, 세계 최대의 부채자산(채권) 생산자인 미국의 역할이 지속 가능하지 않다는 인식이 점차 확산하고 있다. 미국에 물건을 팔고 대출해준 뒤 (여전히) 강한 달러로 상환받을 수 있다는 가정은 순진한 생각이다. 미국은 현재 달러 기반의 통화질서와 미국 국내정치질서, 국제질서가 붕괴하기 직전에 있다. 미국의 관세 정책과 부채 증가가 (중국에 의한) 새로운 일방적 세계질서를 초래하고 있다."

외눈박이 한국인들

한국인들의 시각은 특이하다. 서울대 아시아연구소가 발표한 '2021 한국인의 아시아 인식' 설문조사 결과는 한국인들은 가장 신뢰하고, 협력할 필요성이 있으며, 패권을 잡을 국가로 미국을 꼽았다. 반면 중국은 가장 불신하는 국가로 꼽혔다. 향후 중국이 미국을 이기고 패권을 잡을 것으로 본 한국인은 11.5%에 불과했다.

주목되는 것은 관련 정보를 수집·판단하고 패권전략을 구상하는 미국 최고의 정보기관인 국가정보위원회(NIC)와 미국 패권 관련 대표적인 엘리트 집단인 미국 외교협회(CFR)도 앞장서서 중국 우세론을 말한다는 사실이다.

CFR의 저널인 『Foreign Affairs』 2019년 8월호는 특집 '탈냉전기 미국 패권의 부검'이라는 글에서 "미국 패권의 쇠퇴는 필연적인 것으로 보인다"고 썼다. 그 원인으로는 미국의 과다한 군사 팽창, 양극화

심화로 인한 국민 분열, 미국 정치시스템의 기능장애를 지적했다.[123]

미국의 금융사가인 닐 퍼거슨은 패권 제국의 몰락은 '한밤의 도둑'처럼 갑자기 찾아온다고 주장한다. 2022년 세계 최대 헤지펀드 브릿지워터소시에이츠의 레이 달리오 창립자도 자신의 저서 『변화하는 세계 질서(2022)』에서 미국은 순환 사이클상 마지막 단계에서 갈등과 분열이 심화, 시간은 중국 편이라고 평했다. 편이라고 단언했다. 미국 최고의 패권문제 전문가인 앨프리드 맥코히는 2030년의 미래전에서 미국의 패배를 예측한다.[124]

대다수 전문가·연구기관들의 의견이 한결 같은 이유는 그동안의 미중관계 변화 추세와 흐름을 미국이 바꾸기 어렵다고 보기 때문이다. 관건인 미국의 재건은 지난 17년 동안 'MAGA', '더 나은 재건' 등 구호만 있었다. 재건할 능력이 없어 아무런 성과가 없었다. 경제 상식과 동떨어진 황당한 길을 가는 트럼프 2기 정부에서도 마찬가지. 쇠락하는 미국이 일방적으로 승리하기 어려운 형국에서 시간과 기회는 발전하는 중국에 있다는 것이다.

사실 미국은 대공황과 2차 대전, 냉전(스프트니크 순간) 시의 어려운 상황에서도 저력을 발휘했었다. 과거에는 약점보다 강점이 훨씬

---

123 Gideon Rose, What Happened to the American Century, "Foreign Affairs 98, No.4. 2019.
124 앨프리드 맥코이 지음·홍지영 옮김, 『대전환』, 사계절, 2019, pp.343-345.

더 많은 꿈의 제국이었다. 지금도 중국을 압도하는 기준권력(default power)을 갖고 있다. 미국의 패권전략을 주물렀던 브레진스키가 그의 저서 『전략적 비전(2012)』에서 정리한 아래 대차대조표 상의 강·약점을 잘 극복하고 살린다면 '더 나은 재건'의 도약대를 만들 수도 있다.

〈표-12〉 미국의 대차대조표

약 점	강 점
국가부채, 재정적자 누적, 결함 있는 금융시스템, 사회 불평등 심화, 기반시설 노후, 대중의 무지, 정치적 불화·분열, 정체된 정치	− 전반적인 경제력: 아직 최대 규모 − 혁신 잠재력: 기업가 정신, 고등교육기관 기술력·혁신성 등 − 역동성 있는 인구 구성: 고령화, 인구 감소율 적음 − 위기 시의 국민 결집력: 스프트니크 순간, 진주만을 기억하라 − 지리상의 이점: 안전, 천연자원, 지정학, 넓은 면적, 분리주의 부재, 이웃 나라의 위협 없음 − 민주주의의 매력: 인권, 자유, 민주정치, 경제기회 등

* 출처: 즈비그뉴 브레진스키 지음, 황성돈 역, 『전략적 비전』, 아산정책연구원, 2012. p.72.

오늘날 과거의 미국은 없다.

그런데 문제는 2011년에 작성된 브레진스키의 위 대차대조표 상의 미국의 '약점'들이 지난 14년 동안 지속적으로 악화돼 왔다는 것이다. '강점' 부분에서도 2025년 초 현재 절반(3/6), 즉 밑줄 친 글의 관련 상황이 강점이 될 수 없게 악화되었다.

현재 미국의 '혁신 잠재력'은 중국에 많이 뒤진다. 과거 미국의 자랑이었던 '위기 시의 결집력'은 현재 상시적인 불화·분열 상태에서 내전 직전이라는 평가다. '민주주의도' 기능부전 상태에서 잘못된 정책을 수정할 수 없다. 특히 2008년 세계금융위기 이후 악화돼 코로나19 사태에서 드러난 미국 사회의 치부는 쉽게 개선될 수 없는 구조적인 문제들이다.

미국은 심각한 '마약·노숙자 위기'에 처해 있다. 여러 대도시의 길거리 질서가 엉망임에도 손을 쓰지 못하고 있다. 2023년 초, 뉴욕 지하철 전동차에서 잠자는 승객의 몸을 오르내리던 쥐는 1마리였다. 2024년 초에는 지하철 내 노숙자가 깨어나 이불을 걷자 20마리의 쥐 떼가 쏟아져 나왔다. 그렇게 관련 상황이 악화된 것이다. 쥐떼와 노숙자가 동거하는 실정인데도 문제 해결의 주체인 정치·행정시스템은 고장 나고 무너져있다. 막강한 군사력에도 불구하고 여전히 재정 파탄 상태인 미국의 실정에서 무슨 우세론을 논하는 것은 사실 난센스가 아닌가.

중국도 최근 '차이나 피크론'과 '중진국 함정론', 인구구조 변화 등 성장의 한계를 맞고 있다. 최근 중국 경제는 ① 수요 위축, ② 공급

충격, ③ 기대 약화라는 3개 압력에 직면해 있다. 부동산 냉각과 소비 부진, 자본 이탈 등으로 인해 중국 경제의 미국 추월이 늦어지거나 불가능할 수 있다는 예측이 힘을 얻고 있다.

그러나 중국이 직면하고 있는 여러 가지 문제들은 미국이 직면한 내외 문제에 비해 심각한 것은 아니다. 관리가 가능하다는 것이다. 무엇보다 가장 빨리 변하고, 개발하고, 혁신하는 나라는 중국이다. 특히 4차 산업혁명과 가속화하고 있는 디지털 시대로의 전환은 중국에 유리한 환경여건이다.

중국은 미국과 비슷한 크기의 영토에 4배가 넘는 인구수를 바탕으로 한 내수시장과 국가주도 경제라는 이점이 있다. 중국의 14억 인구가 효율적인 시스템 하에서 일사불란하게 움직인다면 무슨 일이든 해낼 수 있다. 그동안의 3번의 미중 대결에서 미국은 중국을 이긴 적이 없다.[125] 앞으로 중국 경제가 2~3% 성장만 해도 중국은 2030년경 세계 제1의 경제대국이 될 수 있다.

---

125 국공내전과 6·25 한국전쟁, 냉전이 그것이고 현재는 전 세계를 무대로 하는 신냉전이 진행 중이다.

02
장단기 정세 변화 시나리오

　최근 몇 년 사이 미국의 패권이 크게 흔들리고 있다. 코로나19 팬데믹은 몰락한 미국의 치부와 민낯을 극적으로 드러냈다. 미국 민주주의와 패권의 쇠퇴를 가속화하며 국제질서의 구조적 변화를 촉진했다.

　당대 미국을 대표하는 국제정치학자 존 미어샤이머 교수는 중국이 조만간 동아시아에서 미국의 영향력을 제칠 것이라고 예상한다. 그는 중국이 거대 시장과 정부 지원으로 쌓은 경제력을 바탕으로 행사하고 있는 외교·군사적 영향력에 주목해 곧 미국의 시대가 막을 내릴 것이라고 본다.

　미중 간의 세력전이는 영국 패권의 미국으로의 이양과 같이 평화롭게 될 가능성이 낮다. 미중 패권전쟁은 체제·이념, 문화가 다른 문명 간의 충돌이기 때문이다. 선민의식에 사로잡힌 미국인들은 비서구권 국가에 패권을 뺏긴다는 것을 상상하지 못한다. 그들은 트럼프 2기

정부의 대 중국 정책에서 보듯 불가피한 국면에서도 우아하게 퇴조하기보다 역사를 역류시키기 위해 모든 수단을 강구할 것이다.

2025년 6월 5일, 불붙은 무역전쟁 속에 미중 정상들이 90분간 담판을 했듯이 당분간 미중 패권전쟁은 대체로 관리통제가 가능하다. 미중 간의 완벽한 탈동조화나 냉전 시기와 같은 단절은 우선 양국이 그럴 수 있는 역량이 없다. 양국의 이익에도 부합하지 않는다. 양국이 공멸하는 길인 직접적인 물리적 충돌이나 전면전도 없을 것이다. 서로 상대를 주저앉힐 수 있는 한방이 없기 때문이다. 전쟁이 끝나려면 미국이 중국을 완전하게 제압하거나 중국이 미국을 크게 추월해야 하는데 당장은 불가능하다. 당분간은 이런 전제 속에서 전쟁이 진행될 수밖에 없다는 것이다.

미중 간의 세력전이

그렇다면 미중 패권전쟁은 당분간은 불안한 혼란 상황을 계속 이어갈 것이다. 미중 간의 세력전이 관련 예상 시나리오는 우선 큰 틀에서 ① 미국이 승리해서 팍스 아메리카나 II로 가거나, ② 중국이 승리해서 팍스 시니카로 가는 길이 있을 건데, 미국과 중국은 완전한 승자가 될 수는 없다. 미국과 미국 중심의 패권질서가 재건된다든가, 중국이 주도하는 패권질서가 오지 않는다는 것이다. 그렇다면 ③ 미중 대결이 심화되면서 상당히 오랫동안 상황이 악화돼 가는 시나리오가 현실적일 것이다. 미국과 중국 간의 '느슨한 비대칭 양극구도'가 계속된다는 것이다.

미국의 1차적인 패권전쟁 목표는 중국이 동아시아 지역 패권국이 되는 것을 저지하는 일이다. 전쟁은 계속 동아시아 또는 인도·태평양 지역을 주무대로 전개될 것이다. 힘이 약해진 미국은 중국과 러시아를 견제하기 위해 일본에 의존할 수밖에 없다. 미국이 재무장을 마친 일본과 손을 잡고 중국·러시아와 군사적으로 충돌하는 세계가 곧 다가올 동아시아의 미래일 수 있다.[126] 미국이 한미일 안보협력에 목을 매고 있는 이유가 여기에다. 역사는 반복된다고 했다. 19세기 말 한반도를 중심으로 한 청일·러일 전쟁의 역사가 100여 년 후인 21세기에 반복될 수 있다.

미중관계와 국제질서의 변화

한편, 경쟁이 심한 정치세계와 같이 냉엄한 국제사회도 패권국과

---

126 미어샤이머 교수, 동아일보의 신년 인터뷰, 2022.1.3.

도전국 간의 힘의 분포가 변하면 곧바로 변하게 된다. 미국의 GDP와 중국의 GDP 수준의 격차가 현재의 70% 수준에서 나아가 80%, 90%, 100%로 좁혀질 경우 예상되는 미중관계와 국제질서의 변화 시나리오는 아래와 같다.

① 미중 패권전쟁은 악화일로를 걷는다.미국 주도의 패권질서가 붕괴되면서 세계는 신질서를 모색한다. 공급망이 재구축되고, 무역·결재 시스템은 다변화하며, 기술혁신은 각자도생의 방식으로 이뤄진다. 미국이 없는 세계는 잘 돌아간다.
② 세계 경제침체가 계속되고, 지역 분쟁이 지속되는 가운데 국제사회는 각자도생과 헤쳐 모이기를 가속한다.
③ 이 상황에서 글로벌 리더쉽은 실종되고 더욱 쇠락해진 미국의 조바심은 세계를 1930년대 대공황에 버금가는 대혼란으로 빠뜨린다.
④ 중견국인 한국과 인도, 사우디아리비아, 브라질 등은 중국이 추동하는 유엔 중심의 다자주의 세계질서를 재구축하려고 나선다.[127]
⑤ 2030년경 중국이 미국 경제를 추월하더라도 미국은 국제정치와 군사 분야에서 상당 기간 동안 힘을 유지한다.
⑥ 중국이 미국 GDP의 90%까지 치고 올라가면서 세계 각국은 곧

---

[127] 문정인, 『문정인의 미래 시나리오 - 코로나19, 미중 신냉전, 한국의 선택』, 청림출판, 2021, pp.97-98.

G1이 될 중국으로 향한다. 국제사회에서 미국의 힘은 통하지 않는다.

⑦ 이제 모든 길이 중국으로 통하는 시대가 된다. 우선 동아시아 질서가 재편돼 중국이 역내 패권국이 된다.[128]

⑧ 300년 만에 서에서 동으로의 역사 이동인 중국 중심의 아시아 시대는 지구촌이 한 번도 경험해 보지 대지각변동을 일으킨다.

⑨ 중국은 이미 붕괴한 미국 주도의 국제질서를 자국식 세계질서로 변화시키나 미국식의 일방주의와 예외주의적인 세계 패권은 추구하지 않는다. 세계는 보다 민주적이고 공정한 질서 속에서 평화와 번영의 기회를 나눈다.

⑩ 점차 모든 분야에서 중국식이 보편이 되고 표준이 돼 간다. 서구식 보편주의와 가치관은 통용되지 않는다. 국제기구와 기축통화, 공통언어도 변한다.

⑪ 서방국들의 상실감과 불안감이 증대하고, 미국은 바람직하지 않은 반응과 추한 모습을 보이며 세계를 어지럽힐 수 있다.

⑫ 미중 간의 전쟁이 최고조의 임계점에 이르자 중국은 미국의 숨통을 끊기 위해 철저하게 준비한 미래전을 시작한다.

---

[128] 유재광, 조은교, "중국의 미래, 2030 -정치, 경제, 대외관계의 미래를 중심으로", 국회미래연구원연구보고서 20-12호, 2020.12.31., p.356.

03

최후 승부처는 미래전

21세기 초, 세계는 디지털 시대(DX)에 들어서기도 전에 인공지능 시대(AX)로 빠르게 전환하고 있다. 세계는 무인로봇이 사람을 대신해 전쟁하는 시대가 오고 있다. 원격조정 단계 이후, 자동화 상태에서 인간이 최종 결정하는 단계로 발전한 후, 3단계는 인간의 개입 없이 AI가 모든 것을 움직인다. 군사 분야에서도 미국과 중국은 디지털화와 자동화를 넘어 인간의 지능형 의사결정(인지·판단·제어)과 자율적 최적화에 중점을 AI무인화 무기 개발에 사활을 걸고 있다.[129]

미중 간 세력전이의 정점에서 최종 승부처는 사이버·우주전쟁이다. 우주전쟁의 관건은 적의 신경망인 통신위성·GPS 등을 파괴해 군사력을 무력화하는 것이다. 누가 앞선 양자암호해독 프로그램으로 상대방의 국가 지휘정보통신 시스템을 먹통으로 만드느냐가 관건이다.

미국의 패권 전문가 앨프리드 맥코이는 그의 저서 『대전환』(2019)

---

129 iM증권 리서치본부, 앞의 보고서, pp.17-20.

에서 미래의 전쟁은 4차 산업혁명을 선도하는 나라가 정밀한 원거리 공격무기와 로봇시스템, 정보공격을 이용해 적의 핵심시설을 파괴·교란시켜 승리하는 방식이 될 것이라고 주장한다.[130] 그가 제시한 예상 시나리오를 중심으로 정리해 본 미국과 중국 간의 미래전의 전개 양상은 아래와 같다.

미국은 군사적 우위를 통해 계속 세계를 지배하면서 경제이익을 독점하고자 한다.[131] 하지만 몰락한 미국은 굴기한 중국에 군사적 우위도 누릴 수 없게 되었다. 모든 부정적 트렌드를 종합하면 2030년경 미국 패권의 형세는 다음과 같은 양상을 보이며 몰락할 것이다.

① 대다수 미국인에게 2020년대는 물가상승, 실질임금 하락, 국가 경쟁력 퇴보로 인해 암울한 10년이다. 외우내환이 악화일로다.
② 국가부채·재정적자가 누적, 미국 달러는 점차 기축통화 지위를 상실해 간다. 대침체 하의 인플레로 모든 비용이 치솟는다. 해외 주둔 미군의 운영도 감당하기 어렵다. 미국은 국방비를 삭감하고 해외 미군기지를 폐쇄하기 시작한다.
③ 추락하는 미국을 향해 중국·러시아·이란 등이 바다와 우주, 사이버 공간에서 도전한다. 중국은 주로 우주에서 미국을 견제한다.

---

130 앨프리드 맥코이 지음·홍지영 옮김, 『대전환』, 사계절, 2019, pp.350-358.
131 최우선, "미중 경쟁과 미국의 군사전략 변화", IFANS 주요 국제문제분석, 2020-62.

러시아 잠수함대는 북대서양에서 미 해군에 도전한다. 중국 함대는 이미 서태평양 일부와 남중국해를 '중국의 호수'로 만들었다.

④ 중국의 본격적인 공세에도 불구하고 미국의 정치·경제시스템은 제대로 작동하지 못한다. 계속된 정치 사회적 논쟁은 불화·분열을 가중시켜 내전 상태로 간다.

⑤ 중동·남중국해 등에서 미군의 전략이 제대로 작동되지 않는다. 중국은 모든 전투 공간에서 정보시스템을 장악한다. 이를 바탕으로 사이버·우주 공간에서 미국을 직접 위협한다. 특히 중국군은 해킹이 불가능한 양자통신위성을 갖는다.

⑥ 2030년이 되자 미중 패권전쟁은 임계점에 도달, 마침내 승패를 가를 최후의 전투가 시작된다. 중국군은 미군의 몇 가지 전략적 결함을 공략하는 데 주력한다. 먼저 미국의 수많은 통신위성을 공격해 미군의 지휘통신체계를 무력화한다. GPS도 먹통이 된다. 미국 사회는 대혼란 상태에서 미군 전략사령부도 움직일 수 없다.

⑦ 결국 중국은 첨단 사이버·우주기술을 동원한 총력전에서 승리한다.

미중 양측 모두 단 한 명의 전투 사망자도 나오지 않았다. 사실상 3차 세계대전이 될 10여 년의 미중 패권전쟁은 이렇게 미국이 패배하면서 조용히 끝날 것이다.

제8부

미중관계의 조정·대혼란 가능성

01

미중관계 조정·협력 가능성

― 일말의 희망은 없을까?

　지난 7년의 세계경제는 설상가상(雪上加霜)이었다. 미중 패권전쟁과 코로나19 팬데믹으로 시작된 불황 조짐은 전 세계로 확산되었다. 경제성장의 기관차 역인 미국·중국·EU의 경기가 둔화되었다. 우크라 전쟁 이후 에너지·식량 위기에 인플레이션이 고조된 상황에서 공급망 재편, 트럼프의 관세폭탄은 세계경제를 대혼란과 대공황 상태로 몰고 있다.

　역사의 반복인가? 20세기 중반의 2차 세계대전은 1차 대전 후 ① 스페인 독감, ② 초(超) 인플레이션, ③ 대공황, ④ 금융질서 붕괴를 거치면서 발발했다. 21세기 초, 코로나19 사태와 미중 패권전쟁이 촉발한 침체·혼돈은 다시 대공황과 3차대전 가능성을 높이고 있다.

　지구촌 파멸을 가져올 핵전쟁과 기후변화 위기는 G2인 미중이 협력해야 예방할 수 있다. 그들의 글로벌 리더십은 실종되었다. 미국과 중국은 국제공공재를 제공할 의지가 없다. 역량도 안 되는데 패권다툼 중이다. 차이메리카인 양국은 상대를 죽이려 하지만 상대가 죽으면 자신도 죽게 돼있다. 고래 싸움에 새우등이 걱정이다.

21세기의 미중 패권전쟁은 세계질서를 위협하는 지정학적이고 지경학적이며, 기정학적인 문제이다. 지난 45년 동안 세계 평화·번영을 리드해 온 미중관계의 파멸은 지구촌의 멸망을 가져올 수 있다. 미중 양국의 최고지도자들이 역설하듯 "오늘날 세계는 역사적인 변곡점, 위험한 고비에 서있다." 그렇다면 미중관계가 다시 협력적인 경쟁, 선의의 체제경쟁 관계로 조정될 가능성은 없는 것일까?

조정·협력 유인요인과 제한요인

트럼프 2기 행정부 4년의 미중관계는 갈등의 심화와 협상 타결 가능성이 병존하는 불안정한 국면이 지속될 것으로 보인다. 핵심 과제는 양국이 긴장 국면을 관리하며, 충돌을 방지하는 조정 능력을 확보할 수 있느냐는 점이다.[132]

---

132 Ryo Sahashi(JETRO), 앞의 글, p.1.

협력 유인요인

미국과 중국이 대결적인 전쟁을 협력적인 경쟁으로 조정해야 할 필요성은 다음과 같은 요인들 때문이다.

첫째, 미중 경제관계는 투이불파(鬪而不波: 싸우되 판은 깨지 않는) 관계다.

현재 미중 간에는 다툼이 불가피하나 디커플링할 수는 없다. 그동안 미중관계는 '차이메리카(Chimerica)'·'슈퍼퓨전(Super Fusion)'이라는 개념으로 이해되었다. '경쟁적 공존' 또는 상호의존 관계였다. '이혼을 선택할 수 없는 결혼'에 비유되기도 했다.

중국은 미국의 채권을 다량 구매하고, 미국은 그 돈으로 중국산 저가 제품을 수입해 살았다. 차이메리카는 미중 양국의 경제는 물론 세계의 성장을 주도했다. 하루아침에 양국관계의 단절·파탄을 가져올 디커플링이나 신냉전은 가능하지 않다는 말이다. 경제적으로 한 배를 탄(同舟共濟) 양국이 전면 대결·충돌할 가능성은 희박하다.

양국의 정상들은 '손자병법' 상의 최고 전략, "싸우지 않고 적을 굴복시키는 게 최고 중의 최고(不戰而屈人之兵 善之善者也)"임을 잘 알고 있다. 서로 협상의 여지를 남겨두고 있다. 시진핑도 협상 해결이 최선책이고, 대만문제와 틱톡문제에 조심스럽게 접근하고 있다. 사실 미국의 과도한 대중 관세는 불안한 물가를 더 불안하게 만들고, 무역 다변화 등으로 대응하고 있는 중국보다 미국에 더 부정적이다. 기술봉쇄도 딥시크 충격 등으로 제재의 역설 등이 말해주듯 그 효과가 불확실하다. 이제 중국은 머리를 숙이지 않는 대국이 되었다.

현실적으로 오늘날의 정치적 배경에서도 트럼프 대통령은 시진핑을 협상 파트너로 보고, 무역적자 축소 및 제조업 활성화를 통한 정치적 성과를 노리고 있다. 시진핑 역시 글로벌 경제 안정 유지와 완전한 디커플링 회피를 원한다. 양국 모두 일정한 정치적 협상 여지를 갖고 있어 제한적 합의 가능성은 열려 있다.[133]

경제적 교환 조건에서 중국은 미국산 농산물, 에너지, 항공기 구매 확대와 위안화 안정, 미국 국채 유지 등을 제시할 수 있다. 미국은 중국 기업의 투자 제한 완화, 기술 통제 조치 유예, 틱톡 관련 협상 등을 진행할 수 있다. 이는 상호 이익에 기반한 거래 가능성을 시사한다. 그럼에도 중요한 변수는 양국 정상회담이다.[134]

둘째, 미국은 중국과의 패권전쟁에서 쉽게 이길 수 없다.

---

133 미국 전략국제연구센터(CSIS), "트럼프 2기 시대의 미중 관계: 협상 가능성과 구조적 갈등", 인천연구원 한중Zine Vol. 581, 『최신중국동향』, 2025.3.26., p.1.
134 이남주, "중국과 미국의 대타협은 가능한가", 다산포럼, 2025.2.18.

빚더미 속에서 허덕이는 미국은 직접 전쟁할 여력이 없다. 신냉전을 치를 능력도 없고, 매력 있는 민주주의 국가도 아니다. 중국을 압도하는 글로벌 리더로 세계를 움직일 수 없다. 좁은 대만해협 전쟁에서도 중국을 이길 수 없다. 원격 차단능력과 극초음속 미사일을 가진 중국은 미국의 핵무력을 억제할 수 있다. 항공모함이 위력인 시대는 지났다. 중국을 공격해 미국이 얻을 수 있는 이익도 거의 없다. 그동안 미국의 공격은 중국을 아프게 했지만 미국도 그만큼 아팠다. 중국의 맷집을 키웠고, 자립자강과 혁신 능력을 도와주는 꼴이 되었다. 서방 진영의 단결을 도모하긴 했지만 별 도움이 안 되는 단결에 적극 나설 이유가 없다. 나머지 글로벌 사우스 국가들 대부분은 미국 반대편으로 헤쳐 모였다. 자체의 생존·재건도 버거운 미국은 중국과 전쟁을 계속할 것인가 고민할 수밖에 없다. 사실상 패배한 우크라 전쟁에서 한국에 무기와 병력 지원을 긴급 요청했던 미국은 중국과의 싸움판이 커질수록 더 빨리 몰락하고 붕괴하게 돼있다.

셋째, 미중 간의 경쟁 아닌 전쟁은 지구촌의 재앙이다.

G2인 미중은 국제문제를 해결할 책임이 있는 대국이다. 강대국으로 존중을 받으려면 그만큼 세계의 평화·번영에 필요한 공공재를 제공해야 한다. 지구촌은 지금 대침체·혼돈은 물론 기후·에너지 위

기 문제로 몸살을 앓고 있다. 세계적 재앙은 자국 우선주의와 각자도생으로 해결할 수 없다. 양국이 앞장서서 국제기구들의 역량을 보다 강화해야 한다.

이렇듯 협력적인 미중관계가 절실함에도 사정은 여의치 않다. 다음과 같은 요인들이 미중관계의 정상화를 방해하고 있기 때문이다.

협력 제한요인

첫째, '투퀴디데스'가 전쟁원인으로 지목한 근거 없는 자신감·두려움이다.

양측 모두 협상에서 우위를 점할 수 있다고 확신하나 상호 불신이 깊다. 패권국과 도전국의 무지로 인한 지나친 두려움·자신감은 전쟁을 유발하는 주요인이다. 다시 멀리 되돌아가 보자. 그리스 아테네와 스파르타 간의 패권전쟁(헬로폰네소스 전쟁)은 예정된 전쟁이 아니었다. 쌍방은 갈등을 조정해 협력적인 평화조약을 체결하는 등 전쟁을 피하려고 노력했다. 어찌할 수 없는 인간의 탐욕과 권력욕이 문제였다. 무지와 부질없는 욕심들이 낳은 부정적 '증후군'들로 인해 불가피한 전쟁이 되고 말았다. 오늘날 미중 양국은 일방이 타방을 무너뜨릴 수 없는데도 상대방을 과소평가하며 전쟁의 승리를 말하고 있다. 전쟁이 세계의 대침체·혼돈을 초래했는데도 미국은 10년, 중국을 30년 전쟁을 계속할 태세다. 근본 문제는 인간의 부질 없는 탐욕과 권력욕이다.

둘째, 무릇 전쟁은 국내 정치의 연장선상에 있다.

"전쟁은 다른 수단에 의한 정치의 연속이다." 미중 무역전쟁은 트럼프 대통령이 자국 제조업의 공동화에 따른 실업과 경제침체의 책임을 중국에 전가하면서 시작했다. 선거에서 많은 정치인들은 적을 만들고 악마화해 무지한 국민들의 표심을 자극했다. 승리한 후에도 반중정서 프레임을 정치적으로 이용한다. 선거 민주주의 정치가 미중관계의 중요성을 왜곡하고 있는 것이다. 중국에 대한 강경 기조가 초당적 컨센서스를 이루고 있는 워싱턴 정가에서 반중 여론과 정서는 무시할 수 없다. 미국에는 적들에 대항해 '십자군 전쟁'을 벌이기 좋아하는 전통이 있다. 국가 안보에 관한 한 상대보다 더 강경해야 한다는 것도 미국 정치의 관행이다.

중국에서도 국제체제의 제약이나 외부 압력은 외교에서 부차적인 것이고, 주된 동력은 국내정치 요소다. 엘리트 정치, 관료적 이해관계, 여론, 경제적 우선순위 같은 국내 요인들이 중국의 전략적 결정에 큰 영향을 미친다. 사실 거의 모든 나라의 외교정책은 국제환경에 대한 순수한 전략적 대응이라기보다 내부 정치적 필요에 따른 선택이다.[135]

셋째, 전쟁의 본질은 체제·이념, 문화의 차이에서 비롯된 문명충돌이다.

무역전쟁은 관세폭탄을 넘어 곧바로 반도체·AI·양자컴퓨터 등 첨단기술의 표준 영역으로 확대되었다. 미국은 '동맹과 함께' 전쟁을 수행하며 체제·이념 전쟁으로 몰고 갔다. 미중 양국이 편 가르기에 주력하면서 전쟁은 신냉전에서 나아가 서구·비서구 간의 문명충돌 양상이다. 신냉전이나 문명충돌은 협상으로 해결할 문제가 아니다. 그 무게만큼 끝까지 가는 무서운 전쟁이다.

트럼프 2기 정부 출범 이후 미중 간에는 체제·이념 경쟁, 디커플링, 군사력 경쟁 등이 심화될 것으로 보인다. 미국이 중국을 전략적 경쟁자뿐만 아니라 세계 민주주의의 실존적 위협으로 간주할수록 문명충돌 양상이 강화될 것이다. 미국이 유럽 국가인 러시아와의 관계를 활용해 중국 견제를 강화할 경우, 미중 갈등은 더욱 심화될 수 있다.[136]

---

135 리밍장, "미중 사이에서: 아시아 국가들의 외교적 줄타기", 성균차이나브리프 통권 75호, 파워 인터뷰, 2025.4.1., p.13.
136 미국 전략국제연구센터(CSIS), 앞의 글, 2025.3.26., p.2.

미중 양국의 입장과 갈등 관리 노력

미중관계는 양국만이 아니라 전 세계에 결정적으로 영향을 미치는 중요한 관계다. 특히 100년 전과 다른 시대에 핵무력과 AI가 작동할 전쟁의 폐해와 결과를 잘 알고 있다. 이길 수 없는 전쟁은 곧 공멸이다. 상대방의 거대 시장과 잠재력을 버릴 수도 없다. 그런데도 미중관계의 조정·협력 방향으로의 전환 요인과 이를 가로막고 있는 요인 간의 싸움은 패권전쟁보다 뜨겁다.

그동안 미중 양국은 전쟁이 고조될수록 상호 소통 채널을 유지하고, 경쟁을 책임 있게 관리할 것을 강조했다. 양대 경제대국 간의 갈등·경쟁이 대립·충돌로 가지 않게 관리해야 한다는 것이었다.

공격적 자세를 점차 완화해 온 미국

먼저, 외우내환 상황에서 대선을 앞둔 미국의 전임 대통령 바이든의 입장·언술은 전쟁이 악화될수록 이전보다 진지해지는 경향을 보여주었다. 그의 관련 주요 발언을 보자.

- "양국은 차이점을 해결할 수 있다. 경쟁이 충돌로 이어지지 않도록 관리하며, 협력을 필요로 하는 국제의제에서 방법을 찾아야 할 책임이 있다."

- "양국이 충돌에 빠질 이유는 없다. 양국 간 지속적인 교류·대화가 중요하다. 우선적인 영역에서 오판·충돌을 피할 수 있는 관계정상화를 원한다."
- "도전을 해결하고 기회를 잡기 위해 국제사회는 단결해야 한다. 우리 모두 안전하고 평화롭고 역동적인 미래를 건설하는 데 힘을 쏟아야 한다."

2기 트럼프 대통령 또한 중국 시진핑 주석과의 친분을 과시하며, 중국과 소통하고 이견을 해소하며, 글로벌 과제에 공동 대응하고, 세계 평화를 유지하기 위해 노력하겠다는 입장을 지속적으로 밝히고 있다. 2025년 초, 트럼프는 세계경제포럼(WEF) 대담에서 중국과의 좋은 관계를 희망한다고 전제하면서, 무역문제 등에 있어 공정성을 촉구했다. 동시에 러시아·우크라이나 전쟁 종식과 미중러 간 핵군축 협상 같은 사활적 안보 이슈에 있어 협력을 추구한다는 점도 명확히 했다.

미국은 양국 간의 협력적 경쟁에 대한 인식 또는 원칙으로 다음과 같은 '극심한 경쟁'과 '디리스킹(de-risking)'을 강조했다.

"중국이 지금 우리의 안보와 번영, 가치들에 도전하고 있어 새로운 접근이 필요하다. 미국에 제기되는 리스크와 관련 우리의 최첨단 기술이 중국에서 군사적으로 활용될 가능성을 간과할 수는 없다. 경제·기술을 포함한 다양한 차원에서 중국과 열심히 경쟁하고, 미국의 가치를 수호해야 한다"

미국은 동맹·파트너 국가들과 연대해 중국식 질서가 기존의 '규칙에 기반한 질서'를 대체할 수 없도록 하겠다는 입장은 확고하다. 미국은 목표는 신냉전·디커플링 등으로 중국을 고립시키려는 것보다 싸우지 않고 미국에 굴복해 자국 주도의 국제질서 속에서 사는 것이 중국도 이득이라는 점을 보여주겠다는 것이다.

중국은 대미 설득, 대내외 선전에 주력

그동안 중국은 협력에 초점을 맞추고, 갈등을 관리통제하며, 양국 관계의 건강하고 안정된 발전을 추구해 왔다. 주요 계기 때마다 미국은 물론 국제사회를 향해 G2로서의 자긍심을 드러냈다. 국제사회의 책임대국으로서 대안도 제시하며 자국의 입장을 홍보했다. 중국의 입장에는 미중 갈등·대립 속에서도 결국 협력할 수밖에 없다는 현실 인식이 강조되었다. 시진핑 주석의 관련 주요 발언은 아래와 같다.

- "현 상황은 양국의 근본 이익과 국제사회의 기대에 부합하지 않는다. 2대 대국인 양국이 옳은 방향을 견지해 미래를 개척해야 한다."
- "양국은 전략적 용기와 통찰력, 정치적인 대담성을 갖고, 양국관계를 가능한 한 빨리 안정적인 발전의 궤도로 돌려놓아야 한다. 양국이 협력하면 모두 이익을 얻지만, 싸우면 모두 다친다. 협력만이 올바른 선택이다."
- "핵심 관심사를 존중하고, 이견을 관리하기 위해 접촉·대화하면서 기후변화, 지역분쟁, 경제회복 등 중대한 국제·지역문제를 상호 조정·협력해 가자."

트럼프 대통령이 재당선 된 후인 2024년 12월 17일, 중국 왕이 외교부장은 댜오위타이 세미나에서 2025년에 중국은 "대세를 도모하고, 대의를 맡고, 대도를 펼치겠다", "미중관계는 상호존중, 평화공존, 상생협력의 원칙에 따라 소통을 유지하고 갈등을 통제해야 한다는 입장이다. 무엇보다 새로운 시대에 미중이 공존하는 올바른 길을 찾아야 한다"고 강조했다.

미국의 대 중국 관세부과를 시작한 이후 시진핑 중국 주석은 미국의 고율 관세 부과 조치에 대해 강하게 비판하면서도, 대화를 통한 협력 의지를 지속적으로 표명했다. 그의 주요 발언은 보면,

"미국의 고율 관세 정책은 타인을 다치게 할 뿐 아니라 자신에게도 이롭지 않다. 세계 경제에도 부정적인 영향을 미친다.
- 미국과의 대화를 유지하고 협력을 확대하겠다. 중미관계가 안정적이고 지속 가능한 방향으로 발전하길 희망한다.
- 미국과의 무역 갈등은 평화적이고 협력적인 방식으로 해결해야 한다."는 것이다.

그동안 미국은 중국을 공격하는 과정에서 대결이 공멸전쟁으로 가지 않도록 하는 데 초점을 둬왔다. 중국은 시간을 벌면서 미국의 공세를 무디게 하고, 자국이 대체세력이 될 수 있음을 알리며, 그 기반을 강화하는 데 주력했다. 비슷하지만 서로 다른 생각과 미중 패권전쟁이 신냉전·문명충돌이라는 점에서도 당분간 미중 간의 '협력적인 경쟁'으로의 조정 가능성은 낮다.

그렇다면 향후 미중관계의 향방은 두 가지다. 하나는 양국이 싸울 만큼 싸운 후, 각자 힘의 크기만큼의 권력을 분점하는 국제질서에 합의하는 것이다. 다른 하나는 전쟁이 악화일로를 거듭하는 가운데 상호 갈등·대립을 통제하는 데 실패한 상황에서 예상되는 세계적인 대혼란 가능성이다.

02

지구촌 대침체·대공황 가능성

상술한 바, 앞으로 예상되는 미중관계는 ① 미중 양국은 전면전을 선택하지 않을 것이다. 그럼더라도 ② 당분간은 공생을 모색하는 협력적인 경쟁 관계로 회귀하지 않을 것이다.

역사적 승부인 미중 패권전쟁은 미국과 중국이 각기 설정한 시간 (10년 또는 30년) 동안 악화일로를 걸을 것이다. 결국 양국 모두 상처를 입고, 국제질서가 붕괴돼 세계가 대혼란·대공황을 맞게 될 가능성을 배제할 수 없다. 왜 그러는지 관련 역사와 이론, 추세 등을 살펴보기로 한다.

20세기 관련 역사적 사례와 이론

역사: 1920~1930년대 대혼란·대공황 사례

먼저 관련 역사적 사례와 이론들이다. 역사에서 도출한 이론들은 현실 이해를 위한 노력이자 문제제기다. 20세기 초, 영·미 간의 세력전이 시기에 세계는 대공황과 전쟁으로 얼룩졌다. 1차 세계대전에서 국력을 소진한 대영제국은 자국의 재건에 바빴다. 패권국으로 떠오른 미국은 국제사회에 충분한 공공재를 제공하지 못했다.

국제질서가 붕괴되면서 선진국들은 자국 우선주의에 골몰했다. 영국은 금본위제를 폐기했다. 미국은 스무트-홀리 법을 제정해 수입품에 고관세를 부과하는 등 보호무역 전쟁을 촉발했다. 1929년 이후 각국의 증시는 폭락하고 전 세계의 교역도 급감했다.[137]

'대공황'이었다. 통화시스템인 금본위제 붕괴, 자유무역 몰락과 보호무역 부상, 자본자유화 종식은 국제경제질서를 완전히 무너뜨렸다. 심각한 경제난은 극단주의 세력에 힘을 실었다. 1차 세계대전 이후 경제난이 극심한 독일에서는 히틀러의 나치정권이 출현해 2차 세계대전이 발발한다.

21세기 초, 미중 패권전쟁은 제1, 2차 세계대전 사이의 '전간기(戰

---

[137] 2025년 초 미국의 무분별한 관세정책으로 야기되고 있는 세계 경제의 혼란과 흔들리는 미국의 국채, 달러, 증시 등은 1930년 대공황을 연상시키는 조짐이다.

間期)' 국제질서와 유사하다. 중·러가 미국 등 서방에 맞서는 신냉전 시대에 지경학적 분절화와 보호무역주의가 되살아나고 있다. 코로나19가 덮친 세계는 우크라이나 전쟁과 트럼프의 관세전쟁과 함께 미국식 파시즘·과두정치 부활 등으로 대공황과 대혼란으로 내몰리고 있다. 100년 만의 역사의 반복이다.

이론1: 1930년대 대공황을 낳은 주 원인은 '킨들버거 함정'

지금 세계경제가 직면하고 있는 다중 위기는 20세기 '킨들버거 함정'의 21세기 판이다. 미국의 마셜 플랜 설계자였던 경제학자 킨들버거가 제시한 '킨들버거 함정'론은 새로 부상한 국가가 기존 패권국을 대신해 제대로 된 리더십을 발휘하지 못할 때 발생하는 위기를 뜻한다. 1930년 '대공황'은 영국 이후 패권국으로 떠오른 미국이 그 역할을 제대로 수행하지 못한 결과라는 것이다.

지금 미국의 패권질서는 무너졌다. 신흥 중국은 패권 의지와 능력이 없다. 미국은 '투키디데스 함정'에, 중국은 '킨들버거 함정'에 빠진 채 국제질서는 아노미 상태다. 약 100년 만에 맞는 미중 간의 세력전이 시기에 글로벌 리더십이 실종돼 대공황이 재현될 수 있다는 것이다.

이론2: 2008년 세계금융위기는 '민스키 모멘트' 가설을 입증

미국의 경제학자 하이먼 민스키가 주장한 '민스키 모먼트'는 누적된 부채가 한계에 도달해 자산가치 붕괴와 경제위기를 일으키는 순간(moment)을 말한다. 경기 호황이 끝나면, 채무자들의 부채상환 능력이 나빠져, 건전한 자산까지 팔아 빚을 갚으면서 자산가치가 폭락, 금융위기가 발생한다는 것이다. 이 이론은 2008년 세계금융위기 상황에서 조명된 바 있다.

빚에 의한 거품 성장과 몰락을 경고한 '민스키 모먼트'는 2023년 미국 실리콘밸리은행(SVB) 파산 사태로 위기감이 확산하면서 재조명되었다. 2024년에 들어서는 뉴욕 월가의 낙관론자들까지 "민스키 모먼트 가능성이 증가했다"며 위기를 경고하고 있다. 미국과 중국, 한국 등은 경기 호황이 끝나고 부채를 먹고 자란 상업용 부동산 중심의 자산가치가 폭락하고 공실률이 증가, 금융위기에 직면할 수 있다는 우려가 커지고 있다. 여기에 2025년 초, 미국의 관세폭탄은 미국인들의 소비심리를 대공황 때보다 더 심각하게 만들고, 미국의 장기 경기침체와 인플레이션 가능성에 세계경제의 불확실성이 커지고 있다.

이론3: '장주기 순환론'들도 대혼돈을 예측

미국의 국제정치학자 모델스키와 톰슨이 발전시킨 '장주기론'과 세계 최대의 헤지펀드 창립자 달리오가 제시한 역사 패턴의 '사이클론'도 현 상황을 잘 설명하고 있다. 두 이론은 1500년 이후 500년의 패권 역사를 뒤돌아보고, 미국과 미국 패권의 몰락 과정에서 국제질서 붕괴와 대혼란 가능성을 말한다.

그동안 서구 패권 질서의 반복되는 변화 패턴을 강조하는 '장주기론'은 각각의 세계 패권이 약 100년을 주기로 순환해 왔다고 본다. 1국의 패권이 1세기 동안 대략 25년으로 나눠지는 4개 국면, 즉 ① 세계전쟁 ② 세계패권 ③ 정당성 하락 ④ 탈집중화·전쟁 순으로 진행됐다는 것이다.

이 이론에 의하면 미중 패권전쟁은 위의 ③ 국면을 지나며, ④ 국면에 진입, 점차 위험한 국면으로 가고 있다. ③ 패권국인 미국의 선의가 의문시되면서 중국의 도전이 커지고 있으나, 아직 미국의 힘이 있다. 그러나 ④ 미국 패권의 신뢰·정당성은 더 의문시되고, 중국과 러시아의 도전이 강해지면서 쌍방 간의 공격·대응의 회오리바람이 세계를 휩쓸고 있다.

레이 달리오도 지난 500년의 강대국 역사에서 찾은 장단기·대소 사이클 속에서 다가 올 미국 패권의 몰락을 예고한다. 그는 "패권 제국의 흥망성쇠 순환 사이클상 미국의 패권은 마지막 단계에 근접해 있다. 이 단계에서 미국은 대내적으로는 갈등·분열이 심화하고, 대외적으로는 중국과 무력충돌 등 대혼란이 발생할 가능성이 있다"고 경고한다.

'다중복합 위기'는 대혼란 징후

지금 세계는 '다중복합 위기' 속의 '변화와 분열의 시대'에서 갈수록 태산이다. 2023년 다보스 세계경제포럼 (WEF)의 주제는 '분열된 세계에서의 위협'이었다. WEF는 특별히 지구적 차원의 복합적 도전 이슈를 담은 전망서("Global Risks Report 2023")를 발표했다. 이 보고서는 세계에 장단기 위험 이슈들이 상호 연계돼 동시 다발적으로 인류를 위협하는 '다중복합 위기(poly—crisis)' 시대의 도래를 경고했다.

2024년 1월에 개최된 2024년 WEF 주제는 '신뢰 재건(Rebuilding Trust)'이었다. WEF는 앞으로 세계경제는 고물가·고금리·저성장과 심각한 스태그플레이션, 지경학적 분절화로 더 어려워질 것이라고 전망했다. 동시에 급격한 변화·분열이 심화되는 시대에 신뢰 재건의 중요성을 강조했다.

세계적으로 그 권위와 영향력을 인정받는 WEF는 '다중복합 위기'가 지속되는 오늘날을 '변화·분열의 시대'로 규정하고 있다. 분열된 세계에서 안보와 발전을 위한 국제사회의 공동 노력이 없으면 장차 대혼란에 직면할 것이라는 경고다.

WEF의 우려와 같이 미국과 중국이 역사와 엄중한 현실을 직시하지 않고 패권전쟁을 지속한다면 세계는 아래와 같은 '다중복합 위기' 속에서 허덕일 것이다. 국제정치경제 질서가 붕괴해 세계는 대침체·혼돈을 맞게 될 것이다.

① 악화일로의 미중 패권전쟁

미중 패권전쟁은 제로섬 게임이다. 경제안보의 무기화를 통해 디커플링과 신냉전, 문명충돌로 가는 전쟁은 누구에게도 이롭지 않다. 최근 양국에서는 내부 사정이 악화돼 불안한 국민들은 금 사재기에 나섰다. 미중 간의 무역기술·화폐금융 전쟁은 세계경제의 쇠퇴를 가져오고 있다. 세계경제 침체는 각 지역에서의 혼란·분쟁 가능성을 높여줄 것이다.

미국 정보위원회(NIC) '글로벌 트렌드 2025'는 미국이 중국을 적으로 규정하고 고립시키는 공격적인 자세가 세계가 당면할 가장 위험한 일이라고 경고했었다. 미중 패권전쟁은 중·러 대 미·유럽 간의 신냉전 구도에서 나아가 서구·비서구 간의 문명충돌 양상으로 확산되고 있다. 그럼에도 양 진영에서는 "약해지면 안 된다"는 인식이 팽배하면서 대결의 구도가 강화되고 있다.

② 지금은 패권국 없는 G0 시대

21세기 세계질서는 G2인 미중관계의 향방에 따라 결정된다. 지금 미국과 중국은 세력전이가 진행 중인 상황에서 손을 놓고 있다. 경제 민족주의와 자국 우선주의가 팽배한 미국의 글로벌 리더십은 땅에 떨어졌다. 정치경제가 엉망인 미국은 '동맹과 함께'하지 않으면 할 수 있는 일이 거의 없다. 그런데 트럼프 2기 정부는 동맹을 챙기기보다 동맹을 사실상 도둑이나 약탈의 대상으로 본다. 또 미국은 NATO와 Quad·AUKUS 등 다자 안보협력체와 역할을 분담해 국제질서를 유지하고자 하나 대가를 지불할 여력이나 의지가 없다.

지구적인 대공위(G0) 상태다. 공공재 생산자로서 미국은 생산 능력과 의지를 잃었다. 세계는 하나의 제도·규범에 의해 규율될 수 없는 복잡한 시대가 되었다. 국제사회는 각자도생하며 헤쳐 모이고 있다. 동유럽의 우크라 전쟁과 중동지역의 이–팔(하마스) 전쟁, 예멘반군 후티의 테러 등은 미국이 주도해 온 국제질서가 몰락하고 있다는 징후다.

우크라 전쟁은 미국이 의도한 바와 같이 유럽과 러시아 간의 대립을 돌이킬 수 없는 상황으로 만들었다. 전쟁이 유럽 전체로 확산될 가능성이 있다. 미중 패권전쟁이 가속화하고 있는 상황에서 우크라 전쟁은 유럽 경제를 타격하고 있다. 제1·2차 세계대전이 발발한 유럽 지역에서 다시 제3차 세계대전 가능성이 제기되고 있다.

전통적으로 중국과 러시아에서 서쪽(동쪽)이 위험하면 동쪽(서쪽)도 조용하지 않았다. 6·25전쟁은 동유럽이 시끄러울 때 터졌다. 다시 동유럽이 심상치 않다. 한국은 2년 연속 NATO 정상회의에 참석하고, 미국·유럽·우크라이나 편에 서있다. 화가 나 있는 러시아는 자칫 북한의 무력도발에서 나아가 제2의 6·25전쟁을 기획·사주할 수 있다.

③ 지경학적 분절화는 대침체 유발

가장 큰 두 경제권인 미중 간의 패권전쟁은 세계경제의 구도를 재편했다. 미국은 '프렌드 쇼어링(friend-shoring)', 중국은 '자력갱생(自力更生)'을 앞세워 다투고 있다. EU도 '디리스킹(de-risking)'을 위해 중러에 대한 제재 수위를 높이고 있다. 중국도 자국산 비중이 큰 핵심광물 수출을 통제하고 있다. 시대를 거스르는 보호무역주의와 신중상주의로의 회귀다.

미중 패권전쟁과 우크라 전쟁에서는 모든 것이 무기화되고 있다. 지정학·지경학·기정학적 갈등에서 우위를 점하기 위해 모든 무기를 동원하고 있다. 경제적 이익이 아니라 지정학적 이해관계에 따라 블록이 형성되면 세계 무역을 위축시켜 세계경제의 성장 동력을 떨어뜨린다. 기후변화, 식량안보, 인공지능(AI) 등 전 지구적 과제 해결도 어렵게 된다.

신냉전 구도는 이미 자본·재화의 자유로운 흐름을 제한해 무역을 위축시키고 있다. 지정학적 분절화는 무역비용을 늘리고 효율성을 낮춰 세계경제 성장의 발목을 잡는다. 불황에 빠진 세계는 국제정치적으로도 격랑에 빠져들 수밖에 없다. 트럼프가 재집권한 미국의 '미국 우선주의'와 경제·기술전쟁은 세계정치경제를 위협할 것이다.

지구촌에 불확실성과 위험이 증가하고 있다. 미중 패권전쟁으로 국제질서가 흔들리는 세력전이의 시기에 혼돈과 무질서가 출현하고 있다. 앞으로 미국과 중국의 GDP 수준이 비슷해지고, 패권전쟁이 임계점에 도달할 때 위기 수준은 최고조에 이를 것이다. 전쟁 일방의 불안감이 임계점을 넘을 때, 또는 미래가 암울한 절망에 빠질 때 극단적 행동에 돌입할 수 있다.[138]

2025년 현재의 위기는 고금리·고물가, 인플레이션 등에 따른 경제침체이기 때문에 돈을 푼다고 해결되지 않는다. 여기에 미중 양국,

---

138 김정섭, 『세 개의 전쟁 – 강대국은 세상을 어떻게 바라보는가』, 프시케의 숲, 2024, p.9.

특히 미국은 20년이 넘게 축적되고 악화되어 온 내부의 구조적인 문제들을 안고 있다.

미중·우크라이나 전쟁이 쉽게 끝나지 않을 것이라는 전망도 부정적인 예측을 더해준다. 최근 세계은행뿐만 아니라 IMF 등은 세계경제의 3분의 1이 경기침체에 빠질 수 있다고 경고했다. 세계경제의 '잃어버릴 10년'을 말하고 있다.[139] 잠재적인 성장률 둔화는 각국은 물론 시대적 도전에 맞서는 지구촌의 능력을 저해할 것이다.

패권국과 패권질서의 몰락은 여러 위험을 낳는다. 가장 큰 위험은 대규모 열전(무력전쟁)이지만 대공황 같은 혼란도 재앙이다. 미중 양국이 자멸하지 않고, 상대를 죽일 수도 없다면 책임대국인 양국이 펼치는 전략의 본질은 '경쟁적 협력'이어야 한다.

세계 부의 40%를 차지하는 미중관계에서는 완전한 승리가 아닌 제한적 승리가 최선일 것이다. 여전히 '이혼을 선택할 수 없는 결혼' 상태(Chimerica)인 양국이 파국으로 간다면 자신들이 호령하며 부양해 왔다는 지구촌(아이들)은 어쩌란 말인가?

---

[139] 2023.3.27. 블룸버그 등 외신에 따르면 세계은행은 이날 공개된 550쪽 분량의 보고서를 통해 전 세계 잠재 성장률이 2022년부터 2030년까지 연평균 2.2%에 그칠 것으로 내다봤다. 이는 2000년 이후 가장 낮은 수준이다. 2000~2010년 세계는 연평균 3.5% 성장했고, 2011~2021년엔 연평균 2.6% 성장률을 기록한 바 있다.

제9부

결론: 위기는 신질서 창출의 기회

미국의 쇠락과 중국의 굴기, 지각변동으로 인한 미중 패권전쟁은 세계질서를 무너뜨렸다. 미중 간의 디커플링과 신냉전, 문명충돌 양상은 세계를 위협하고 있다. 서로 다른 문명의 끝판왕들인 미중 간의 세력전이는 평화로울 수 없다.

그러나 기존 국제질서의 붕괴와 패러다임의 전환은 역사의 발전이다. 위기는 새로운 국제질서 형성의 기회가 될 수 있다. 혼돈과 새로운 질서 사이에서의 시대적 과제는 집단지성을 구축하고 정치적 동력을 형성하는 일이다.

국제사회의 인식 변화

미국이 쇠락하면서 패권의 세계도 변하고 있다. 세계 패권의 역사에서 미국의 패권은 극히 예외적인 것이었다. 힘으로 모든 것을 맘대로 할 수 있는 무소불위(無所不爲)한 예외주의가 지배했다. 그러나 영원한 것은 없었다. 강자가 과거 방식으로 약자를 지배할 수 있는 시대도 아니다. 약자들은 각성하고 저항한다. 진영 간의 이데올로기 대결도 더 이상 주동적인 역학으로 작동하지 못한다.

새로운 권력의 시대에 국제사회는 미국에 역할을 기대하지 않는다. 자유 진영의 맹주, 서방세계의 수호자로서 미국은 사실상 은퇴했는데도 어느 나라도 대체역을 고려하지 않는다. 패권국이 돼 얻을 수 있는 이익이 없기 때문이다.

미국이 주도해 온 국제질서의 붕괴는 패권국의 '존재 자체'에 대한 회의(懷疑)뿐만 아니라 '패권안정론'의 적실성에도 의문을 갖게 한다.[140] 지구촌 사람들에게 서구 제국주의 산물인 근·현대의 패권은 좋은 기억으로 남지 않았다. 패권의 긍정적인 역할에도 불구하고 패권에는 다음과 같이 부정적인 면이 더 많다.

---

140 '패권안정론'은 다른 국가를 압도하는 힘을 가진 패권국이 존재할 때 국제사회가 보다 평화와 안정을 유지할 수 있다는 견해다. 세계 최강국 미국이 존재해 국제체제가 안정된다는 논리로 하나의 국민국가가 세계적인 지배적 대국, 즉 패권국일 때 국제 시스템이 안정된다고 주장이다.

첫째, 패권은 이익보다 부담이 더 크다.

패권 제국은 이전과 같이 패권을 행사하며 일방적으로 국익을 취할 수 없다. 각 지역에서 민족주의가 강화되고, 인터넷 정보화도 발달했다. 패권을 유지하는 게 득보다는 부담이 많게 된 것이다. 실제로 70여 년의 패권국인 미국은 지금 세계 최대의 채무국이다. 2025년 2월 현재 미국의 국가채무는 36조2000억 달러에 달하는 사실상의 파산국가다. 치유하기 어려운 기저질환인 미국병은 미국을 죽음에 이르게 하고 있다. 미국 이후 세계를 리드하는 패권국이 되고자 하는 나라는 세상에 없다. 대체 누가, 무슨 자격으로, 또 어떤 역량과 힘으로 세계를 통치할 수 있단 말인가? 불가능한 일이다.

둘째, 미국 실패는 곧 '패권안정론' 실패다.

지극히 미국 중심적인 패권안정론은 패권국의 존재가 국제정치경제 질서의 안정에 필요조건이고, 모두에게 이익이라고 주장한다. 그런데 실제는 미국의 ① 패권적 지배가 곧 자유무역체제를 고무시키지 않았다. ② (트럼프 정부 때와 같이) 패권 쇠퇴 시에도 협력을 통해 질서의 안정은 가능했다. ③ 패권의 존재, 나아가 강한 패권국이 반드시 안정을 가져오는 것도 아니었다. 미국이 굳건하게 존재한 중동

지역의 정세가 안정된 적이 별로 없었다. 미국의 리더십이 없는 지역에서도 국제사회의 협력과 질서는 유지되었다. 어떤 지역의 정세는 패권 또는 패권국의 존재보다 그 정책이 더 결정적으로 작용했다. 패권안정론은 강력한 힘, 즉 패권주의와 제국주의가 세계의 평화·안정에 필요하다는 독재의 논리였다.

셋째, 진정한 의미의 세계 패권국은 존재하지 않았다.

해가 지지 않았던 대영제국도, 5대양을 장악한 미국도 전 세계를 지배하지 못했다. 미국은 과거에는 소련을, 현재는 중국·러시아 등을 지배하고 있지 않다. 현실적으로 지구상의 어떤 국가도 전 세계를 지배하는 패권국이 될 수 없다.[141] 전 세계에 힘을 투사할 수 없기 때문이다. 그런데도 미국은 전 세계의 미국화를 추구했다. 바다와 하늘, 우주, 사이버 공간 대부분을 지배했다. 결국 미국은 고대 로마제국처럼 지나친 패권의 무게와 부담으로 무너졌다. 지구의 정치사는 미국을 마지막 세계 패권국으로 기록할 것이다.

무엇보다, 차기 주자로 회자되는 중국은 패권을 추구하지 않을 것이다.

---

141 파라그 카나 저·고영태 역, 『아시아가 바꿀 미래』, 동녘사이언스, 2021.

중국의 DNA와 역사에 미국식 패권은 없다. 패권의 의지·능력, 매력도 부족하다. 만약 중국이 G1으로 부상한다면 중국은 미국같이 세계를 지배하면서 자국의 안전·번영을 보장받으려 하지 않을 것이다. 전통시대와 같이 아시아 지역 패권국으로서 자국의 생존·안전을 지킬 수 있을 것이기 때문이다. 중국이 남는 장사도 아니고, 존경을 받지도 못하며, 몰락으로 가는 지름길로 갈 리 없다.

패권국 없는 지구는 인류의 희망

1990년 소련 붕괴 이후 글로벌 리더십은 세계를 향해 지정학적 질서와 안보를 제공하는 국가를 의미했다. 지구적 질서를 강제할 물질적 능력과 이데올로기적인 메시지, 새로운 의제·제도를 갖춘 강하고 선한 나라였다.

현대의 패권은 '권위와 동의에 의한 세계 지배'에 그만큼의 책임과 역할, 이익이 강조되었다. 패권이 국제사회의 보편적 원칙에 입각한 규칙과 규범, 국제법에 따라야 한다는 것도 자명했다.

냉전 종식 후 단극 패권국이 된 미국은 자연의 이치를 거스를 수 없었다. 견제받지 않는 초강대국이 된 미국은 절대 부패하고 타락하는 제국으로 변신해 쇠망의 길로 갔다. 미국이 추구한 신자유주의·

세계화(= 세계의 미국화) 속에서 세계는 물론 미국 자신도 평화롭지 못했다. 미국의 패권은 패권적이지 않았다. 침략과 약탈의 방식을 달리했을 뿐 서구의 제국주의적인 그것이었다.

패권은 서구 역사와 문화의 소산이다. 땅을 발견하는 나라나, 점령하는 나라가 지배하는 것이 과거 서구 열강 세계의 원칙이었다. 자유와 힘이 강조된 패권은 그들만의 자유이고 정의였지 보편적인 정의는 아니었다. 그동안 세계를 지배한 서구 패권국은 얼마나 정의로웠으며, 인류의 평화·행복에 얼마나 기여했는가? 이에 대한 답은 21세기 초인 지금, 세계 패권을 행사하고 싶다는 나라가 없다는 사실에 있다.

한편, 미국과 중국은 상대방에 의해서 지배받기에는 사실 너무 크다. 러시아·사우디아라비아·브라질 등 여러 지역 대국들도 상당한 힘을 갖고 있다. 디지털 정보화 시대에 세계인들은 정치적으로 각성해 균형과 신뢰, 정당성이 없는 패권을 거부한다. 힘이 있다는 1국이 패권을 행사하며 국제질서를 주도하는 시대가 지난 것이다.[142]

패권은 패권국이나 일반 국가에게도 편익은 적고, 그 비용·폐해가 커 매력 없는 것이 돼버렸다. 서에서 동으로 이동하는 역사와 국제질서의 변화도 패권 개념을 변화시키고 있다. 시대 상황의 변화를

---

142 자크 아탈리 저·권지현 역, 『세계는 누가 지배할 것인가』, 청람출판사, 2012. p.16, pp.307-308.

반영하지 못하고 국제사회에서 인정받지 못하는 패권은 패권이 아니다. 인류는 부질없는 인간의 탐욕과 권력욕이 지배해 온 패권과 제국, 패권주의와 제국주의를 더 이상 원치 않는다.

대격변의 위기는 신질서 창출 기회

그렇다면 패권국이 없는 세계질서는 가능한가?

2차 세계대전 후 국제연합(UN) 창설과 같이 전쟁과 혼란은 새로운 질서를 낳는다. UN은 국제평화와 안전 유지, 경제·사회·국제협력 증진을 목표로 설립되었다. 유엔 헌장은 선의로 가득 차있다.

전후 세계는 유엔을 중심으로 하는 국제질서를 추구했다. 1970년대 이후 미국 패권이 제국주의로 변하면서 유엔은 세계 평화에 기여하지 못했다. 유엔 안보리가 아닌 미국의 힘에 의한 평화가 추구되었기 때문이다. 패권 제국이 된 미국은 유엔과 산하 기구들을 자국 국익을 위해 복무하는 기구 정도로 여겼다.

유엔 창설을 주도했던 패권국 미국의 '맘대로 가' 권위 없는 미국과 유엔, 유엔기구를 만들었다. 유엔을 무시하고, 자국 국익에 맞게 운영하려는 패권국의 탐욕은 '말뿐인 평화'만 양산했다. 21세기에 들어서 유엔은 강대국의 정치적 이익과 위선으로 오염돼 세계의 평화·

번영에 기여하지 못했다. 미중 패권전쟁 후 신냉전의 시대가 도래하면서 유엔의 무기력함은 극에 달하고 있다.

현실 권력정치에서 강대국들의 독재는 국제정치에서 일종의 자연법과도 같았다. 권력정치의 형상은 패권국의 입맛에 맞는 국제질서를 강요하고, 그것을 새로운 자유·평화로 이름 붙이는 것이었다. 지난 500여 년 동안 서구 패권의 "역사는 이상과 현실의 끝없는 투쟁"이라는 변명으로 무마돼 왔다.

미중 패권전쟁과 코로나19 사태는 새로운 세상과 질서를 부르고 있다. 코로나19는 세계적 차원의 해결책을 필요로 하는 전 지구적인 위협이었다. 인류가 지구문제의 심각성을 인식하고 근본적인 해결책을 모색하도록 한 계기가 됐다. 전염병과 인구절벽, 기후위기는 금세기 내에 지구촌의 운명이 끝날 수 있다는 경고다.

강대국들이 서로 협력해 현실주의적 힘의 논리를 초월하고, 정의와 평화를 촉진하는 국제질서를 건설할 수는 없을까? UN 창설 당시와 같이 세계 평화를 통한 국가들의 번영과 안전, 보다 건강하고 풍요로운 세상을 만들어 갈 수는 없는 것일까? 1국이 아닌 모든 인류가 공유하는 국제질서를 어떻게 만들어 갈 것인가?

키신저는 미국과 중국이 갈등·재앙이 아니라 인류의 직관·통찰을 통해 2차 대전 후 수립한 대서양공동체와 같은 태평양공동체 건설을 제안했다.[143] 중국 전문가인 전 싱가포르 리콴유 수상은 중국이 역사상 가장 큰 행위자가 된 이상 세계가 새로운 균형을 찾지 않을 수 없다고 말했다. 코헨 등 일군의 자유주의 국제정치학자들은 현존 국제제도들이 불충분하지만, 그것들을 점진적으로 수정·개선하는 노력이 필요하다고 말한다. 그들은 주요 국가들 사이의 갈등을 최소화하고, 상호 협력을 증진함으로써 패권 없는 세계의 평화가 가능하다고 강조한다.

미국은 더 이상 패권 제국의 지위를 유지할 수 없다. 미중 간의 악의적 경쟁보다 선의의 경쟁과 협력이 가능한 최상의 전략이다. 아무리 관계가 적대적이더라도, 상대를 공격하는 것이 자살 행위라면 협력적 경쟁으로 갈 수밖에 없다. 양국은 전쟁을 치르지 않고 모두의 핵심이익을 충족시킬 수 있는 전략적 단초를 찾아낼 수 있다.

미중 패권전쟁이 끝난 후의 세계는 보다 평평한 세상이 될 것이다. 특정 강대국이 아닌, 대륙별로 통합된 세계화가 확대될 지구촌은 보다 다원화되고 민주적인 세상이 될 것이다. 그 어떤 강대국도 전 세계를 대상으로 자국의 의지를 관철시킬 수 없는 시대가 올 것이다.

새로운 시대는 새로운 국제질서 수립의 기회이자 분단된 나라는

---

143 헨리 키신저 저·이현주 역, 앞의 책 참조.

진정한 자주독립과 통일을 완성하는 기회여야 한다. 1930년대 대공황 이후 미국의 루스벨트 대통령은 대내적으로 뉴딜정책, 대외적으로 세계적 위기에 걸맞은 글로벌 거버넌스 시스템을 구축해 평화·번영의 시대를 열었다. 근 100년 만의 역사의 반복이다. 국제사회의 새로운 몸부림에는 평화·번영에 생존이 더해져야 한다. 시대착오적인 70년 한반도의 분단상황도 해결돼야 한다.

대안은 유엔 중심의 다자주의
- Pax Universalis

세계는 지금 진영의 가치와 이데올로기보다 실리와 국익을 우선하는 다극체제다. 예외주의가 지배하는 단극패권의 오만과 위선은 설 땅이 없어졌다. 인류의 집단지성이 바라는 바는 패권국이 없는 세계, 패권국의 힘에 인류가 일방적으로 지배당하지 않는 세상일 것이다. 그것은 어떤 지역이나 국가의 관점과 이상, 이념을 초월하는 국제질서인 '팍스 유니버설리스(Pax Universalis)'다.[144]

이 질서의 형성에는 ① 각자 힘의 크기만큼 권력을 분점하며 새로운 다자주의 규칙을 제정해 공존하는 전통적인 세력균형과 ② 다시

---

144 문정인, 앞의 책(2021), pp.120-126.

유엔 중심의 다자주의 체제로 회귀하는 방법이 있을 것이다.

① '세력균형'은 미국에서 신진 급진우파적인 성향을 보이는 트럼프 2기 체제가 대 중국 정책의 연장선상에서 가능한 새로운 국제질서로 거론되고 있다. 트럼프 체제가 그리는 이상적인 세계상은 '전 지구적 강대국 협조체제' 같은 것이다. 이들에게 국제정치란 열강들의 체스판 같은 것이다. 강대국들이 치열하게 경쟁하되 서로의 동등한 지위를 인정하고 세력균형에 입각한 타협을 모색하는 시공간이다. 이 틀에서는 미중러 3대 강대국 사이에 '딜(deal)'을 통한 흥정과 잠정적 타결이 핵심 문제가 된다.[145]

② 다자주의 체제는 오래전부터 미국과 중국이 답을 다 내놓았다. 당초 미국은 패권 없는 또는 '선한 패권'의 세계를 추구했었다. 2차대전 후에는 유엔의 창설·운영을 주도했다. 미국의 역대 대통령들은 중국처럼 패권을 추구하지 않겠다고 약속했었다.

- 케네디 전 대통령은 쿠바 미사일 위기 극복 후인 1963년 6월 아메리칸대학교 졸업식 축사에서 (미국과 소련이) "당장 차이를 극복할 수 없다면 적어도 다양성이 평화롭게 공존할 수 있도록 하자"고 역설했다.
- 1991년 9월 부시 대통령은 탈냉전 첫해 유엔총회 연설에서 미국

---

[145] 차태서, 앞의 글, pp.75-76.

은 '팍스 아메리카'가 아닌 서로 공유하는 책임·염원을 바탕으로 한 '팍스 유니버설리스'를 추구할 것이라고 강조했다. 패권을 통한 평화가 아니라 보편주의, 즉 유엔을 통한 세계평화를 추구하겠다는 선언이었다.
- 바이든 대통령도 지난 2020년 11월 대선 승리 연설에서 "미국은 패권적인 '힘의 과시'가 아니라 '모범적인 힘'으로 세계를 이끌어가겠다"고 다짐했다.

현재의 중국도 '팍스 유니버설리스'를 추구하고 있다. 시진핑 중국 국가주석은 2022년 보아오아시아포럼 개막식 기조연설에서 중국은 "진정한 다자주의를 수호하고, 유엔을 핵심으로 하는 국제체제와 국제법을 기반으로 하는 국제질서를 굳건히 지킬 것"이라고 강조했다.

미중 양국이 평화롭게 공존하는 방법은 가까이 있다. 미국의 약속과 중국의 공언은 사실 합의와 같은 것이다. 이행하기만 하면 된다. '팍스 유니버설리스'는 2차 대전 후 인류가 추구해 온 이상이었다. 유엔의 정신이기도 하다. 이 질서에서는 국가 간의 분쟁 시 유엔헌장에 명시된 집단안전보장 체제를 통해 평화를 만들어 간다. 다양한 국제협약과 기구들을 통해 현안들을 관리한다. 미중 양국이 조화로운 관계를 구축한다면 세계는 안정적이고 평화롭게 유지되고 발전할 수 있다.

전쟁 중인 미중 양국은 전쟁 중단은 물론 패권을 포기하고, 유엔의 권능을 앞장서서 부활해야 한다. 양국이 보편적 가치 지향의 공조 속에서 다시 유엔을 통한 세계 평화와 번영을 추구해야 한다.

유엔 중심의 다자주의 질서 속에서 다자간 협력을 통해 국제문제를 해결하고, 국가 간의 협력적 발전을 추구하는 국제질서가 세계사의 발전일 것이다.

「 참고문헌 」

☐ 단행본

- 국회미래연구원, 『중국의 미래, 2030: 정치, 경제, 대외관계의 미래를 중심으로』, 연구보고서 20-12, 2020.

- 그레이엄 앨리슨·정혜윤 역, 『예정된 전쟁』, 세종서적, 2017.

- 김용진 저, 『그들은 아는 우리만 모르는』, 개마고원, 2012.

- 김장민, 『미국은 살아남을까? – 영국 독일 일본 소련 중국과의 패권전쟁의 역사』, 공생공락, 2020.

- 김정섭, 『세 개의 전쟁 – 강대국은 세상을 어떻게 바라보는가』, 프시케의 숲, 2024.

- 김현욱, 『미중 경쟁 시대의 동북아 정세와 한반도』, IFFS 한중국제학술회의 자료집, 2021.

- 노영민, 『중국에 묻는 네 가지 질문』, 메디치미디어, 2025.

- 다마키 도시아키 저·서수지 역, 『아시아가 세계를 제패하는 시대는 다시 오는가?(세계사의 중심축이 이동한다)』, 사람과나무사이, 2022.

- 도널드 트럼프 저·김태훈 역, 『불구가 된 미국 - 어떻게 미국을 다시 위대하게 만들 것인가』, 이레미디어, 2016.

- 문정인, 『문정인의 미래 시나리오 - 코로나19, 미중 신냉전, 한국의 선택』, 청림출판, 2021.

- 앨프리드 맥코이 지음·홍지영 옮김, 『대전환』, 사계절, 2019.

- 오세균, 『차이나 크라이시스』, 파라북스, 2024.

- 이희옥, 백승욱 편, 『중국공산당 100년의 변천 - 혁명에서 '신시대'로』, 책과함께, 2021.

- 임명묵, 『거대한 코끼리, 중국의 진실』, 에이지21, 2018.

- 임방순, 『미중 패권경쟁 승자와 손잡아라』, 오색필통, 2024.

- 자크 아탈리 저·권지현 역, 『세계는 누가 지배할 것인가』, 청람출판사, 2012.

- 조지프 S. 나이 지음·이기동 옮김, 『미국의 세기는 끝났는가』, 프리뷰, 2015.

- 존 J. 미어셰이머·이춘근 옮김, 『강대국 정치의 비극』, 김앤김북스, 2018.

- 즈비그뉴 브레진스키 지음·황성돈 옮김, 『전략적 비전』, 아산정책연구원, 2016.

- 카롤린 퓌엘 지음·이세진 옮김, 『중국을 읽다』, 푸른숲, 2012.

- 파라그 카나 저·고영태 역, 『아시아가 바꿀 미래』, 동녘사이언스, 2021.

- 피터 자이한 저·홍지수, 정훈 역, 『21세기 미국의 패권과 지정학』, 2018.

- 헨리 키신저 저·이현주역 『헨리 키신저의 세계 질서』, 민음사, 2016.

☐ 논문, 글 등

- 권석준, "미중 인공지능-반도체 기정학 경쟁의 함의", 성균차이나브리프 통권 75호, 2025.4.1.

- 김상규, "중국의 미래전 전략과 군사혁신 모델", 국제문제연구소 미래전연구센터 워킹페이퍼 No.80, 2021.12.7.

- 김동찬, "트럼프 2기 미국의 대중국 정책과 중국의 대응 및 전망", 성균차이나브리프 통권 75호, 2025.4.1.

- 김상기, 이우태, 황태연, "미중 전략경쟁 시대 양안관계와 한반도", KINU 연구총서 24-06, 2024.12.31.

- 김정섭, "자유주의 패권의 종말: 미-러 종전 협상의 전망과 함의", 세종포커스, 2025.2.28.

- 김종범, "주요국 우주패권 경쟁과 국방 우주", 『우주정책연구』, 2021 Vol 14.

- 김주현, "美, 新전략을 통해 中과의 냉전을 이끌어야 한다는 주장 제기", 전략물자관리원 Issue Report 25-54, 2024.7.16.

- 류루이, "중국 경제의 현황과 미래 전망", 성균차이나브리프 통권 73호, 2024.10.1.

- Ryo Sahashi(JETRO), "트럼프 2.0에서의 미중관계", 인천연구원 한중Zine Vol. 581, 『최신중국동향』, 2025.3.26.

- 리밍장, "미중 사이에서: 아시아 국가들의 외교적 줄타기", 성균차이나브리프 통권 75호, 파워 인터뷰, 2025.4.1.

- 마상윤, "미국 대선 이후의 국제 정세와 한국", 성균차이나브리프 통권 74호, 2025.1.1.

- 무역안보관리원, "호주 전략경쟁정책연구소(ASPI)의 주요국 핵심기술 역량 현황 비교", 「무역안보」Brief, 2025.1.28.

- 무역안보관리원, "2025년 무역안보 아웃룩(Outlook)", 「무역안보」Brief, 2025 Vol.1, 2025.1.28.

- 미국 전략국제연구센터(CSIS), "트럼프 2기 시대의 미중 관계: 협상 가능성과 구조적 갈등", 인천연구원 한중Zine Vol. 581, 『최신중국동향』, 2025.3.26

- 박동욱, "디지털 위안화의 국제화 전망과 시사점", KISDI Premium Report 2022-06호, 2022.11.3.

- 박명림, "통일과 평화 – 한국문제의 역사와 현실", 네이버 열린연단 자료, 2015.

- 박병광, "트럼프 집권 2기 미중관계 전망과 시사점", INSS 전략보고 311호, 2025.1.24.

- 박병광, "미·중 관세전쟁의 함의와 전망", INSS 이슈브리프 656호, 2025.2.12.

- 박휘락, "미국과 중국 간 '투키디데스 함정'과 한국 안보에 대한 함의", 한국통일전략학회『통일전략』제20권 제2호, 2020.6.

- 서보혁, "트럼프식 평화의 특징과 가능성", 다산포럼, 2025.2.11.

- 성균관대 성균중국연구소(SICS), "2025 양회 분석 특별리포트: 소비와 과학기술을 통한 위기관리와 미래전략", 연구보고서(25-01), 2025.3.10.

- IFFS, 『미중 경쟁 시대의 동북아 정세와 한반도』, 한중국제학술회의 자료집, 2021.7.15

- iM증권 리서치본부, "CES2025 – Physical AI, 혁신을 주도하다", In-Depth Report Vol. 17, 2025.1.

- 오광진, "우리가 알던 중국? 딥시크 쇼크가 알린 중국 기술 미래 5대 시그널", 성균차이나브리프 통권 75호, 2025.4.1.

- 유재광, 조은교, "중국의 미래 2030 – 정치, 경제, 대외관계의 미래를 중심으로", 국회미래연구원 연구보고서 20-12호, 2020.12.31.

- 은종학, "'중국제조 2025'가 품었던 3가지 가능성: 발현과 대응", 성균차이나브리프 통권 75호, 파워 인터뷰, 2025.4.1.

- 이남주, "중국과 미국의 대타협은 가능한가", 다산포럼, 2025.2.18.

- 이민규, "국가핵심이익: 한중간'중국몽' 갈등의 본질", 성균차이나브리프 통권 75호, 2025.4.1.

- 이종혁, "2025년 양회를 통해 본 중국 정치: 안정 속 개혁 완성", 성균차이나 브리프 통권 75호, 2025.4.1.

- 임방순, "트럼프가 추진 중인 미국 세력권에 대한 논란", news2day 칼럼, 2025.4.9.

- 임종빈, "우주정책에 대한 고찰 및 최근 쟁점 분석", 우주항공연구원, Research Paper, Vol. 18, No 2, 2024.

- 자오밍하오, "지정학적 기술 경쟁과 미중 경쟁", 성균차이나브리프 통권-74호, 2024.12.27.

- 정재흥, "트럼프 2기 행정부 출범과 미국의 대외정책 전망", 『세종정책총서』 2024-02, 2025.1.16.

- 차정미, "미중 전략경쟁과 우주의 지정학", 국회미래연구원 Futures Brief 23-10호, 2023.07.10.

- 차태서, "다시 만난 세계: 강대국 정치의 귀환과 2기 트럼프 행정부의 대 중국 전략", 성균차이나브리프 통권 75호, 2025.4.1.

- 최강, "미국 우선주의 대 중국몽의 충돌", 『미래한국』, 2019.3.28.

- 최우선, "미·중 경쟁과 미국의 대만에 대한 전략적 이익", IFANS FOCUS 2025-05, 2025.3.5.

- 최우선, "트럼프 2기 행정부의 대전략과 중국 정책 전망", FANS FOCUS, 2024.11.18.

- 허평위, "중국 반도체 산업의 변화와 그 세계적 영향", 성균차이나브리프 통권 75호, 2025.4.1.

  * 해외문헌과 각종 국내외 언론 보도, 인터넷 검색자료는 생략함.